汽车维修入门 全程图解系列

全程图解
混合动力汽车构造原理与维修

★ 李伟 主编

结构原理图 + 基础知识 + 实际操作
轻松入门 快速提高！

机械工业出版社
CHINA MACHINE PRESS

本书介绍了混合动力汽车的类型、工作原理、结构特点以及故障诊断和维修方法等,详细讲述混合动力汽车的基础知识,对其储能装置、驱动系统、能源管理和回收系统、充电技术以及车载网络技术在汽车上的应用作了全面系统的论述。同时以国内常见的混合动力汽车为例,如新款的丰田普锐斯、比亚迪唐、比亚迪秦、奇瑞艾瑞泽、红旗、宝马X5混合动力等车型,结合各车型的结构图、原理图、电路图,以及故障案例,并引导读者对各系统进行充分的学习。

本书内容丰富、图文并茂、实用性强,是掌握混合动力汽车故障诊断和维修技术的图书,可作为新能源汽车维修人员的参考用书,也可作为职业院校新能源汽车相关专业的教学用书。

图书在版编目(CIP)数据

全程图解混合动力汽车构造原理与维修/李伟主编. —北京:机械工业出版社,2019.11

(汽车维修入门全程图解系列)

ISBN 978-7-111-64115-5

Ⅰ.①全… Ⅱ.①李… Ⅲ.①混合动力汽车–构造–图解②混合动力汽车–车辆修理–图解 Ⅳ.①U469.7–64

中国版本图书馆 CIP 数据核字(2019)第 242405 号

机械工业出版社(北京市百万庄大街22号　邮政编码100037)
策划编辑:杜凡如　责任编辑:杜凡如
责任校对:张　征　封面设计:张　静
责任印制:郜　敏
北京圣夫亚美印刷有限公司印刷
2020年1月第1版第1次印刷
184mm×260mm · 23.75 印张 · 583 千字
0 001—3 000 册
标准书号:ISBN 978-7-111-64115-5
定价:69.00元

电话服务　　　　　　　　　网络服务
客服电话:010 – 88361066　机　工　官　网:www.cmpbook.com
　　　　　010 – 88379833　机　工　官　博:weibo.com/cmp1952
　　　　　010 – 68326294　金　书　网:www.golden – book.com
封底无防伪标均为盗版　机工教育服务网:www.cmpedu.com

  世界各国为了解决能源短缺、环境污染等社会问题，相继出台了各种节能减排的法规和标准，制定了各种鼓励研发、推广新能源汽车的政策和措施，使新能源汽车迅速推向社会，出现了各种纯电动汽车、混合动力汽车、燃料电池电动汽车、燃气汽车、太阳能汽车、醇燃料汽车、二甲醚燃料汽车、压缩空气汽车以及汽车怠速起停系统、汽车超级电容储能装置、飞轮储能装置等新能源汽车及节能装置。由于新能源汽车及节能装置结构新颖，技术先进，目前大部分人还不熟悉其结构和工作原理，更不熟悉其使用与维修方法。

  混合动力汽车将两种或更多种能量的转换技术（如发动机、燃料电池、发电机）和一种或多种能量存储技术（如燃料、电池、超级电容器、飞轮电池、金属空气电池）集于一体。这种混合减少了汽车尾气排放并降低了油耗。在结构上，混合动力汽车的动力系统与传统的汽油机或柴油机有很大不同，如新款丰田普锐斯动力系统采用 DC 650V 高压电、电动空调、电动水泵等新技术。但是关于混合动力汽车、电动汽车维修方面书籍很少，并且大多都是关于理论研究，为了让更多人，特别是让使用和维修混合动力汽车的人员，对混合动力汽车有所了解，特编写了此书。本书是以目前新款的丰田普锐斯、比亚迪秦、比亚迪唐、奇瑞艾瑞泽、红旗、宝马 X5 等车型为例，阐述混合动力汽车的结构、原理与维修方法。

  本书全面系统地论述了混合动力汽车的基础知识和维修必备技能，对混合动力车型的技术要点进行详细的讲解，同时注重图文结合，采用大量的结构图、原理图、电路图，配合故障案例进行生动的讲解与描述。

  本书由李伟任主编，王军、刘强、马珍、李春山、李校研、吕春影、李微、丁元富参与编写，由于本书涉及内容新，编者水平有限，书中不妥之处在所难免，恳请广大读者批评指正。

编　者

前言

第1章 宝马X5插电式混合动力汽车（PHEV） 1

1. 宝马X5 PHEV变速器结构 1
2. 宝马X5 PHEV电机安装位置及其结构 1
3. 宝马X5 PHEV电机接口 3
4. 宝马X5 PHEV电机传感器 4
5. 宝马X5 PHEV分离离合器 4
6. 宝马X5 PHEV冷却系统 5
7. 宝马X5 PHEV电机电子装置 7
8. 宝马X5 PHEV DC/DC变换器 11
9. 宝马X5 PHEV用于控制电机的供电电子装置 12
10. 宝马X5 PHEV高压蓄电池安装位置、技术参数及控制电路 13
11. 宝马X5 PHEV高压蓄电池接口 15
12. 宝马X5 PHEV高压安全插头 17
13. 宝马X5 PHEV高压蓄电池排气单元 17
14. 宝马X5 PHEV高压蓄电池冷却系统 18
15. 宝马X5 PHEV电气和电子组件 22
16. 宝马X5 PHEV安全盒 28
17. 宝马X5 PHEV高压蓄电池单元充电插头、插座及充电控制电路 29
18. 宝马X5 PHEV低压车载网络 31
19. 宝马X5 PHEV起动系统 32
20. 宝马X5 PHEV空调系统 34
21. 宝马X5 PHEV制动系统 38

第2章 比亚迪秦混合动力汽车 44

22. 比亚迪秦整车高压用电设备分布 44
23. 比亚迪秦动力系统工作模式 44
24. 比亚迪秦动力模式切换说明 46
25. 比亚迪秦混合动力汽车车载充电器 47
26. 比亚迪秦混合动力汽车车载充电器诊断流程及故障码 49

27. 比亚迪秦混合动力汽车车载充电器检查步骤	50
28. 比亚迪秦混合动力汽车驱动电机结构	54
29. 比亚迪秦混合动力汽车电机旋转变压器结构及测量	55
30. 比亚迪秦混合动力汽车高压电池管理器安装位置、结构及功能	57
31. 比亚迪秦混合动力汽车动力电池安装位置及结构	58
32. 比亚迪秦混合动力汽车动力电池电池模组更换方法	59
33. 比亚迪秦混合动力汽车低压起动电池安装位置及功能	62
34. 比亚迪秦混合动力汽车低压起动电池电路、端子定义及跨接方法	64
35. 比亚迪秦混合动力汽车高压电池终端测量	65
36. 比亚迪秦混合动力汽车高压电池故障码	66
37. 比亚迪秦混合动力汽车组件位置及定义	69
38. 比亚迪秦混合动力汽车高压配电箱结构及安装位置	71
39. 比亚迪秦混合动力汽车高压配电箱高压电路及端子含义	71
40. 比亚迪秦混合动力汽车漏电传感器安装位置及功能	72
41. 比亚迪秦混合动力汽车漏电传感器控制电路及端子含义	73
42. 比亚迪秦混合动力汽车漏电传感器故障码及诊断流程	74
43. 比亚迪秦混合动力汽车驱动电机控制器和DC/DC总成结构、安装位置	75
44. 比亚迪秦混合动力汽车驱动电机控制器控制原理图及功能	76
45. 比亚迪秦混合动力汽车DC/DC变换器诊断流程	77
46. 比亚迪秦混合动力汽车DC/DC变换器电路原理图及诊断	77
47. 比亚迪秦混合动力汽车驱动电机控制器诊断	81
48. 比亚迪秦混合动力汽车驱动电机控制器总成更换—标定注意事项	86
49. 比亚迪秦混合动力汽车档位控制系统安装位置、控制原理及切换条件	88
50. 比亚迪秦混合动力汽车档位控制器诊断流程及故障码	89
51. 比亚迪秦混合动力汽车档位控制器故障诊断	89
52. 比亚迪秦混合动力汽车纯电行驶距离缩短故障	93
53. 比亚迪秦混合动力汽车高压系统漏电故障	95
54. 比亚迪秦混合动力汽车驱动电机控制器温度过高	99
55. 比亚迪秦混合动力汽车动力电池无法充电故障	100
56. 比亚迪秦混合动力汽车发动机无法起动故障	101
57. 比亚迪秦混合动力汽车挂档后车辆无法行驶故障	102
58. 比亚迪秦混合动力汽车低压蓄电池不能唤醒故障	104
59. 比亚迪秦混合动力汽车EV模式下空调不工作故障	104
60. 比亚迪秦混合动力汽车无法使用EV模式故障	106
61. 比亚迪秦混合动力汽车无法切换EV模式故障	108
62. 比亚迪秦混合动力汽车行驶中无能量回收故障	111
63. 比亚迪秦混合动力汽车动力系统故障灯偶发点亮故障	112
64. 比亚迪秦混合动力汽车DC/DC工作故障	114
65. 比亚迪秦混合动力汽车OK灯不亮故障	115

66. 比亚迪秦混合动力汽车驱动电机控制器故障 …………………………………… 116

第3章 比亚迪唐插电式混合动力汽车（PHEV） …………………… 119

67. 比亚迪唐 PHEV 的结构 ……………………………………………………………… 119
68. 比亚迪唐 PHEV 三擎工作原理 ……………………………………………………… 120
69. 比亚迪唐 PHEV 模式如何切换 ……………………………………………………… 121
70. 比亚迪唐 PHEV 永磁同步电机定子、转子及结构 ………………………………… 124
71. 比亚迪唐 PHEV 前电机外观检查 …………………………………………………… 124
72. 比亚迪唐 PHEV 前电机线电阻检测 ………………………………………………… 125
73. 比亚迪唐 PHEV 前电机三相绕组对机壳绝缘测量 ………………………………… 126
74. 比亚迪唐 PHEV 前电机旋变阻值测量 ……………………………………………… 126
75. 比亚迪唐 PHEV 前电机绕组温度传感器对三相绕组绝缘测量 …………………… 127
76. 比亚迪唐 PHEV 后电机旋变温度传感器对三相绕组绝缘测量 …………………… 128
77. 比亚迪唐 PHEV 后电机旋变器三相绕组对机壳绝缘测量 ………………………… 128
78. 比亚迪唐 PHEV 后电机绕组温度传感器阻值测量 ………………………………… 129
79. 比亚迪唐 PHEV 动力电池系统结构 ………………………………………………… 130
80. 比亚迪唐 PHEV 动力电池更换流程 ………………………………………………… 130
81. 比亚迪唐 PHEV 漏电传感器维修 …………………………………………………… 131
82. 比亚迪唐 PHEV 电池管理控制器安装位置及系统框架 …………………………… 132
83. 比亚迪唐 PHEV 电池管理控制器控制电路图及插接器端子定义 ………………… 133
84. 比亚迪唐 PHEV 电池故障码 ………………………………………………………… 135
85. 比亚迪唐 PHEV 电池故障诊断方法 ………………………………………………… 137
86. 比亚迪唐 PHEV 分压接触器安装位置及结构 ……………………………………… 139
87. 比亚迪唐 PHEV 高压配电箱安装位置、结构 ……………………………………… 140
88. 比亚迪唐 PHEV 高压配电箱控制电路及插接器端子定义 ………………………… 141
89. 比亚迪唐 PHEV 高压配电箱常见故障码及诊断 …………………………………… 143
90. 比亚迪唐 PHEV 高压配电箱拆装 …………………………………………………… 145
91. 比亚迪唐 PHEV 低压蓄电池结构、电路控制及端子定义 ………………………… 146
92. 比亚迪唐 PHEV 低压蓄电池常见故障 ……………………………………………… 147
93. 比亚迪唐 PHEV 上电流程 …………………………………………………………… 149
94. 比亚迪唐 PHEV 充电流程 …………………………………………………………… 149
95. 比亚迪唐 PHEV 动力电池故障 ……………………………………………………… 150
96. 比亚迪唐 PHEV 动力电池采样线故障 ……………………………………………… 152
97. 比亚迪唐 PHEV 高压互锁结构与功能 ……………………………………………… 153
98. 比亚迪唐 PHEV 双向车载充电器主要组成、功能、电气特性及安装位置 ……… 154
99. 比亚迪唐 PHEV 双向车载充电器外观及端子定义 ………………………………… 154
100. 比亚迪唐 PHEV 双向车载充电器控制电路及诊断流程 …………………………… 156
101. 比亚迪唐 PHEV 预约充电设置 ……………………………………………………… 158
102. 比亚迪唐 PHEV 放电流程 …………………………………………………………… 159

103. 比亚迪唐PHEV电锁结构、应急解锁及开启条件 ……………………………………… 159
104. 比亚迪唐PHEV充放电系统的故障码及故障诊断 …………………………………… 160
105. 比亚迪唐PHEV DC/DC功用、端子定义及电气原理图 …………………………… 163
106. 比亚迪唐PHEV DC/DC故障码含义及故障诊断 …………………………………… 164
107. 比亚迪唐PHEV前驱动电机控制器系统框架及控制电路 …………………………… 165
108. 比亚迪唐PHEV前驱动电机控制器端子及端子功能正常值 ………………………… 167
109. 比亚迪唐PHEV前驱动电机控制器故障码及故障诊断 ……………………………… 168
110. 比亚迪唐PHEV更换前驱动电机控制器及DC/DC总成注意事项 ………………… 173
111. 比亚迪唐PHEV后驱动电机控制器总成安装位置、外观、系统框架及
     主要参数 ……………………………………………………………………………… 174
112. 比亚迪唐PHEV后驱动电机控制器插接器位置及定义 ……………………………… 176
113. 比亚迪唐PHEV后驱动电机控制器的控制电路及K176插接器端子测量值 ……… 176
114. 比亚迪唐PHEV后驱动电机控制器的系统故障码及故障诊断 ……………………… 178
115. 比亚迪唐PHEV空调系统结构 ………………………………………………………… 181
116. 比亚迪唐PHEV制热、制冷工作原理 ………………………………………………… 182
117. 比亚迪唐PHEV空调系统高压组件 …………………………………………………… 183
118. 比亚迪唐PHEV空调绿净系统 ………………………………………………………… 185
119. 比亚迪唐PHEV空调新增功能 ………………………………………………………… 187
120. 比亚迪唐PHEV空调电路控制原理图 ………………………………………………… 188
121. 比亚迪唐PHEV空调电路控制器线束插接器端子定义 ……………………………… 191
122. 比亚迪唐PHEV空调故障码 …………………………………………………………… 193

第4章 奇瑞插电式混合动力汽车（PHEV） ……………………………………………… 197

123. 奇瑞PHEV整车检修操作时的断电操作规范 ………………………………………… 197
124. 奇瑞PHEV HCU的布置位置 …………………………………………………………… 198
125. 奇瑞PHEV驾驶模式 …………………………………………………………………… 199
126. 奇瑞PHEV HCU控制电路、插接器及端子定义 …………………………………… 199
127. 奇瑞PHEV故障灯说明及系统HCU故障确认方法 ………………………………… 202
128. 奇瑞PHEV常见故障排除及典型故障码 ……………………………………………… 203
129. 奇瑞PHEV连接诊断仪进行自诊断 …………………………………………………… 213
130. 奇瑞PHEV HCU拆装 …………………………………………………………………… 218
131. 奇瑞PHEV充电器结构 ………………………………………………………………… 219
132. 奇瑞PHEV充电口拆装 ………………………………………………………………… 220
133. 奇瑞PHEV充电器总成拆装 …………………………………………………………… 221
134. 奇瑞PHEV充电指示灯位置及状态 …………………………………………………… 222
135. 奇瑞PHEV电机控制器技术参数及外观 ……………………………………………… 222
136. 奇瑞PHEV集成控制器电气原理图及信号线插座端子定义 ………………………… 224
137. 奇瑞PHEV IPU和DC/DC故障码 …………………………………………………… 225
138. 奇瑞PHEV IPU故障的诊断流程 ……………………………………………………… 228

139. 奇瑞PHEV IPU及DC/DC诊断流程 ……… 240
140. 奇瑞PHEV低压插接器信号检测方法 ……… 244
141. 奇瑞PHEV高压插接器端子定义及检测方法 ……… 246
142. 奇瑞PHEV高压绝缘故障检测 ……… 247
143. 奇瑞PHEV IPU环路互锁故障检测 ……… 248
144. 奇瑞PHEV POD、PTC和空调压缩机无高压检测 ……… 248
145. 奇瑞PHEV电机控制器总成拆卸与装配 ……… 249
146. 奇瑞PHEV电机零位标定 ……… 253
147. 奇瑞PHEV IPU动力电缆总成及拆装 ……… 254
148. 奇瑞PHEV接线盒动力电缆总成拆装、检修 ……… 257

第5章 红旗H7插电式混合动力汽车（PHEV） ……… 259

149. 红旗H7 PHEV结构特点 ……… 259
150. 红旗H7 PHEV安全知识 ……… 260
151. 红旗H7 PHEV断电安全作业流程 ……… 262
152. 红旗H7 PHEV电气控制 ……… 263
153. 红旗H7 PHEV高压控制部件安装位置 ……… 267
154. 红旗H7 PHEV动力电池安装位置及内部结构 ……… 268
155. 红旗H7 PHEV动力电池控制及内部部件主要功能 ……… 270
156. 红旗H7 PHEV动力电池电气原理图及端子定义 ……… 271
157. 红旗H7 PHEV动力电池更换 ……… 272
158. 红旗H7 PHEV车载充电器安装位置及功能 ……… 273
159. 红旗H7 PHEV车载充电器工作原理图、电气原理图及端子功能 ……… 274
160. 红旗H7 PHEV直流变换器结构及安装位置 ……… 277
161. 红旗H7 PHEV直流变换器工作原理、功能及工作模式 ……… 277
162. 红旗H7 PHEV直流变换器电气原理图及端子功能 ……… 279
163. 红旗H7 PHEV离合器耦合电机（CCM）结构及特点 ……… 281
164. 红旗H7 PHEV电机控制功能及工作原理 ……… 284
165. 红旗H7 PHEV电机控制器（MCU）外观结构及安装位置 ……… 284
166. 红旗H7 PHEV电机控制器内部结构 ……… 285
167. 红旗H7 PHEV绝缘监测仪安装位置及工作原理 ……… 287
168. 红旗H7 PHEV绝缘电阻检测方法 ……… 288
169. 红旗H7 PHEV整车控制单元HCU安装位置及控制功能 ……… 289
170. 红旗H7 PHEV整车控制单元HCU端子功能 ……… 292
171. 红旗H7 PHEV仪表及量表 ……… 293
172. 红旗H7 PHEV车辆起动后熄火，仪表显示混动系统严重故障 ……… 296
173. 红旗H7 PHEV仪表显示混动系统严重故障，车辆起动后几秒钟自动熄火 ……… 297
174. 红旗H7 PHEV动力不能从电动驱动切换到发动机动力驱动故障 ……… 298
175. 红旗H7 PHEV发动机自动熄火故障 ……… 298

第6章 丰田普锐斯混合动力汽车 ········ 300

176. 丰田普锐斯混合动力汽车结构 ········ 300
177. 丰田普锐斯混合动力汽车工作原理 ········ 301
178. 丰田普锐斯混合动力汽车混合动力系统组成及组件安装位置 ········ 303
179. 丰田普锐斯混合动力汽车解析器的结构与工作原理 ········ 305
180. 丰田普锐斯混合动力汽车变频器安装位置、作用及故障码 ········ 306
181. 丰田普锐斯混合动力汽车变频器及总成维修要点 ········ 308
182. 丰田普锐斯混合动力汽车动力电池结构 ········ 314
183. 丰田普锐斯混合动力汽车HV接线盒总成及备用电池 ········ 315
184. 丰田普锐斯混合动力汽车动力电池拆装 ········ 316
185. 丰田普锐斯混合动力汽车指示灯和警告灯 ········ 325
186. 丰田普锐斯混合动力汽车混合动力电机 ········ 326
187. 丰田普锐斯混合动力汽车混合动力变速驱动桥结构 ········ 327
188. 丰田普锐斯混合动力汽车制动系统结构及部件功能 ········ 330
189. 丰田普锐斯混合动力汽车制动系统维修要点 ········ 332
190. 丰田普锐斯混合动力汽车点火钥匙结构及诊断 ········ 334
191. 丰田普锐斯混合动力汽车智能进入和起动系统 ········ 337
192. 丰田普锐斯混合动力汽车电动空调系统的结构 ········ 342
193. 丰田普锐斯混合动力汽车电动空调系统的控制原理 ········ 343
194. 丰田普锐斯混合动力汽车混合动力控制系统电路图及动力系统检查 ········ 345
195. 丰田普锐斯混合动力汽车驱动电机的检修 ········ 352
196. 丰田普锐斯混合动力汽车混合动力电池系统的维修 ········ 358

第 1 章 Chapter 1

宝马X5 插电式混合动力汽车（PHEV）

本章所述的宝马 X5 PHEV 指 F15 PHEV 这一车型。

1 宝马 X5 PHEV 变速器结构

为了满足插电式混合动力汽车的要求，宝马 X5（F15）PHEV 对自动变速器进行了相应调整。为此对一些现有组件进行了调整或用其他组件进行了替代。此外将部分减振系统从变速器范围分离出来并作为集成有离心摆式减振器的双质量飞轮与内燃机牢固连接在一起。通过花键与变速器连接。

由于电机较大且带有附加扭转减振器，GA8P75HZ 变速器壳体比 GA8P70HZ 变速器加长了 30mm。

GA8P75HZ 变速器包括双质量飞轮、附加扭转减振器、分离离合器、电机、片式制动器 B 和电动附加油泵等，结构如图 1-1 所示。

在 GA8P70HZ 基础上改进的电动附加油泵，用于在变速器输入轴静止时提供变速器油压力。

与 GA8P70HZ 变速器一样，在 GA8P75HZ 变速器内也通过增加直径和摩擦片数量对片式制动器 B 进行了加强并配备了主动控制式机油冷却系统。这是因为除执行换档元件功能外，还需要用于车辆起步和缓慢行驶。

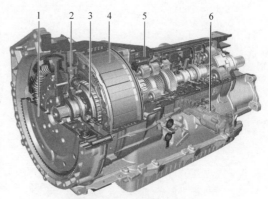

图 1-1 GA8P75HZ 变速器
1—双质量飞轮（包括扭转减振器和离心摆式减振器）
2—附加扭转减振器 3—分离离合器 4—电机
5—片式制动器 B 6—电动附加油泵

2 宝马 X5 PHEV 电机安装位置及其结构

1. 安装位置

电机的安装位置和附属组件如图 1-2 所示。

混合动力电机单个组件集成在变速器壳体内，在变速器壳体内占据液力变矩器的安装空间。

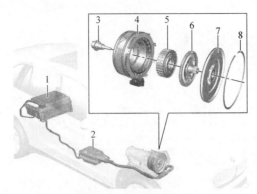

图1-2 电机安装位置

1—高压蓄电池单元 2—电机电子装置 3—空心轴 4—电机 5—分离离合器 6—附加扭转减振器
7—电机端盖 8—卡环

2. 结构

电机的主要组件包括：转子和定子、接口、转子位置传感器、冷却系统。

宝马X5 PHEV的混合动力系统是所谓的并联式混合动力系统。内燃机和电机均与驱动齿轮机械连接。驱动车辆时不仅可以单独使用而且也可以同时使用两种驱动系统。

宝马X5 PHEV的电机（牵引电机）采用内部转子，结构如图1-3所示。内部转子表示带有永久磁铁的转子以环形方式布置在内侧。可产生磁场的绕组布置在外侧，构成定子。宝马X5 PHEV的电机有八个极对。

转子通过一个法兰支撑在转子空心轴上，空心轴以机械连接方式与变速器输入轴连接。

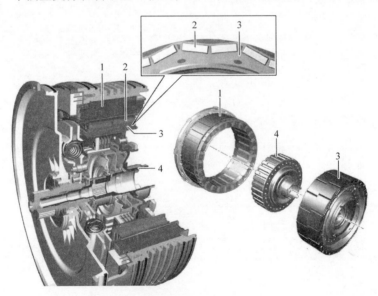

图1-3 转子和定子

1—定子 2—永久磁铁 3—转子 4—带分离离合器外壳的空心轴

宝马X5插电式混合动力汽车（PHEV） 第1章

3 宝马 X5 PHEV 电机接口

在自动变速器壳体上有四个电机接口分别用于：温度传感器、两个冷却液管路、转子位置传感器、高压导线。电机接口如图 1-4 所示。

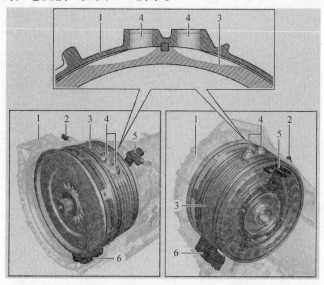

图 1-4　电机接口

1—变速器壳体　2—温度传感器　3—冷却液通道　4—冷却液接口　5—转子位置传感器电气接口　6—高压接口

系统通过高压接口为电机绕组提供电能。高压接口通过一根三相屏蔽高压导线将电机电子装置与电机连接在一起，如图 1-5 所示。

图 1-5　电机高压接口

1—高压接口　2—高压插头

高压插头安装在电机电子装置和电机上。

4 宝马 X5 PHEV 电机传感器

为确保电机电子装置正确计算和产生定子内绕组电压的振幅和相位，必须了解准确的转子位置。这项任务由转子位置传感器来执行。该传感器与同步电机结构类似，带有一个特殊形状的转子（与电机转子连接在一起）和一个定子（与电机定子连接在一起）。通过转子转动在定子绕组内产生的感应相电压由电机电子装置进行分析，从而计算转子位置角度。

运行时，电机组件不得超过特定温度。通过一个温度模型和一个温度传感器来监控电机温度。该传感器设计为采用负温度系数（NTC）的可变电阻，测量自动变速器壳体上的冷却液输出温度。NTC 越热，其电阻越小。

电机电子装置分析温度传感器信号并将其与温度模型计算值进行比较，如果电机温度接近最大允许值就会根据需要降低电机功率。

在定子绕组上不再安装单独的温度传感器。电机传感器的安装位置如图 1-6 所示。

图 1-6 电机传感器
1—温度传感器　2—转子位置传感器的转子
3—转子位置传感器的定子

5 宝马 X5 PHEV 分离离合器

宝马 X5（F15）PHEV 是一款全混合动力汽车。与第二代混合动力汽车（F10H、F30H、F01H/F02H）不同，F15 PHEV 能够以更高车速进行电动行驶。

与 GA8P70HZ 变速器相同，在此也通过一个分离离合器使内燃机与电机和传动系统其余组件分离。在 F15 PHEV 上，分离离合器位于附加扭转减振器与电机之间。

分离离合器集成在电机壳体内，如图 1-7 所示。它作为湿式片式离合器采用断开设计并以此降低了摩擦损失。它用于在某些运行状态下使内燃机与电机和传动系统其余组件分离。例如纯电动行驶时或车辆滑行时。

为确保不会察觉到内燃机的接合和分离，分离离合器应具有较高执行精度。只要分离离合器处于接合状态，电机、变速器输入轴和内燃机就会以相同转速转动。

通过变速器油对分离离合器进行冷却。

与自动变速器的所有离合器和片式制动器一样，分离离合器也由机械电子模块操纵。无压力时它处于分离状态。因此需利用变速器油压力使离合器接合。通常情况下，该压力由机械油泵提供，在电机失灵等特殊情况下，也可通过电动附加油泵使分离离合器接合。但这会对舒适性产生影响。

由于分离离合器分离时机械油泵由电机驱动，电机失灵且变速器油温度低于 -15℃ 时分离离合器无法接合，因此车辆无法起步。

在某些转速和运行状态下，内燃机不平稳运行和由此产生的扭转振动可能会产生嗡嗡声

图 1-7　变速器的分离离合器
1—附加扭转减振器　2—分离离合器

或嘎嘎声。为隔开上述扭转振动，在 F15 PHEV 内燃机前除双质量飞轮外还有一个扭转减振器。扭转减振器使内燃机的双质量飞轮与分离离合器之间形成机械连接。

6 宝马 X5 PHEV 冷却系统

为在任何情况下都能确保电机的热运行安全，在 F15 PHEV 上通过冷却液对其进行冷却。为此将电机接入内燃机的冷却液循环回路内，如图 1-8 所示。

定子支架与自动变速器壳体之间有一个冷却通道用于冷却定子绕组，来自发动机冷却循环回路的冷却液经过该通道。该冷却通道前后分别通过两个密封环进行密封。

通过变速器油对转子进行冷却，变速器油以油雾形式吸收热能并在变速器油冷却器处将其释放到环境空气中。

电机带有独立节温器，可将冷却液供给管路温度调节到约 80℃ 的最佳范围，如图 1-9 所示。这样设计是因为电机运行温度低于内燃机。通过随冷却液温度升高而膨胀的蜡制元件实现节温器调节。在此不进行电气控制。

冷却液温度较低时，节温器处于关闭状态。例如在暖机阶段，节温器阻断冷却液空气热交换器的冷却液，并将内燃机的冷却液引至电机。通过这种方式可迅速达到最佳运行温度。

来自内燃机的较热冷却液使得节温器部分打开。这样会使来自内燃机的较热冷却液与来自冷却液空气热交换器的较凉冷却液混合。冷却液供给管路内的冷却液通过该"混合模式"以约 80℃ 的最佳温度范围输送至电机，如图 1-10 所示。

冷却液空气热交换器的冷却液温度也升高时，节温器就会完全打开。例如内燃机的节温器打开大冷却液循环回路时，在额外受热的作用下，节温器会关闭连接内燃机的冷却液管路。此时来自冷却液空气热交换器的全部冷却液流入电机内。

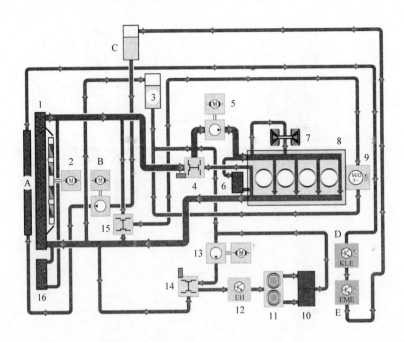

图1-8 内燃机和电机的冷却液循环回路

1—冷却液空气热交换器（内燃机和电机的冷却液循环回路） 2—电子扇 3—冷却液补液罐（内燃机和电机的冷却液循环回路） 4—特性曲线式节温器 5—电动冷却液泵（内燃机和电机的冷却液循环回路，400W） 6—发动机油冷却器 7—废气涡轮增压器 8—内燃机 9—电机 10—暖风热交换器 11—双加热阀 12—电气加热装置 13—电动冷却液泵（用于暖风循环回路，20W） 14—电动转换阀 15—电机节温器 16—独立安装的冷却空气热交换器 A—冷却液空气热交换器（电机和电子装置以及便捷充电电子装置的冷却液循环回路） B—电动冷却液泵（电机电子装置的冷却液循环回路，80W） C—冷却液补液罐（电机电子装置的冷却液循环回路） D—便捷充电电子装置KLE E—电机电子装置EME

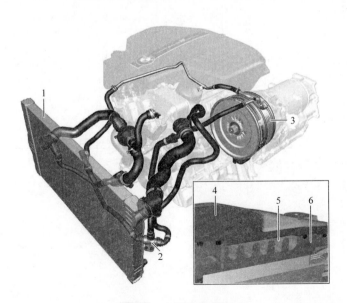

图1-9 电机冷却系统

1—冷却液空气热交换器 2—电机节温器 3—电机 4—自动变速器壳体 5—电机冷却液通道 6—定子支架

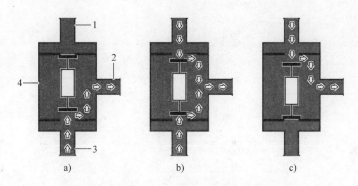

图 1-10　电机节温器运行状态

a）节温器关闭　b）节温器部分打开　c）节温器打开

1—来自冷却液空气热交换器的冷却液　2—冷却液流向电机　3—冷却液来自内燃机　4—节温器

宝马 X5 PHEV 电机电子装置

电机电子装置 EME 用作电机的电子控制装置。同时该装置也负责将高压蓄电池单元的直流电压（最高约 399V DC）转换为用于控制电机（作为电机）的三相交流电压（最高约 360V AC）。反之，将电机用作发电机，电机电子装置将电机的三相交流电压转换为直流电压，从而为高压蓄电池单元充电（例如进行制动能量回收利用时）。对于这两种运行方式来说都需使用双向 DC/AC 变换器，该变换器可作为逆变器和直流整流器工作。

通过同样集成在电机电子装置内的 DC/DC 变换器来确保为 12V 车载网络供电。

F15 PHEV 的整个电机电子装置位于一个铝合金壳体内。在该壳体内装有控制单元、双向 DC/AC 变换器以及用于为 12V 车载网络供电的 DC/DC 变换器。

EME 控制单元还执行其他任务。例如负责管理高压蓄电池单元所提供高压的高压电源管理系统也集成在 EME 内。此外 EME 还带有用于控制 12V 执行机构的不同输出级。

1. 安装位置

电机电子装置位于后桥前方右侧地板上，如图 1-11 所示。

为能接触到电机电子装置的所有接口，必须将其整个拆下。

2. 接口

电机电子装置上的接口可分为四类：低压接口、高压接口、电位补偿导线接口、冷却液管路接口，如图 1-12 所示。

（1）低压接口　在电机电子装置的外部低压插头上汇集以下导线和信号：

1）EME 控制单元供电（前部配电盒的总线端 30B 和接地）。

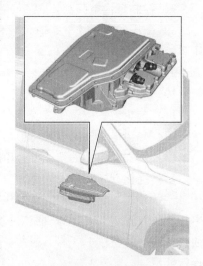

图 1-11　安装位置

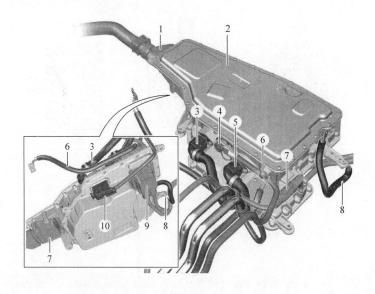

图 1-12 电机电子装置的导线/管路和接口

1—连接电机的高压导线(交流电) 2—电机电子装置壳体 3—冷却液回流管路接口 4—DC/DC 变换器 +12V 输出端 5—冷却液供给管路接口 6—DC/DC 变换器 -12V 输出端 7—用于便捷充电电子装置交流电充电的高压接口 8—电位补偿导线接口 9—连接高压蓄电池单元的高压导线(直流电) 10—低压插头

2) FlexRay 总线系统。

3) PT-CAN 总线系统。

4) PT-CAN2 总线系统。

5) 唤醒导线。

6) 用于发送碰撞信号的 ACSM 信号导线。

7) 控制车内空间截止阀。

8) 高压触点监控电路输入端和输出端(EME 控制单元分析信号并在电路断路时关闭高压系统形成 SME 的冗余)。

9) 控制电动真空泵。

10) 用于 EME 的电动冷却液泵:PWM 信号。

11) 分析电机的转子位置传感器信号。

12) 分析电机的温度传感器信号。

13) 附加蓄电池的智能型蓄电池传感器 IBS2:LIN 总线。

14) 连接充电接口模块 LIM 的信号导线。

这些导线和信号的电流强度相对较小。通过两个独立的低压接口和横截面较大的导线使电机电子装置与 12V 车载网络(总线端 30 和 31)连接。电机电子装置内的 DC/DC 变换器通过该连接为整个 12V 车载网络提供能量。两根导线与电机电子装置的接触连接通过螺栓连接实现。

图 1-13 以简化电路图形式概括展示了电机电子装置的低电压接口。

(2) 高压接口 电机电子装置上总共只有三个高压接口,用于连接其他高压组件的导线。用于电动制冷剂压缩机和电气加热装置的接口现在位于便捷充电电子装置上。

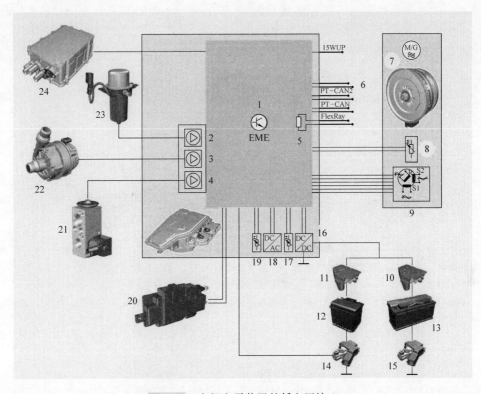

图1-13　电机电子装置的低电压接口

1—电机电子装置EME　2—用于控制电动真空泵的输出端
3—用于控制电动冷却液泵的输出端（EME的冷却液循环回路）　4—用于控制截止阀的输出端
5—FlexRay终端电阻　6—高压触点监控信号导线　7—电机（整体）
8—温度传感器（NTC电阻）测量电机输出端的冷却液温度　9—转子位置传感器
10—安全型蓄电池接线柱SBK　11—附加蓄电池安全型蓄电池接线柱SBK2　12—附加蓄电池（12V）
13—车辆蓄电池（12V）　14—智能型蓄电池传感器2IBS2　15—智能型蓄电池传感器IBS
16—单向DC/DC变换器　17—DC/DC变换器上的温度传感器（NTC电阻）　18—双向DC/AC变换器
19—DC/AC变换器上的温度传感器（NTC电阻）　20—碰撞和安全模块　21—车内空间截止阀
22—电动冷却液泵（80 W）　23—电动真空泵　24—便捷充电电子装置KLE

图1-14展示了电机电子装置与其他高压组件之间的高压连接。

（3）高压导线　高压导线使高压组件相互连接并带有橙色导线护套，如图1-15所示。混合动力车辆制造商已在通过橙色警告色统一标记高压导线方面达成一致。

3. 排气口

为了避免因温度变化及由此引起的湿气冷凝导致电机电子装置内部积水，在壳体底部设有三个排气口，如图1-16所示。此外，这些排气口还能实现壳体内与环境之间的压力平衡。为了完成上述两项任务，这些排气口带有透气但不透水的隔膜。

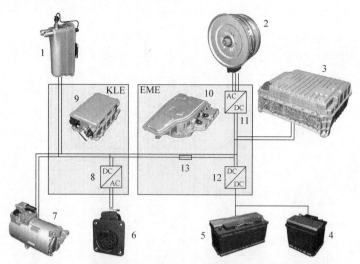

图 1-14 电机电子装置的高压接口

1—电气加热装置 2—电机 3—高压蓄电池单元 4—附加蓄电池（12V） 5—车辆蓄电池（12V） 6—高压充电接口 7—电动制冷剂压缩机 8—单向 AC/DC 变换器 9—便捷充电电子装置 10—电机电子装置（整体） 11—双向 DC/AC 变换器 12—单向 DC/DC 变换器 13—过电流熔丝（在连接电动制冷剂压缩机和电气加热装置的供电导线内（80A））

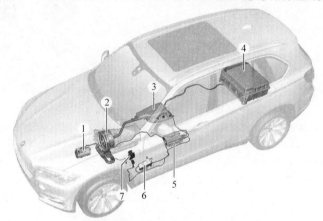

图 1-15 高压组件和高压导线

1—电动制冷剂压缩机 EKK 2—电机 3—电机电子装置 EME 4—高压蓄电池单元 5—便捷充电电子装置 KLE 6—电气加热装置 EH 7—高压充电接口

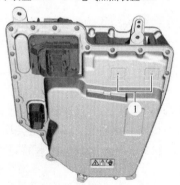

图 1-16 电机电子装置的排气口

1—排气口

宝马X5插电式混合动力汽车（PHEV） 第1章

8 宝马 X5 PHEV DC/DC 变换器

从技术角度而言，F15 PHEV 电机电子装置内的 DC/DC 变换器能够启用以下运行模式：
1) 待机（即使出现组件故障、短路或供电电子装置关闭时）。
2) 向下转换（"下降模式"：能量流至低电压侧，转换器调节低压侧的电压）。
3) 高压中间电路放电（互锁故障、事故或主控单元要求时）。

电机电子装置停用时，DC/DC 变换器处于"待机"状态。根据总线端状态等未向 EME 控制单元供电时就会出现这种情况。但出现故障时，EME 控制单元也会要求 DC/DC 变换器执行"待机"运行模式。在此运行模式下不会在两个车载网络间进行能量传输，并断开二者之间的导电连接。

运行模式"向下转换"又称为"下降模式"，是高压系统启用状态下的正常运行模式。DC/DC 变换器将电能从高压车载网络传输到 12V 车载网络内，同时执行普通车辆的发电机功能。为此，DC/DC 变换器必须将来自高压车载网络的变化电压降至低压车载网络的电压。在此高压车载网络内的电压取决于高压蓄电池单元的充电状态（约 269~399V）等。

DC/DC 变换器通过调节低压车载网络内的电压确保为 12V 蓄电池提供最佳充电，同时根据蓄电池的充电状态和温度调节约 14V 电压。DC/DC 变换器的持续输出功率为 2400W。

DC/DC 变换器的工作原理如图 1-17 所示。

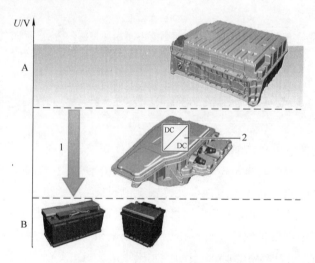

图 1-17 DC/DC 变换器的工作原理
1—向下转换　2—电机电子装置内的 DC/DC 变换器
A—高压车载网络电平，约 269~399V　B—低压车载网络电平，约 14V

正常或快速关闭高压系统时，采用之前的 DC/DC 变换器运行模式。关闭高压系统时，必须在 5s 内放电至没有危险的 60V 电压以下。为此 DC/DC 变换器有一个中间电路电容器放电电路。该放电电路首先尝试将存储在中间电路电容器内的能量传输至低压车载网络，如图 1-18 所示。如果该能量不足以确保快速降低电压，就会通过一个为此主动连接的电阻进行放电。通过这种方式使高压车载网络在 5s 内放电。

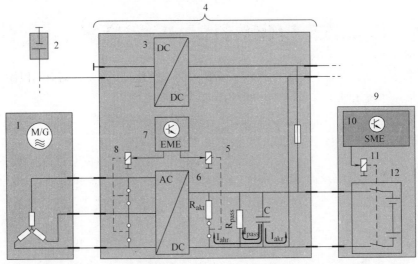

图 1-18 高压中间电路放电

1—电机 2—12V 车载网络接口 3—DC/DC 变换器 4—电机电子装置（整体） 5—继电器（用于电容器主动放电） 6—双向 DC/AC 变换器 7—EME 控制单元 8—继电器（用于电机绕组短路） 9—高压蓄电池单元 10—SME 控制单元 11—电动机械式接触器 12—高压蓄电池单元 C—中间电路电容器 R_{pass}—被动放电电阻 R_{akt}—主动放电电阻

出于安全考虑，还有一个始终并联连接的被动放电电阻。即使故障导致前两项放电措施无法正常进行，该电阻也能确保高压车载网络可靠放电。放电至 60V 电压以下的所需时间较长，最长为 120s。

DC/DC 变换器的温度由一个温度传感器测量并通过 EME 控制单元监控。如果在冷却液冷却的情况下温度仍超出允许范围，EME 控制单元就会降低 DC/DC 变换器功率以保护组件。

9 宝马 X5 PHEV 用于控制电机的供电电子装置

用于控制电机的供电电子装置主要由双向 DC/AC 变换器构成，如图 1-19 所示。它是一个脉冲变流器，带有一个两芯直流电压接口和一个三相交流电压接口。该 DC/AC 变换器可作为逆变器工作，将电能从高压蓄电池单元传输至电机。

DC/AC 变换器也可作为整流器工作，将电能从电机传输至高压蓄电池单元。进行制动能量回收利用时采用这种运行模式，此时电机作为发电机工作并产生电能。

DC/AC 变换器的运行模式由 EME 控制单元决定。为此，EME 控制单元从 DME 控制单元接收主要输入参数，即电机提供的转矩规定值。EME 控制单元根据该规定值和当前电机运行状态（转速和转矩）确定 DC/AC 变换器的运行模式以及电机相电压的振幅和频率。根据这些规定值以脉冲方式控制 DC/AC 变换器的功率半导体。

除 DC/AC 变换器外，供电电子装置还包括 DC/AC 变换器交流电压侧所有三相内的电流传感器。EME 控制单元通过电流传感器信号监控供电电子装置和电机内的电功率以及电机产生的转矩。通过电流传感器信号以及电机内转子位置传感器信号可接通电机电子装置控制电路。

电机电子装置和电机的功率数据在研发过程中进行了相互协调。因此电机电子装置能够持续提供 50kW 电功率，并短时提供 83kW 最大功率。为了防止供电电子装置过载，在 DC/

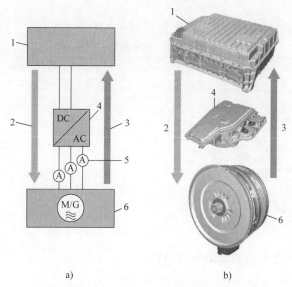

图 1-19 双向 DC/AC 变换器的运行模式

a) 示意图 b) 带有组件的图示

1—高压蓄电池单元 2—逆变器运行模式（电机作为电动机工作）
3—整流器运行模式（电机作为发电机工作） 4—DC/AC 变换器 5—电流传感器 6—电机

AC 变换器上还有一个温度传感器。如果根据该传感器信号识别出功率半导体温度过高，EME 控制单元就会降低输出至电机的功率，以保护供电电子装置。

10 宝马 X5 PHEV 高压蓄电池安装位置、技术参数及控制电路

高压蓄电池单元位于 F15 PHEV 行李舱地板下方，如图 1-20 所示。

电池由韩国公司 Samsung SDI 向 BMW 丁格芬（Dingolfing）工厂提供。在此将电池组装成电池模块并与其他组件一起安装为完整的高压蓄电池单元。SME 控制单元和电池监控电子装置的制造商是 Preh 公司。

在 F15 PHEV 高压蓄电池内使用的电池组属于锂离子电池类型（电池类型为 NMCo/LMO 混合）。锂离子电池的阳极材料原则上是锂金属氧化物。"NMCo/LMO 混合"这一名称说明了这种电池类型使用的金属一方面是镍、锰和钴的混合物，另一方面是锂锰氧化物。

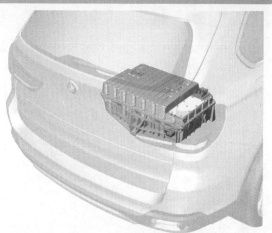

图 1-20 高压蓄电池位置

通过选择阳极材料优化了电动车所用高压蓄电池特性，能量密度较高，使用寿命较长。像往常一样使用石墨作为阴极材料，放电时锂离子存储在石墨内。根据蓄电池内使用的材料，电池额定电压为 3.7V。

1. 技术数据

F15 PHEV 高压蓄电池的一些重要技术数据如表 1-1 所示。

表 1-1 技术数据

电压/V	355（额定电压）
	269~399（电压范围）
电池	96 个电池串联（每个电池均为 3.7V）
最大可存储能量/kW·h	9.2
最大可用能量/kW·h	6.8
最大功率（放电）/kW	83（短时）
	43（持续）
最大功率（交流电充电）/kW	3.7
总重量/kg	105
尺寸/mm×mm×mm	508×781×287
冷却系统	制冷剂 R134a

2. 高压网络内高压蓄电池单元的系统电路

高压网络内高压蓄电池单元的系统电路如图 1-21 所示。

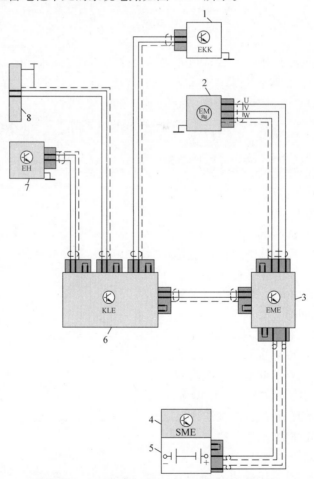

图 1-21 高压网络内高压蓄电池单元的系统电路

1—电动制冷剂压缩机 EKK　2—电机　3—电机电子装置 EME　4—蓄能器管理电子装置 SME
5—高压蓄电池单元　6—便捷充电电子装置　7—电气加热装置　8—充电插座

11　宝马 X5 PHEV 高压蓄电池接口

1. 机械接口

高压蓄电池单元的壳体通过三个螺栓固定在 F15 PHEV 的行李舱地板上，如图 1-22 所示。此外前部和后部各通过一个横梁来支撑壳体。通过这种方式可使重力以及行驶期间产生的加速力作用在车身上。固定螺栓无法直接从上方接触到，因此必须先拆卸多个车内饰板、后座椅及横梁。拆卸高压蓄电池单元时必须首先进行维修说明中规定的所有准备工作（诊断、切换为无电压、拆卸车内饰板等）。松开固定螺栓前必须将用于抬出的专用工具（多功能起重工具 2 360 081）固定在高压蓄电池单元上方。

与 BMW ActiveHybrid 车辆不同，不通过另一个电位补偿螺栓，而是通过固定螺栓在壳体与车身之间建立电气连接。

在高压蓄电池单元壳体上进行任何安装时都只能使用自攻螺钉。允许通过 Kerb Konus 螺纹套对下半部分壳体端盖上的螺纹进行修理。

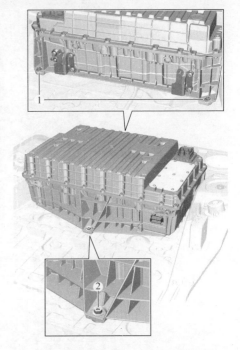

图 1-22　高压蓄电池单元的固定
1—前部固定和电位补偿螺栓
2—后部固定和电位补偿螺栓

在 F15 PHEV 的高压蓄电池单元上装有两个提示牌：一个型号铭牌和一个警告提示牌。型号铭牌提供逻辑信息（例如零件编号）和最重要的技术数据（例如额定电压）。警告提示牌提醒注意高压蓄电池单元采用锂离子技术且电压较高以及可能存在的相关危险，如图 1-23 所示。

2. 电气接口

在高压蓄电池单元上带有一个 2 芯高压接口，高压蓄电池单元通过该接口与高压车载网络连接。

围绕高压导线的两个电气触点各有一个屏蔽触点。这样可使高压导线屏蔽层（每根导线各有一个屏蔽层）一直持续到高压蓄电池单元壳体内，从而有助于确保电磁兼容性。

此外高压接口还可防止接触导电部件。触点本身带有塑料外壳，从而防止直接接触。只有连接导线时才压开外套并进行接触。

塑料滑块用于机械锁止插头，也是安全功能的组成部分。未连接高压导线时，滑块盖住高压触点监控电桥的接口。只有按规定连接高压导线且插头已卡止时，才能接触到该接口并插上电桥。这样可以确保只有连接了高压导线时高压触点监控电路才会闭合。该原理适用于 F15 PHEV 的所有扁平高压接口（高压蓄电池单元、电机电子装置），如图 1-24 所示。

因此只有连接所有高压导线后，高压系统才会启用，防止接触带电的接触面。

3. 12V 车载网络接口

在 F15 PHEV 高压蓄电池单元上有一个连接 12V 车载网络的接口，如图 1-25 所示，其

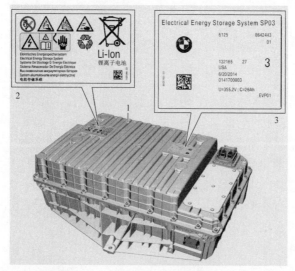

图1-23　高压蓄电池单元壳体上的提示牌

1—高压蓄电池单元壳体　2—高压蓄电池单元警告提示牌　3—标注技术数据的型号铭牌

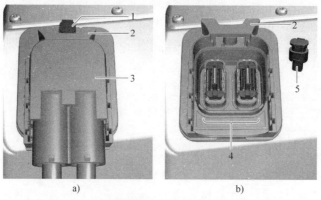

图1-24　高压接口

a) 已插上高压导线的高压接口　b) 已松开高压导线的高压接口
1—高压触点监控电桥（已插上）　2—机械滑块
3—高压导线的高压插头　4—高压接口　5—高压触点监控电桥（已松开）

他接口如下：

①SME控制单元导线接口；②膨胀和截止组合阀控制接口。

SME控制单元接口带有以下导线：

①总线端30碰撞信号，用于为电动机械式接触器供电；②车身域控制器唤醒导线；③高压触点监控导线的输入端和输出端；④用于控制截止和膨胀组合阀的输出端（+12V和接地）；⑤PT-CAN2。

图1-25　高压蓄电池单元车载网络接口

12 宝马 X5 PHEV 高压安全插头

F15 PHEV 的高压安全插头（断电开关）不是高压蓄电池单元的直接组成部分。因此作为汽车标准将高压安全插头的颜色由橙色变为了绿色。高压安全插头作为独立部件安装在行李舱内右后侧，如图 1-26 所示。

与在 ActiveHybrid 车辆上一样，高压安全插头执行两项任务：

1）将高压系统切换为无电压；
2）固定住防止重新接通。

高压安全插头或插接电桥是高压触点监控电路的一部分。如果将高压安全插头的插头和插孔彼此拉开，高压触点监控电路就会断路。

图 1-26 高压安全插头的安装位置

13 宝马 X5 PHEV 高压蓄电池排气单元

排气单元有两项任务。第一项任务是补偿高压蓄电池单元内部和外部的较大压力差。只有某一电池损坏时才会产生这种压力差。在此情况下，出于安全原因，损坏电池的电池模块壳体会打开，以便降低压力。气体首先存在于高压蓄电池单元壳体内。从此处可通过排气单元排到外面，如图 1-27 所示。此外热交换器泄漏和制冷剂溢出时，压力会升高。

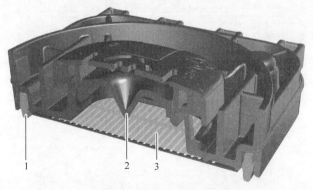

图 1-27 排气单元横截面
1—密封条　2—心轴　3—隔膜

排气单元的第二项任务是向外输送高压蓄电池单元内部产生的冷凝物。在高压蓄电池单元内部，除技术组件外还有空气。

处于较低环境温度或启用冷却功能后，通过制冷剂对空气或壳体进行冷却时，空气中的部分水蒸气就会冷凝。因此，在高压蓄电池单元内部可能会形成少量液态水。这不会对功能产生任何影响。

空气或壳体再次受热时水就会重新蒸发,同时壳体内的压力稍稍增大。排气单元可通过向外排出受热空气进行压力补偿,同时会将空气中包含的水蒸气(通过这种方式也将之前的液态冷凝物)一同向外排出。

为了完成上述任务,排气单元带有一个透气但不透水的隔膜。在隔膜上方有一个心轴。高压蓄电池单元内电压较高时,该心轴会毁坏隔膜。在上方通过一个两件式盖板来防止粗杂质进入,如图1-28所示。

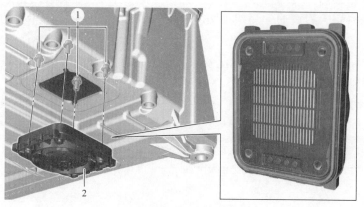

图1-28 排气单元
1—固定螺栓 2—排气单元

14 宝马X5 PHEV高压蓄电池冷却系统

F15 PHEV 标配用于高压蓄电池的冷却系统,如图1-29所示。为此将其接入空调系统制冷剂循环回路内。

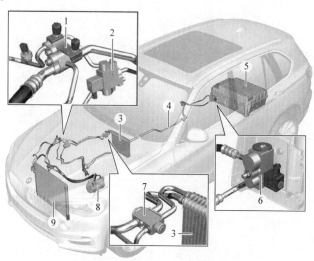

图1-29 高压蓄电池单元冷却系统
1—加注和抽真空接口 2—截止阀(车内空间) 3—车内空间蒸发器 4—至高压蓄电池单元的制冷剂管路
5—高压蓄电池单元 6—膨胀和截止组合阀 7—用于车内空间的膨胀阀 8—电动制冷剂压缩机EKK 9—冷凝器

1. 高压蓄电池单元冷却系统

高压蓄电池单元直接通过制冷剂 R134a 进行冷却。因此空调系统的制冷剂循环回路由两个并联支路构成，如图 1-30 所示。一个用于车内空间冷却，一个用于高压蓄电池单元冷却。

两个支路都有膨胀和截止阀，用于相互独立地控制冷却功能。蓄能器管理电子装置可通过施加电压控制，打开高压蓄电池单元上的膨胀和截止组合阀，使制冷剂流入高压蓄电池单元内，在此膨胀、蒸发和吸收环境热量。车内空间冷却同样根据需要来进行。蒸发器前的截止阀可通过电气方式进行控制，但由电机电子装置 EME 进行控制。蒸发器前的膨胀阀以纯压力控制方式工作。

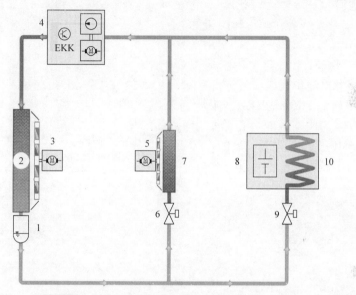

图 1-30　带有高压蓄电池单元的制冷剂循环回路

1—干燥器瓶　2—冷凝器　3—电子扇　4—电动制冷剂压缩机 EKK　5—车内空间鼓风机　6—车内空间截止阀　7—车内空间蒸发器　8—高压蓄电池单元　9—膨胀和截止组合阀　10—热交换器

将液态制冷剂喷入热交换器内时制冷剂蒸发。蒸发的制冷剂通过这种方式吸收环境空气的热量并使其冷却。然后电动制冷剂压缩机将气态制冷剂压缩至较高的压力水平。冷凝器将热量排放到环境空气中，并使制冷剂重新变为液态聚集状态。

在 F15 PHEV 上，高压蓄电池单元采用了两个上下叠加的电池模块。为了确保制冷剂可使电池充分冷却，采用了一个两件式热交换器。热交换器分别位于三个上部和三个下部电池模块下方。它由铝合金平管构成，与内部制冷剂管路相连。高压蓄电池单元内的冷却系统如图 1-31 所示。

2. 功能

根据冷却系统的功能可实现两种运行状态：关闭冷却系统和接通冷却系统。冷却系统主要根据电池温度、车外温度以及高压蓄电池获取或输送的功率来启用这些运行状态。SME 控制单元根据输入参数决定需要哪种运行状态。

图 1-32 展示了冷却系统的输入/输出参数、SME 控制单元的作用以及控制所用执行机构。

（1）"关闭冷却系统"运行状态　电池温度已处于或低于最佳范围时就会启用"关闭冷

却系统"运行状态。车辆在适中的环境温度下以较低电功率行驶时通常就会启用该运行状态。"关闭冷却系统"运行状态非常高效,因为无需其他能量来对高压蓄电池进行冷却。

相关组件按以下方式工作:

1)需要对车内空间进行冷却时,电动制冷剂压缩机不运行或以较低功率运行。

2)高压蓄电池单元上的膨胀和截止组合阀关闭。

(2)"接通冷却系统"运行状态 电池温度增加约30℃时,就会开始冷却高压蓄电池。SME 控制单元以两个优先级向 IHKA 控制单元提出冷却要求,由 IHKA 决定是否对车内空间、高压蓄电池单元或二者进行冷却。SME 提出优先级较低的冷却要求且车内空间冷却要求较高时,IHKA 可能会拒绝提出的冷却要求。但 SME 提出优先级较高的冷却要求时,始终会对高压蓄电池单元进行冷却。

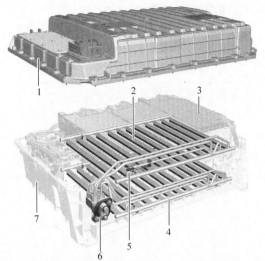

图 1-31 高压蓄电池单元内的冷却系统

1—壳体上部件 2—上部热交换器(上部冷却通道连接装置) 3—电池模块 4—下部热交换器(电池模块连接器,上部热交换器回流管路) 5—制冷剂管路温度传感器 6—膨胀和截止组合阀连接法兰 7—壳体下部件

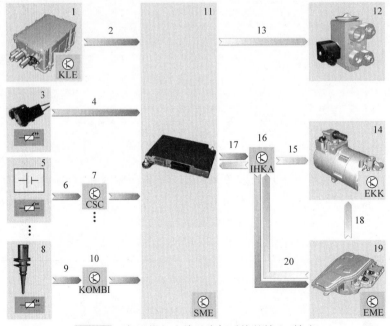

图 1-32 高压蓄电池单元冷却系统的输入/输出

1—便捷充电电子装置 KLE 2—高压蓄电池单元进行外部充电的信息 3—制冷剂供给管路处的制冷剂温度传感器 4—制冷剂温度信号 5—高压蓄电池上的温度传感器 6—电池模块温度信号 7—电池监控电子装置 CSC 8—车外温度传感器 9—车外温度信号 10—组合仪表 KOMBI 11—SME 控制单元(高压蓄电池单元内) 12—膨胀和截止组合阀 13—膨胀和截止组合阀控制信号 14—电动制冷剂压缩机 EKK 15—通过 LIN 总线传输的电动制冷剂压缩机控制信号 16—自动恒温空调 17—提出冷却要求 18—提供高压功率 19—电机电子装置 EME 20—要求高压功率

进行冷却时，IHKA 要求电机电子装置内的高压电源管理系统提供用于电动制冷剂压缩机的电功率。

在冷却运行状态下，组件工作方式如下：

1）SME 控制单元提出冷却要求。

2）IKHA 授权后，SME 控制单元控制高压蓄电池单元上的膨胀和截止组合阀。通过这种方式使该阀打开，制冷剂流入高压蓄电池单元内。

3）电动制冷剂压缩机运行。

膨胀阀压力下降后，高压蓄电池单元的管路和冷却通道内的制冷剂蒸发。在此制冷剂吸收电池模块热量，并对其进行冷却。蒸发的制冷剂离开高压蓄电池单元，经电动制冷剂压缩机压缩，并在冷凝器内液化。

电池温度明显低于最佳运行温度（20℃）时，其功率会暂时受限，且能量转换效率不理想。如果长时间将 F15 PHEV 停放在极低环境温度条件下，电池会与环境温度相同。在此情况下，车辆开始行驶时可能无法提供最大驱动功率，但客户并不会有所察觉，因为此时由内燃机驱动车辆。

3. 系统组件

（1）热交换器　在高压蓄电池单元内部，制冷剂在管路和铝合金冷却通道内流动。通过入口管路流入的制冷剂在高压蓄电池单元接口后分别流入上部和下部热交换器。流经供给管路的制冷剂在热交换器内，分别流入两个冷却通道，并通过流经冷却通道吸收电池模块的热量。其冷却组件如图 1-33 所示。

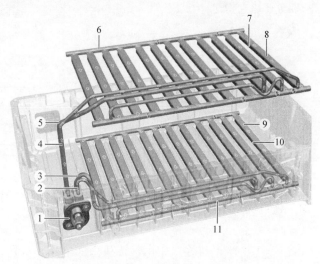

图 1-33　高压蓄电池单元内的冷却组件

1—膨胀和截止组合阀连接法兰　2—下部热交换器压力侧供给管路　3—下部热交换器抽吸侧回流管路
4—上部热交换器压力侧供给管路　5—上部热交换器抽吸侧回流管路　6—压力侧连接管　7—上部热交换器
8—上部热交换器压力侧输入端　9—下部热交换器回流管路　10—下部热交换器压力侧输入端　11—抽吸侧连接管

在冷却通道端部，将制冷剂输送至相邻冷却通道内，由此回流并继续吸收电池模块的热量。

在端部，各热交换器的两个回流管路汇集为一个共同的回流管路，并将蒸发的制冷剂输送回高压蓄电池单元接口。

在下部热交换器的供给管路上装有一个温度传感器,它用于控制和监控冷却功能。该信号直接由 SME 控制单元读取。

为了确保冷却通道排出电池模块热量,必须以均匀分布的作用力将冷却通道整个面积压到电池模块上。该压紧力通过嵌入冷却通道的弹簧产生。弹簧针对电池模块几何和下半部分壳体进行了相应调节。

下部热交换器的弹簧支撑在高压蓄电池单元的下半部分壳体上,从而将冷却通道压到电池模块上。上部热交换器的弹簧支撑在电池模块连接器之间的铝合金导轨上。

(2)制冷剂温度传感器 制冷剂温度传感器安装在高压蓄电池单元内一段制冷剂管路上。它不直接测量制冷剂温度。根据制冷剂管路温度可确定流入的制冷剂温度以及可提供的冷却功率。它以硬线方式与 SME 控制单元相连,进行信号分析。

该传感器是一个 NTC 电阻,其电阻值随温度升高而减小,出现故障时可单独更换制冷剂温度传感器。

(3)膨胀和截止组合阀 膨胀和截止阀通过限制流通截面降低制冷剂压力,从而使制冷剂蒸发。这样可吸收环境热量,并使电池模块冷却。此外还可关断制冷剂循环回路,从而确保不再有制冷剂流入热交换器内,如图 1-34 所示。

SME 控制单元通过一根直接线控制膨胀和截止组合阀。

电气控制装置可识别出两种状态:0V 控制电压表示阀门保持关闭状态;12V 控制电压表示阀门打开。与传统的空调系统膨胀阀一样,该膨胀和截止阀也通过热学方式即根据制冷剂温度自动调节其开度。

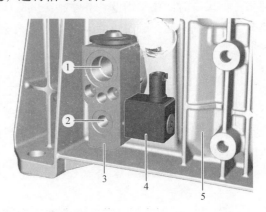

图 1-34 膨胀和截止组合阀
1—制冷剂抽吸管路接口 2—制冷剂压力管路接口
3—膨胀和截止组合阀 4—膨胀和截止组合阀电气接口
5—高压蓄电池单元壳体下部件

15 宝马 X5 PHEV 电气和电子组件

从电路图 1-35 中可以看出,除汇集在六个电池模块内的电池本身外,F15 PHEV 的高压蓄电池单元还包括以下电气/电子部件:

1)蓄能器管理电子装置 SME 控制单元。
2)六个电池监控电子装置(电池监控电路 CSC)。
3)带接触器、传感器、过电流熔丝和绝缘监控的安全盒。

除电气组件外,高压蓄电池单元还包括制冷剂管路、冷却通道以及电池模块的机械固定元件。

宝马X5插电式混合动力汽车（PHEV） 第1章

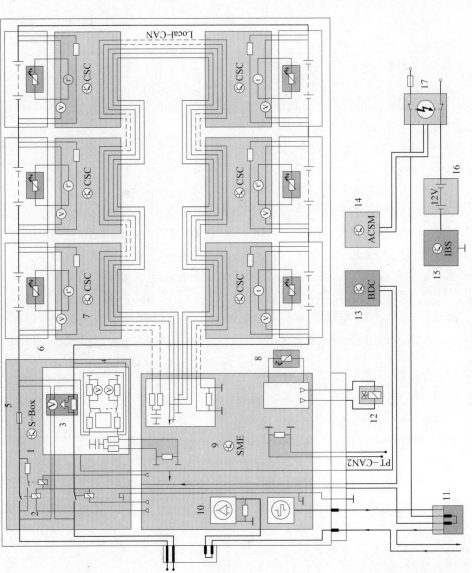

图1-35 高压蓄电池单元系统电路

1—安全盒（S盒） 2—接触器 3—电流和电压传感器 4—绝缘监控 5—主电流熔丝 6—电池模块 7—电池监控电子装置（电池监控电路CSC） 制冷剂管路 8—制冷剂管路温度传感器 9—蓄能器管理电子装置SME 10—高压触点监控电路控制装置 11—高压安全插头（售后服务断电开关） 12—制冷剂管路的膨胀和截止组合阀 13—车身域控制器BDC 14—带有触发安全型蓄电池接线柱的控制导线的控制ACSM 15—智能型蓄电池传感器IBS 16—12V蓄电池 17—安全型蓄电池接线柱SBK

1. 蓄能器管理电子装置 SME

针对高压蓄电池使用寿命的要求比较严格，不能随意使用高压蓄电池，必须在严格规定的范围内使用高压蓄电池，从而确保其使用寿命和功率最大化。相关边界条件如下：

1）在最佳温度范围内运行电池（通过冷却以及根据需要限制电流强度）。

2）根据需要均衡所有电池的充电状态。

3）在特定范围内使用可存储的蓄电池能量。

为了遵守这些边界条件，在 F15 PHEV 的高压蓄电池单元内装有一个控制单元，即蓄能器管理电子装置 SME。

SME 控制单元需要执行以下任务：

1）由电机电子装置 EME 根据要求控制高压系统的启动和关闭。

2）分析有关所有电池电压和温度的测量信号以及高压电路内的电流强度。

3）控制高压蓄电池单元冷却系统。

4）确定高压蓄电池的充电状态（SOC）和老化状态（SOH）。

5）确定高压蓄电池的可用功率，并根据需要对电机电子装置提出限制请求。

6）安全功能（例如电压和温度监控、高压触点监控）。

7）识别出故障状态，存储故障码存储器，记录并向电机电子装置发送故障状态。

SME 控制单元可通过诊断系统做出响应，也可进行编程。进行故障查询时，在 SME 控制单元的故障码存储器内不仅可存储控制单元故障，还可查阅高压蓄电池单元内其他组件的故障记录。根据严重程度和尚可提供的功能，这些故障码存储器记录分为不同类型：

1）立即关闭高压系统：因出现故障影响高压系统安全或产生高压蓄电池损坏危险时，就会立即关闭高压系统，并断开电动机械式接触器触点。之后驾驶人可让车辆滑行并停在路面上。通过 12V 车载网络提供能量确保转向助力、制动助力和动态稳定控制系统（DSC）调节。

2）限制功率：高压蓄电池无法继续提供最大功率或全部能量时，为了保护组件，车辆会限制驱动功率和续驶里程。此时驾驶人可在驱动功率明显降低的情况下继续行驶较短距离，可行驶至最近的 BMW 维修站点，或将车辆停放在所选地点。

3）对客户没有直接影响的故障：例如 SME 或 CSC 控制单元之间的通信短时受到干扰时，不表示功能受限或危及高压系统安全，只会产生一个故障码存储器记录，需通过诊断系统对该记录进行分析。此时车辆不显示检查控制信息，不会影响客户所使用的功能。

从高压蓄电池单元外部无法接触到 SME 控制单元。如出现故障时需更换 SME 控制单元，必须先打开高压蓄电池单元，SME 位置如图 1-36 所示。

2. SME 控制单元的电气接口

1）SME 控制单元 12V 供电（车内配电盒的总线端 30F 和总线端 31）。

2）接触器 12V 供电（总线端 30 碰撞信号）。

3）PT – CAN2。

图 1-36 蓄能器管理电子装置 SME 的安装位置

4）局域 CAN1 和 CAN2。

5）车身域控制器 BDC 唤醒导线。

6）高压触点监控输入端和输出端。

7）制冷剂循环回路内的截止和膨胀组合阀控制导线。

8）制冷剂温度传感器。

由一个专用的 12V 导线为高压蓄电池单元内的接触器供电。该导线称为总线端 30 碰撞信号，简称为总线端30C。其中 C 表示发生事故（碰撞）时关闭该 12V 供电。该导线是安全型蓄电池接线柱的一个（第二个）输出端，即触发安全型蓄电池接线柱时会断开该供电导线。

此外该导线穿过高压安全插头，当关闭高压系统供电时也会关闭接触器供电。因此在上述两种情况下，高压蓄电池单元内的两个接触器会自动断开。

局域 CAN 1 使 SME 控制单元与电池监控电子装置 CSC 相互连接。局域 CAN2 用于实现 SME 控制单元与安全盒之间的通信，通过该总线可传输测量的电流强度等信息。

3. 电池模块

高压蓄电池单元由六个串联连接的电池模块构成，如图 1-37 所示。与 I12 不同，每个电池模块只分配有一个电池监控电子装置。电池模块由十六个串联连接的电池构成。每个电池的额定电压为 3.7V，额定容量为 26A·h。电池模块的顺序是固定的，从前部下方开始。

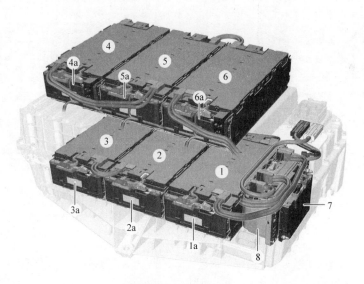

图 1-37　电池模块

1—电池模块 1　1a—电池监控电子装置1a　2—电池模块 2　2a—电池监控电子装置2a　3—电池模块 3　3a—电池监控电子装置3a　4—电池模块 4　4a—电池监控电子装置4a　5—电池模块 5　5a—电池监控电子装置5a　6—电池模块 6　6a—电池监控电子装置6a　7—蓄能器管理电子装置 SME　8—安全盒（S-BOX）

为确保 F15 PHEV 所用锂离子电池正常运行，必须遵守特定边界条件：电池电压和电池温度不允许低于或高于特定数值，否则可能导致电池持续损坏。因此高压蓄电池单元带有六个电池监控电子装置 CSC。

与 I12 不同，电池监控电子装置经过相应改进后可对 16 个电池进行监控，如图 1-38

所示。

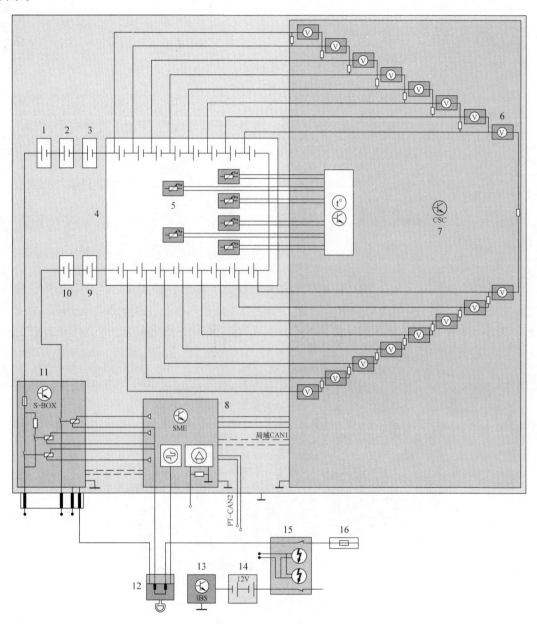

图 1-38 电池监控电子装置

1—电池模块 1　2—电池模块 2　3—电池模块 3　4—电池模块 4　5—电池模块上的温度传感器　6—电池电压测量　7—电池监控电子装置 4　8—蓄能器管理电子装置 SME　9—电池模块 5　10—电池模块 6　11—安全盒（S-BOX）　12—高压安全插头（售后服务断电开关）　13—智能型蓄电池传感器 IBS　14—12V 蓄电池　15—安全型蓄电池接线柱 SBK　16—前部配电盒

电池监控电子装置有以下作用：

1）测量和监控每个电池的电压；2）测量和监控电池模块的温度；3）将测量参数传输给 SME 控制单元；4）执行电池电压补偿过程。

在此以极高扫描率（每20ms测量一次）测量电池电压。通过电压测量可识别出充电和放电过程是否结束。温度传感器安装在电池模块上，根据其测量值可确定各电池的温度。借助电池温度可识别是否过载或出现电气故障。出现以上任何一种情况时，必须立即降低电流强度或完全关闭高压系统，以免电池进一步损坏。此外，温度传感器测得的温度还用于控制冷却系统，以便电池始终在工作性能和使用寿命最佳的温度范围内运行。由于电池温度是一个重要参数，因此每个电池模块装有六个NTC温度传感器，其中三个是另外三个的冗余装置。

电池监控电子装置通过局域CAN 1传输其测量值。该局域CAN 1使所有电池监控电子装置相互连接，并与SME控制单元相连。在SME控制单元内对测量值进行分析，并根据需要做出相应反应（例如控制冷却系统）。高压蓄电池单元局域CAN控制电路如图1-39所示。

局域CAN1和CAN2的传输速度均为500kBit/s。与采用相同传输速度的CAN总线一样，总线导线采用绞线形式。此外，两个局域CAN端部采用终端形式。在局域CAN 1两端有两个均为120Ω的终端电阻，均位于SME控制单元内。

用于局域CAN2两端的终端电阻分别位于SME控制单元和安全盒控制单元内，阻值均为120Ω。

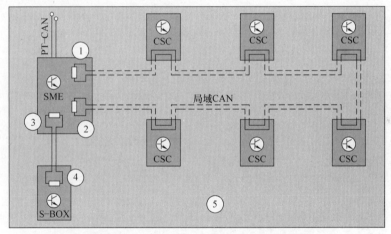

图1-39　高压蓄电池单元局域CAN控制电路
1—SME控制单元内的局域CAN1终端电阻1　2—SME控制单元内的局域CAN 1终端电阻2
3—SME控制单元内的局域CAN 2终端电阻　4—安全盒内的局域CAN2终端电阻　5—高压蓄电池单元

在查询故障期间测量局域CAN电阻时，所有总线设备已连接且终端正常的情况下会得到约60Ω的数值。

如果一个或多个电池的电压明显低于所有其他电池，高压蓄电池的可用能量就会因此受限。放电时由最弱的电池决定何时停止释放能量：如果最弱电池的电压降至放电限值，即使其他电池还存有充足能量，也必须结束放电。如果仍继续放电，就会造成最弱电池损坏。此时可对电池做均衡，使电池电压调节至几乎相同的水平。

为此SME控制单元将所有电池电压进行相互比较，对电压明显高于其他电池的进行有针对性地放电。SME控制单元通过局域CAN 1将相关请求发送至这些电池的电池监控电子装置，从而启动放电过程。为此每个电池监控电子装置都针对各电池设有一个欧姆电阻，相应电子触点闭合后放电电流就会流过该电阻。启动放电过程后，由电池监控电子装置负责执行该过程，或在主控控制单元切换为休眠模式的情况下继续执行该过程。

通过与总线端 30F 直接相连的蓄能器管理电子装置为 CSC 控制单元供电来实现这一点。所有电池的电压处于规定的较小范围内时，放电过程就会自动结束。电池平衡继续进行，直至所有电池达到相同电压水平，原理如图 1-40 所示。

在平衡电池电压的过程中会造成损失，但损失的电能极小（小于 0.1%SOC）。而优势在于可使续驶里程和高压蓄电池使用寿命最大化，因此平衡电池电压非常有利且十分必要。当然只有车辆静止时才会执行该过程。

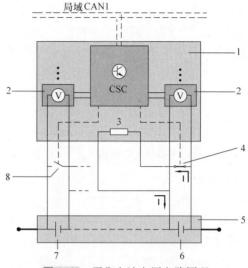

图 1-40　平衡电池电压电路原理

1—电池监控电子装置　2—用于测量电池电压的传感器
3—放电电阻　4—用于某个电池放电的闭合（启用）触点
5—电池模块　6—通过放电使其电压下降的电池
7—未放电的电池　8—用于某个电池放电的断开（未启用）触点

平衡电池电压的具体条件包括：

1）总线端 15 关闭且车辆或车载网络处于休眠状态；2）高压系统已关闭；3）电池电压或各电池 SOC 的偏差大于相应限值；4）高压蓄电池的总 SOC 大于相应限值。

如果满足上述条件，就会自动进行电池电压平衡。因此客户既看不到检查控制信息，也无需为此进行特殊操作。即使更换电池模块后，SME 控制单元也会自动识别出电池电压平衡需求。

如果电池电压的偏差过大或电池电压平衡未顺利进行，就会在 SME 控制单元内生成一个故障码存储器记录。通过一条检查控制信息，提醒客户注意车辆状态，需通过诊断系统对故障码存储器进行分析，并进行相应修理工作。

16 宝马 X5 PHEV 安全盒

每个高压单元内都有带独立壳体的接口单元，该单元也称为安全（S）盒，如图 1-41 所示。由于该单元位于高压蓄电池单元内，因此只允许由具备资质的维修人员进行更换。

安全盒内集成了以下组件：

1）蓄电池负极电流路径内的电流传感器；2）蓄电池正极电流路径内的熔丝；3）两个电动机械式接触器（每个电流路径一个开关触点）；4）用于缓慢启动高压系统的预充电电路；5）用于监控开关触点、测量蓄电池总电压和监控绝缘电阻的电压传感器；6）用于绝缘监控的电路。

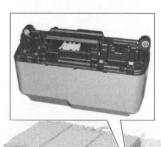

图 1-41　安全盒的安装位置

17 宝马 X5 PHEV 高压蓄电池单元充电插头、插座及充电控制电路

1. 充电插头

连接车辆的充电电缆插头如图 1-42 所示。

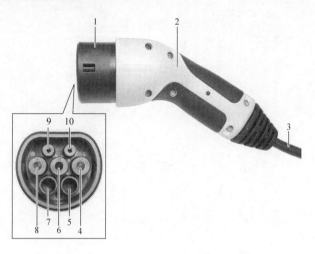

图 1-42 充电电缆插头

1—机械导向件/插头壳体 2—手柄/插头壳体 3—充电电缆 4—相位 L1 接口
5—相位 L3 接口（在 F15 PHEV 上不使用） 6—地线接口 7—相位 L2 接口（在 F15 PHEV 上不使用）
8—零线接口 9—接近导线接口 10—控制导线接口

3.7kW 交流电充电系统电路如图 1-43 所示。

2. 充电插座

F15 PHEV 的充电插座位于左前侧围板处。通过一个电动驱动装置，使充电插座盖上锁和开锁。通过便捷充电电子装置对该电动驱动装置进行控制。充电插座盖只有在变速器位于 P 位和车辆中控锁开锁状态下才能打开，可在其开锁后通过按下充电插座盖将其打开。充电插座盖和插座如图 1-44 所示。

充电插座的高压导线与便捷充电电子装置相连。相位 L1 和零线 N 采用带有屏蔽层的高压导线设计，端部通过一个圆形高压插头连接便捷充电电子装置的交流电接口。控制导线和充电插头识别导线（接近导线）使用普通信号导线。这些信号导线带有屏蔽层，端部通过一个中间插头连接便捷充电电子装置内的插头。地线在充电插座附近与车辆接地电气连接。

使用欧盟型号（型号 2 插头）时，充电插头始终会在充电过程中自动锁止。使用美国/中国型号（型号 1/CN 插头）时，在车辆上锁的情况下插头会一直保持锁止状态。

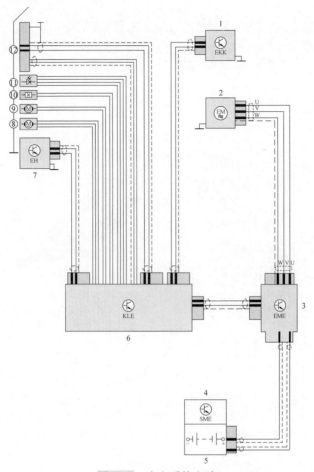

图 1-43 充电系统电路

1—电动制冷剂压缩机 EKK 2—电机 3—电机电子装置 EME 4—蓄能器管理电子装置 SME 5—高压蓄电池单元 6—便捷充电电子装置 7—电气加热装置 EH 8—插头锁止驱动装置 9—充电插座盖驱动装置 10—充电插座盖传感器 11—定向和状态照明 12—车上的充电插座

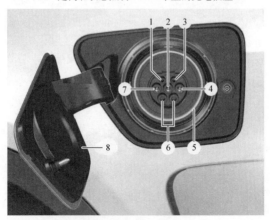

图 1-44 充电插座

1—接近导线接口 2—地线-PE 接口 3—控制导线接口 4—零线-N 接口 5—定向照明/状态照明 6—未使用的接口 7—相位 L1 接口 8—充电插座盖

18 宝马 X5 PHEV 低压车载网络

1. 供电

F15 PHEV 的低压（12V）车载网络基本上与 F15 的车载网络相同。主要区别在于，能量供给不再通过发电机，而是通过高压车载网络实现。高压蓄电池单元的高压通过 EME 内的 DC/DC 变换器转换为低电压（约 14V）。因此在行驶状态下，低压车载网络的电能供应不再取决于内燃机的转速。

另一个区别是，同步带起动机和附加蓄电池构成了一个独立的低压车载网络，该网络通过附加蓄电池充电单元（BCU）与标准低压车载网络相连，如图 1-45 所示。

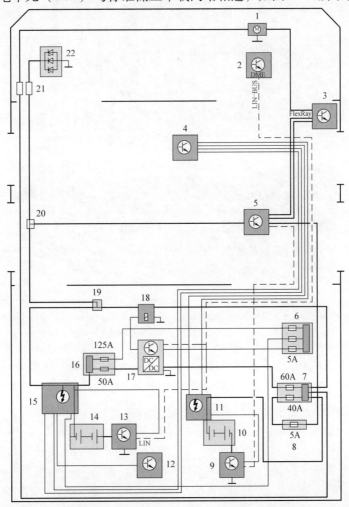

图 1-45 F15 PHEV 12V 供电的系统电路

1—同步带起动机 2—数字式发动机电子系统 DME 3—车身域控制器 BDC 4—碰撞和安全模块 ACSM 5—电机电子装置 EME 6—后部配电盒 7—附加蓄电池配电盒 8—EME 连接导线的熔丝（5A） 9—智能型蓄电池传感器 10—附加蓄电池 11—安全型蓄电池接线柱 2 12—安全盒（KL 30 C） 13—智能型蓄电池传感器 14—12V 车辆蓄电池 15—蓄能器管理电子装置 16—12V 蓄电池上的配电盒 17—12V 蓄电池（附加蓄电池充电单元） 18—断路继电器 19—车辆蓄电池与附加蓄电池间的连接点 20—车辆蓄电池与 EME 间的连接点 21—跨接起动接线柱 22—极性接错保护模块

2. 极性接错保护模块

极性接错保护用于避免极性接错时，车载网络及其所连接的电子组件出现后续损坏，例如通过外部充电器为12V蓄电池充电期间。这项任务在配备内燃机的传统车辆上通过发电机内的二极管来完成。

由于在 F15 PHEV 上没有传统发电机，因此极性接错保护必须通过一个新组件，即极性接错保护模块来实现。极性接错保护模块安装在发动机室内右侧前灯附近，如图 1-46 所示。该模块一侧与蓄电池正极导线连接，另一侧与接地连接。在极性接错保护模块内部有三个齐纳二极管，可在特定时间内限制反向施加的电压。

图 1-46　发动机室内的供电组件

1—极性接错保护模块　2—电子扇继电器　3—跨接起动接线柱（负极－接口）　4—同步带起动机正极导线
5—接线分配点（附加蓄电池至同步带起动机）　6—连自车辆蓄电池的蓄电池正极导线　7—跨接起动接线柱（正极＋接口）

请记住：齐纳二极管是具有特殊特性的硅二极管，接入阻隔方向时可限制电压。将外部电压电源（例如蓄电池充电器）与正确极性连接时会用到该特性。在此情况下，齐纳二极管可通过限制电压防止车辆车载网络的电子组件电压过高。在相反情况下，如果将外部电压电源与错误极性连接，齐纳二极管的作用就会像其他二极管，即极低欧姆电阻一样。这样会使外部电压电源实际短路，并使其电压几乎降至0V。因此车上的电子组件不会承受错误施加的（负极）电压从而受到保护。如果外部电压电源长时间与错误极性连接且持续通过极高电流，齐纳二极管则会毁坏且无法继续执行其保护功能。在此特殊情况下，车辆控制单元也会受损。

19　宝马 X5 PHEV 起动系统

同步带起动机产生的转矩通过同步带以及带单向离合器的同步带盘传至曲轴，并通过这种方式起动内燃机,如图 1-47 所示。为了能够安全传输起动机转矩,采用了一个机械张紧轮。起动内燃机后,带单向离合器的同步带盘将同步带起动系统与曲轴断开,从而使该系统在内燃机运行期间处于静止状态。同步带的设计使用寿命与车辆使用寿命相同,无需更换。

行驶期间,起动内燃机时基本上都会使用同步带起动机。但在某些情况下也会由自动变速器内的电机来执行这项任务(例如静止车辆和高压系统可提供电能时)。

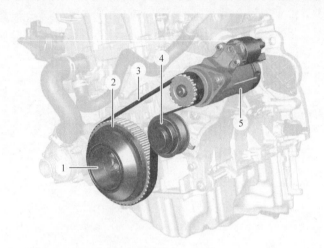

图 1-47 同步带起动系统
1—减振器　2—带单向离合器的同步带盘　3—同步带　4—张紧轮　5—同步带起动机

同步带起动机所需能量由附加蓄电池提供。它安装在行李舱内车辆蓄电池旁,如图 1-48 所示。附加蓄电池是容量为 50A·h 的 AGM 蓄电池。

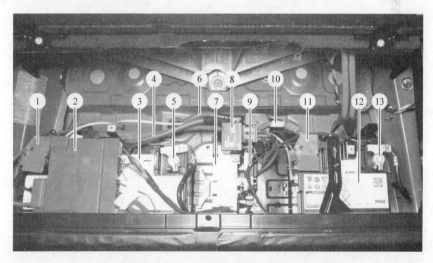

图 1-48 车辆蓄电池和附加蓄电池
1—安全型蓄电池接线柱(蓄电池正极导线至同步带起动机)　2—蓄电池配电盒　3—车辆蓄电池
4—用于跨接起动接线柱的蓄电池正极导线　5—智能型蓄电池传感器　6—用于附加起动机的蓄电池正极导线
7—附加蓄电池充电单元 BCU　8—应急起动继电器　9—附加蓄电池配电盒
10—附加蓄电池至附加蓄电池配电盒的蓄电池正极导线　11—附加蓄电池安全型蓄电池接线柱 SBK2
12—附加蓄电池(50A·h)　13—附加蓄电池智能型蓄电池传感器 IBS2

与12V车辆蓄电池相似,附加蓄电池的电流、电压和电极温度也由一个智能型蓄电池传感器IBS2探测。之后通过LIN总线将相关结果发送给上级控制单元即电机电子装置EME。EME通过CAN总线将信号发送至DME。

发生相应严重程度的事故时,安全型蓄电池接线柱SBK2负责断开附加蓄电池与同步带起动机之间的蓄电池正极导线。该安全型蓄电池接线柱SBK2紧靠在附加蓄电池正极旁。通过碰撞和安全模块ACSM实现安全型蓄电池接线柱的燃爆式触发。

智能型蓄电池传感器IBS2通过小横截面导线从安全型蓄电池接线柱SBK2获得供电。从SBK2处也有蓄电池正极导线引至附加蓄电池配电盒,并且从该配电盒处有其他导线引至同步带起动机、附加蓄电池充电单元、应急起动继电器和电机电子装置EME。

20 宝马X5 PHEV空调系统

1. 系统概览

图1-49展示了F15 PHEV高压蓄电池单元的制冷剂循环回路和冷却液循环回路。用于冷却高压蓄电池单元的制冷剂循环回路与用于冷却车内空间的制冷剂循环回路并联。

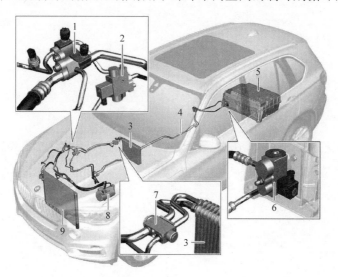

图1-49 空调系统的系统概览

1—加注和抽真空接口 2—截止阀(车内空间) 3—车内空间蒸发器 4—至高压蓄电池单元的制冷剂管路 5—高压蓄电池单元 6—膨胀和截止组合阀 7—用于车内空间的压力控制式膨胀阀 8—电动制冷剂压缩机EKK 9—冷凝器

温度对高压蓄电池单元的使用寿命具有决定性的影响。因此高压蓄电池单元的电池不应在过高或过低温度条件下输出功率或吸收电功率。最佳电池温度约为20℃;蓄电池不应超过40℃的最高温度。

在制冷剂循环回路中使用R134a作为制冷剂,制冷剂在系统的一个位置吸收热量并在另一个位置释放热量。从车内空间和高压蓄电池单元吸收的热量通过车辆前部的冷凝器释放到环境空气中。启用车内空间空调系统时或提出高压蓄电池单元冷却要求时,就会接通电动制冷剂压缩机，系统对相应位置进行冷却，也可相互独立地进行车内空间冷却和高压蓄电池单元冷却。为了能够相互独立地进行蓄电池冷却和车内空间冷却，在制冷剂循环回路内集成了专用膨胀和截止阀。这些阀门仅根据实际需要开启部分循环回路。因此可以确保系统高效性和正常调节特性。

对制冷剂循环回路内的截止阀进行电动控制并使其打开时，制冷剂就会流入冷却总成并蒸发。此时吸收环境热量。电动制冷剂压缩机压缩制冷剂，在冷凝器内使其重新变为液态聚集状态。这样可使制冷剂能够重新吸收热量。

2. 电动制冷剂压缩机 EKK

电动制冷剂压缩机使用螺杆式压缩机压缩制冷剂。其电功率约为 5kW。

在约 288～400V 电压范围内为 EKK 提供高压。高于或低于该电压范围时就会降低功率或关闭 EKK。

电动制冷剂压缩机如图 1-50 所示。

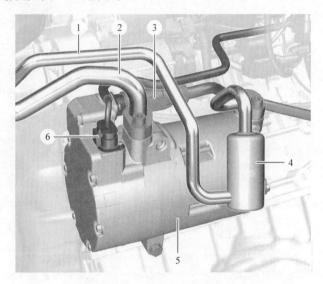

图 1-50 电动制冷剂压缩机 EKK
1—高温高压气态制冷剂接口（压力管路） 2—低温低压气态制冷剂接口（抽吸管路）
3—EKK 高压插头 4—消声器 5—电动制冷剂压缩机 EKK 6—信号插头

3. 电气加热装置

F15 PHEV 的暖风热交换器集成在内燃机和电机的冷却液循环回路内（图 1-8）。冷却液通过内燃机受热时，可提供充足加热功率用于车内空间温度调节。由于采用混合动力方案，F15 PHEV 的内燃机在多种行驶情况下产生的余热显著降低，无法使冷却液循环回路加热至所需温度。因此 F15 PHEV 带有一个电气加热装置，其工作原理与连续加热器基本相同。可通过一个转换阀形成一个独立的暖风循环回路，通过一个电动冷却液泵使其保持循环状态。

（1）安装位置和接口 暖风循环回路的安装位置如图 1-51 所示。

（2）电气加热装置上的接口 电气加热装置上的接口如图 1-52 所示。

（3）工作原理 驾驶人在 IHKA 操作面板上调节所需温度时，IHKA 就会计算出相应的设定温度并将其与电气加热装置的实际输出温度进行比较。为此在电气加热装置上有一个温度传感器。IHKA 控制单元通过这种方式决定内燃机的热量是否足够用于加热车内空间或是否需要接通电气加热装置。冷却液温度过低时，电气加热装置可分五档进行加热。通过该调节，电气加热装置可始终根据需要进行加热。

1）冷却液温度较低。冷却液温度较低时，例如刚刚起步后或纯电动行驶期间，通过车身域控制器控制电动转换阀，使电动转换阀阻断内燃机冷却液循环回路的供给。此时，通过电动冷却液泵向电气加热装置泵送冷却液，使其加热并根据需要通过双加热阀将其输送至暖风热交换器，如图 1-53 所示。

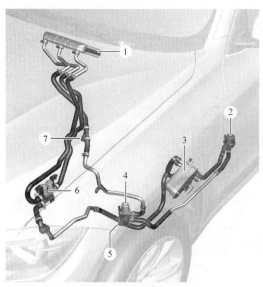

图 1-51 暖风循环回路的安装位置
1—暖风热交换器 2—电动冷却液泵（20 W）
3—电气加热装置 4—电动转换阀
5—连自冷却液循环回路的接口 6—双加热阀
7—连至冷却液循环回路的接口

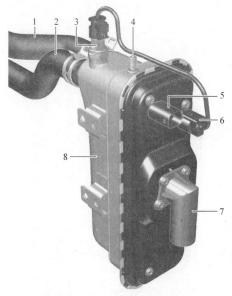

图 1-52 电气加热装置上的接口
1—冷却液供给管路接口 2—冷却液回流管路接口
3—电气加热装置输出端冷却液温度传感器
4—电位补偿导线接口 5—信号插头（低电压插头）
6—传感器接口 7—高压插头接口 8—电气加热装置壳体

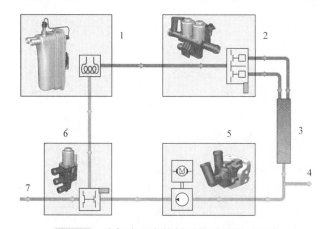

图 1-53 冷却液温度较低时的暖风循环回路
1—电气加热装置 2—双加热阀 3—暖风热交换器 4—供给冷却液循环回路
5—电动冷却液泵 6—电动转换阀 7—由冷却液循环回路供给

2)冷却液温度较高。通过内燃机变热的冷却液经过未通电时打开的转换阀、电气加热装置和双加热阀流入暖风热交换器,在此将部分热量传递给流经暖风热交换器的空气,并最终重新到达内燃机冷却液循环回路。此时电气加热装置关闭,但电动冷却液泵仍启用,如图1-54所示。

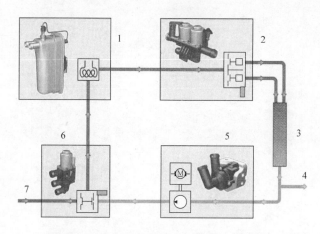

图1-54 冷却液温度较高时的暖风循环回路

3)暖风调节。电动冷却液泵、电动转换阀和双加热阀是12V组件,由车身域控制器进行控制。

电气加热装置的最大电功率为5.6kW(280V和20A)。电气加热装置通过功率约为0.75kW、1.5kW和2.25kW的三个加热线圈实现功能。在电气加热装置内通过电子开关(Power MOSFET)切换加热线圈(单独或一起),如图1-55所示。

流经各线路的电流经过测量并由电气加热装置控制单元进行控制。电压范围为250~400V时,最大电流为20A。高于或低于该电压范围时就会降低功率。耗电量提高时,通过关闭硬件中断能量供应。该电路的设计确保控制单元内出现故障时可安全断开供电。

在电气加热装置内断开高压电路与低压电路间的导电连接,如图1-56所示。

在低压插头上带有LIN总线接口和供电装置(总线端30B)。

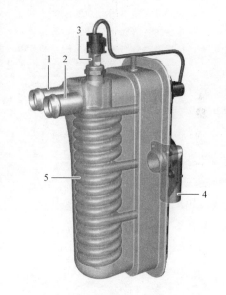

图1-55 电气加热装置上的加热线圈
1—冷却液供给管路接口 2—冷却液回流管路接口
3—电气加热装置输出端冷却液温度传感器
4—高压插头接口 5—三个加热线圈

用于电气加热装置的圆形插头高压触点采取了防触摸保护措施。电气加热装置的高压插头不是高压触点监控电路的组成部分。

在高压插头内,除高压触点外还集成有一个电桥触点,电桥触点采用前置式设计,即拔出高压插头时首先断开高压电桥触点。从而中断EH控制单元供电,使高压侧功率要求降为零,即便此时仍未完全拔出高压插头,也可确保在高压触点上不会形成电弧。

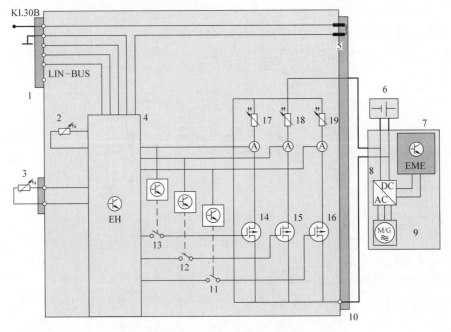

图 1-56　电气加热装置的系统

1—低压插头　2—电气加热装置 EH 控制单元印制电路板温度传感器　3—回流管路内冷却液温度传感器
4—电气加热装置 EH（控制单元）　5—高压插头内的电桥　6—高压蓄电池单元　7—电机电子装置 EME
8—EME 内的双向 AC/DC 变换器　9—电机　10—电气加热装置上的高压插头　11—加热线圈 3 内电流过时关闭硬件
12—加热线圈 2 内电流过时关闭硬件　13—加热线圈 1 内电流过时关闭硬件
14—用于加热线圈 1 的电子开关（Power MOSFET）　15—用于加热线圈 2 的电子开关（Power MOSFET）
16—用于加热线圈 3 的电子开关（Power MOSFET）　17—加热线圈 1　18—加热线圈 2　19—加热线圈 3

通过单独或组合接通单个加热线圈可实现六个加热档。IHKA 控制单元通过 LIN 总线发送加热装置接通要求。

达到最高温度或超过最大允许电流强度时，就会通过 EH 自动限制加热功率。此外在 ECO PRO 行驶模式下以及达到高压蓄电池单元特定充电状态时，也会降低电气加热装置功率。

出现系统故障时就会关闭电气加热装置。电气加热装置无需保养。

冷却液使用 50∶50 的水和冷却液浓缩液 G48 形成的常用混合液。

宝马 X5 PHEV 制动系统

1. 概述

BMW X5 xDrive40e 的制动系统负责确保车辆可靠、稳定地减速。车辆减速功能包括传统液压制动部分和能量回收式制动部分。

通过能量回收式制动可借助电机将车辆动能转化为电能，由此为高压蓄电池单元供电。

F15 PHEV 的行车制动器基于常规动力版 F15 开发。在此章节仅介绍混合动力特有部件和功能。

与常规动力版 F15 相比，混动版主要使用了以下新组件或改进组件：

1）制动踏板角度传感器；2）制动真空压力传感器；3）改进型真空制动系统；4）改进型 DSC 单元。

混合动力制动系统的系统概览如图 1-57 所示。

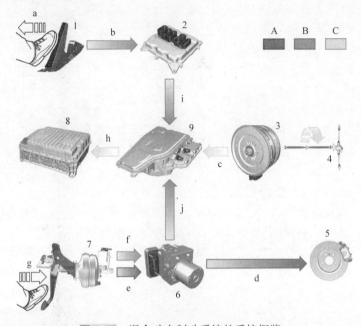

图 1-57 混合动力制动系统的系统概览

1—加速踏板模块　2—数字式发动机电子系统 DME　3—电机　4—传动系统　5—后部车轮制动器　6—动态稳定控制系统 DSC　7—带制动踏板角度传感器和制动装置的制动踏板　8—高压蓄电池单元　9—电机电子装置 EME　A—液压制动　B—信号流　C—能量回收式制动　a—松开加速踏板　b—从加速踏板模块至数字式发动机电子系统的电信号"加速踏板角度"（惯性滑行时的能量回收利用）　c—由电机产生的电能（交流电压 AC）　d—从动态稳定控制系统至车轮制动器的液压压力　e—从制动装置至动态稳定控制系统的液压压力　f—从制动踏板角度传感器至动态稳定控制系统的电信号"制动踏板角度"　g—踩下制动踏板　h—经过整流的高压（DC）用于存储在高压蓄电池单元内　i—从数字式发动机电子系统至电机电子装置的总线信息"加速踏板角度"（惯性滑行时的能量回收利用）　j—从动态稳定控制系统至电机电子装置的总线信息"额定制动力矩"

2. 真空泵

制动助力器内的真空由制动真空压力传感器探测，并由数字式发动机电子系统读取。电动真空泵的控制和监控由电机电子装置进行。

除机械真空泵外，F15 PHEV 还有一个用于电动行驶的电动真空泵。在纯电动行驶期间内燃机处于静止状态，因此无法驱动机械真空泵。为在上述行驶情况下也能确保提供制动真空压力，在 F15 PHEV 上装有一个附加电动真空泵，如图 1-58

图 1-58 真空供给装置

1—机械真空泵　2—制动助力器　3—制动真空压力传感器　4—真空管路　5—电动真空泵

所示。

3. 能量回收式制动

能量回收式制动使制动能量回收利用成为可能。在此电机以发电机形式工作，从而通过自动变速器、传动轴、前桥和后桥主减速器以及半轴对驱动轮制动，如图1-59所示。通过电机电子装置可将由此产生的能量用于高压蓄电池单元充电。

与F10H和F04不同，在串联制动主缸上未使用制动踏板行程传感器。而是直接在制动踏板上安装了制动踏板角度传感器。

此外制动踏板的空行程总计增加了2.25mm。这样，踩下制动踏板时，电机可在此范围内以发电机形式在无需液压制动压力的情况下进行减速。在此运行状态下，车轮制动器的制动摩擦片只是靠在制动盘上，但不产生制动功率。将更多可用能量输送回高压蓄电池单元内，从而提高了驱动装置的效率，如图1-60所示。

图1-59 制动能量回收利用

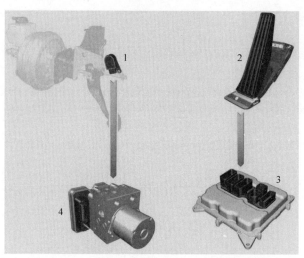

图1-60 制动能量回收利用输入信号相关部件

1—带制动踏板角度传感器的制动踏板 2—加速踏板模块 3—数字式发动机电子系统DME 4—动态稳定控制系统DSC

能量回收式制动的主要输入参数是加速踏板角度和制动踏板行程。

1）制动踏板行程由制动踏板角度传感器探测，换算为制动踏板行程，并由动态稳定控制系统读取。

2）加速踏板角度由加速踏板模块探测，并由数字式发动机电子系统读取。

在未踩下制动踏板且加速踏板角度为零的情况下，电机以发电机模式运行。电机电子装置通过控制电机产生相当于传统车辆滑行模式下的整车制动力。根据所选行驶模式，通过滑行能量回收利用会形成不同的减速情况。

（1）隔离后桥车轮制动器 图1-61展示了现有能量回收利用功率100%，足够提供所需后桥制动功率的特殊情况。

只要踩过制动踏板增大空行程,就可在两个制动回路内建立制动压力。但与前桥车轮制动器不同,在后桥车轮制动器上无法实现直接从制动装置向车轮制动器提供制动压力。后桥制动回路通过隔离阀隔离。此时所需的制动功率通过电机的能量回收利用功率产生。

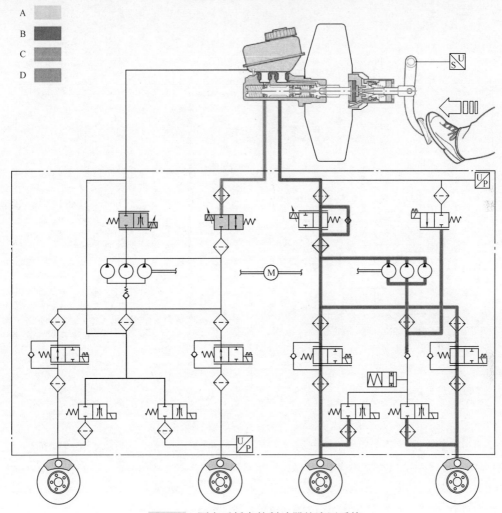

图 1-61　隔离后桥车轮制动器的液压系统

A—用于混合动力车辆的附加组件(HEV)　B—前桥上的液压制动压力　C—进行能量回收式制动时后桥上的液压制动压力
D—用于接合制动摩擦片的后桥上的较小液压制动压力

(2) 接通后桥车轮制动器　接通后桥车轮制动器的液压系统如图 1-62 所示。

如果所要求的制动功率超过了电机的最大能量回收利用功率,制动系统也会使用后桥的传统车轮制动器。为使驾驶人获得一流制动踏板感受,即使在此混合模式下也通过隔离阀使后桥制动回路保持隔离状态。

动态稳定控制系统 DSC 用作主控控制单元,按如下方式划分制动力:

1) 通过电机进行能量回收式制动;2) 通过 DSC 泵进行液压制动。

DSC 控制单元确定额外所需的制动功率,并计算为此需要产生的后桥车轮制动器液压压力。通过一个脉冲宽度调制信号(PWM 信号)对 DSC 泵进行控制,并通过一个附加抽吸管

图 1-61 ~
图 1-63 彩图

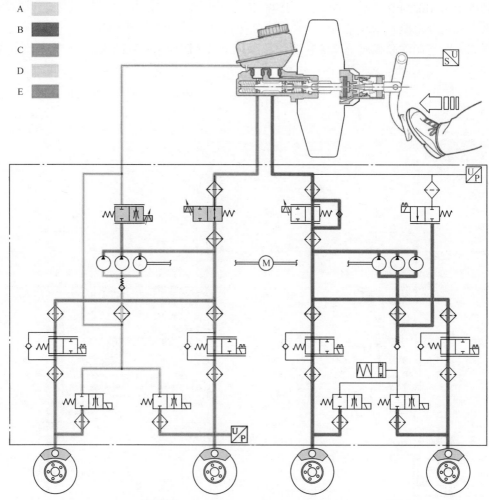

图1-62 接通后桥车轮制动器的液压系统

A—用于混合动力车辆的附加组件（HEV） B—前桥上的液压制动压力 C—后桥上的液压制动压力
D—抽吸压力（DSC泵） E—输送压力（DSC泵）

路从补液罐抽吸制动液。通过DSC泵产生的输送压力由后桥制动回路内的一个附加制动压力传感器进行测量，并传输至DSC控制单元。

为使驾驶人在隔离和接通车轮制动器时不会产生任何过渡感，对调节功能进行了非常精确地调节。由于在某些运行状态下可能会超过DSC泵的调节限值，使用了一个带有集成式节流阀的附加调压阀。该调压阀也通过一个PWM信号进行控制，因此可移动到不同开启位置（泄漏间隙）。集成式节流阀负责进行精调，从而使系统能够对最细微的制动压力变化进行精确调节。

（3）紧急制动功能　借助传动系统进行的能量回收式制动只能在F15 PHEV后桥实现。后桥与前桥的制动力比例不能超过规定限值，否则会影响行驶稳定性。出于该原因，系统限制了可通过制动能量回收利用产生的最大减速度。

通过能量回收式制动产生的最大允许制动力受限于打滑稳定性监控、横向加速度和稳定性调节过程。这样可确保即使在制动能量回收利用期间，车辆也始终保持稳定的行驶状态。

宝马X5插电式混合动力汽车（PHEV） 第1章

如果DSC控制单元识别出不稳定的行驶状态，就会停止能量回收式制动且DSC控制单元会采取稳定性措施。

驾驶人踩下制动踏板时，就会与制动助力器及液压制动系统建立起直接的机械连接。操作方式与传统车辆相同。

图1-63展示了在无法进行能量回收利用的紧急情况下如何建立制动压力。

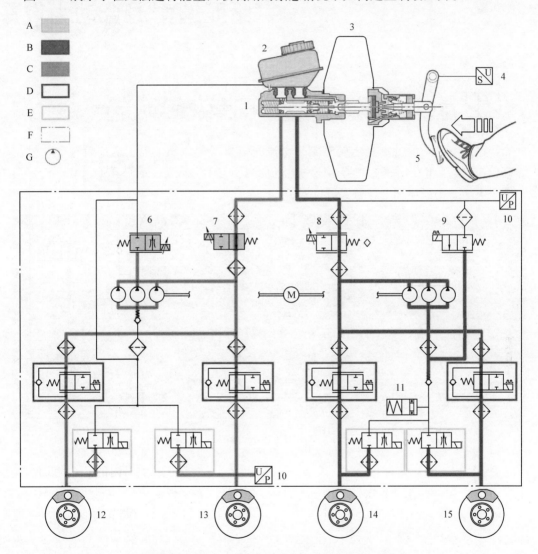

图1-63 HEV（混合动力电动汽车）的液压回路

1—串联制动主缸 2—制动液补液罐 3—制动助力器 4—制动踏板角度传感器 5—制动踏板 6—调压阀 7—隔离阀 8—转换阀 9—升压阀 10—制动压力传感器 11—蓄压器 12—左后制动器 13—右后制动器 14—左前制动器 15—右前制动器 A—用于混合动力车辆的附加组件 B—前桥上的液压制动压力 C—后桥上的液压制动压力 D—ABS稳压阀（制动防抱死系统） E—ABS减压阀（制动防抱死系统） F—DSC液压单元 G—DSC泵（第六个活塞泵）

第 2 章 Chapter 2

比亚迪秦混合动力汽车

2.2 比亚迪秦整车高压用电设备分布

高压系统由动力电池、高压配电箱、交流充电口、车载充电器、电池管理器、直流母线、档位控制器、P位电机控制器、驱动电机控制器与DC总成、维修开关、漏电传感器组成。图2-1所示为高压用电设备安装位置。

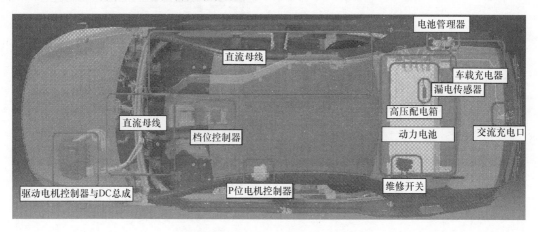

图 2-1 整车高压用电设备安装位置

2.3 比亚迪秦动力系统工作模式

动力系统搭载涡轮增压发动机、6速双离合变速器以及26A·h容量的电池组合,高压系统电压提升至500V。

1. EV 纯电动工作模式

与 DM(Dual Mode,指比亚迪插电式混合动力技术)一代相同,纯电动工作模式下,动力电池提供电能,供电机驱动车辆,可以满足各种行驶工况的要求,如起步、倒车、怠速、急加速、匀速行驶等,如图2-2所示。

2. HEV 稳速发电工作模式

当电量不足时,系统从 EV 模式自行切换到 HEV 模式,使用发动机驱动,在车辆以较稳定的速度行驶时,发动机输出的一部分转矩会驱动电机进行发电,对动力电池进行充电,如图 2-3 所示。

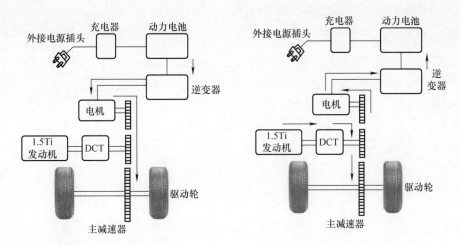

图 2-2　EV 纯电动工作模式　　　　图 2-3　稳速发电工作模式

3. HEV 混合动力工作模式

当用户从 EV 模式切换到 HEV 模式后,车辆由发动机和电机共同驱动,实现了最佳的动力性,且能保证混合动力系统具有良好的经济性,如图 2-4 所示。

4. HEV 燃油驱动工作模式

当电量不足或高压系统故障时,可单独使用发动机驱动,实现了高压系统的独立性,如图 2-5 所示。

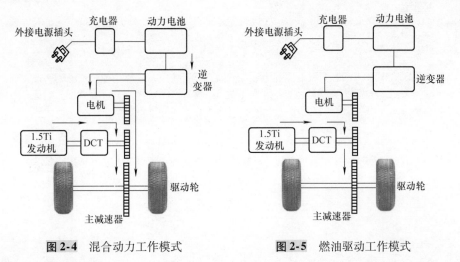

图 2-4　混合动力工作模式　　　　图 2-5　燃油驱动工作模式

5. 能量回馈工作模式

与 DM 一代一样,DM 二代在车辆减速时,电机将车辆降低的动能转化为电能储存在动力电池内,但 DM 二代的回馈效率比 DM 一代更高,如图 2-6 所示。

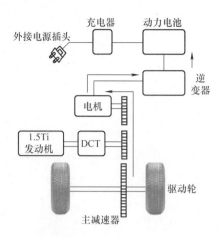

图 2-6 能量回馈工作模式

24 比亚迪秦动力模式切换说明

比亚迪秦的两种动力模式，EV 键和 HEV 键可随时任意切换。在行驶过程中 ECO 经济模式和 SPORT 运动模式可通过一个旋钮随时任意切换，如图 2-7 所示。

按钮	旋钮
EV	ECO经济模式
	SPORT运动模式
HEV	ECO经济模式
	SPORT运动模式

图 2-7 比亚迪秦动力模式切换按钮

1. EV – ECO

EV 按钮上的指示灯（绿色）亮表示在 EV 模式，MODE 旋钮逆时针旋转，进入到 ECO（经济）模式，在保证动力的情况下，最大限度节约电量。

2. EV – SPORT

将 MODE 旋钮顺时针旋转，进入到 SPORT（运动）模式，将保证较好的动力性能。

3. HEV – ECO

HEV 按钮上的指示灯（绿色）亮表示在 HEV 模式，MODE 旋钮逆时针旋转，进入到

ECO 模式，此时为了保证较好的经济性，按以下方式运行：①当电量大于 20% 时，将不会起动发动机，②电量低于 20% 时将自动起动发动机充电，③直到 SOC 达到 40% 时，发动机自动停机，此后将一直按照①-②-③-①模式循环。

4. HEV–SPORT

MODE 旋钮顺时针旋转，进入到 SPORT（运动）模式，发动机会一直工作，来保持最充沛的动力。

5. EV 自动切换为 HEV

①SOC≤5%；BMS 允许放电功率≤15kW；坡度≥15%；②EV 切换到 HEV 后，不再自动切换 EV，之后发动机工作按 HEV 策略进行；③SOC≥75% 时，重新上电后切换到 EV 模式。

25 比亚迪秦混合动力汽车车载充电器

1. 安装位置

车载充电器（OBC），位于行李舱右部，如图 2-8 所示。

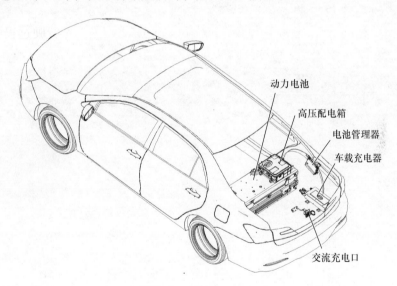

图 2-8　车载充电器安装位置

2. 功用

将交流充电口传递过来的交流电转换为直流高压电，为动力电池充电，同时在充电过程中给低压铁电池进行补充电。

车载充电器有三个插接器，如图 2-9 所示。

3. 充电控制原理

交流充电连接装置与车载充电器总成连接无误后，车载充电器总成控制交流充电连接装置输出 220V 交流电，并控制交流充电及 OFF 档充电继电器吸合，通过交流充电及 OFF 档充电继电器给电池管理器及高压配电箱提供低压电源；同时车载充电器总成与电池管理器进行

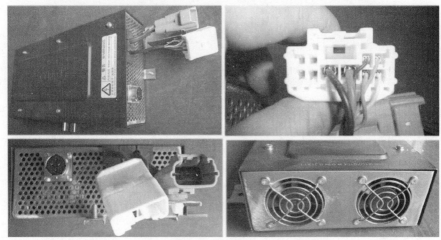

图 2-9 车载充电器

1—220V 交流输入 2—低压插接器 3—高压直流输出

通信，在充电允许的情况下，电池管理器控制交流充电接触器及负极接触器吸合；车载充电器检测到动力电池的反灌电压后输出充电电压进行充电。

1) 充电枪上 CC 与 PE 之间（手柄按键未按下时）的阻值约为 670Ω 左右，如图 2-10 所示。

2) 当插上充电枪时，不管另一端是否已连接 220V 电源，车载充电器即可通信，可使用诊断设备诊断或更新程序。

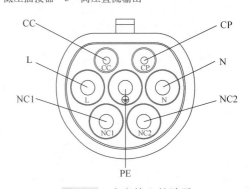

图 2-10 充电枪上的端子

CP—控制确认线 CC—充电连接确认 N—交流电源
PE—车身地（搭铁） L—交流电源 NC1、NC2—零示线

3) 仪表上充电连接指示灯（即电源插头符号）的点亮是由高压 BMS 直接控制的，如果该符号可以点亮，说明 220V 电压输入到车载充电器且已将充电感应信号线（蓝色线）拉低，10 针车载充电器低压插接器 K55 如图 2-11 所示。

4) 车载充电器是在检测到电池包的反灌电压后才会输出高压直流电的（充电接触器和

负极接触器吸合之后，电池包的电压才会加在车载充电器上）。

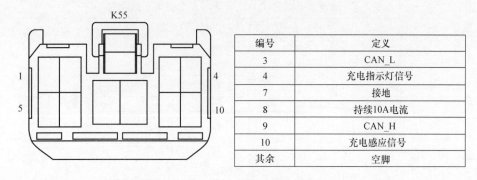

图 2-11　车载充电器低压插接器端子定义

26 比亚迪秦混合动力汽车车载充电器诊断流程及故障码

1）比亚迪秦混合动力汽车车载充电器诊断流程如图 2-12 所示。

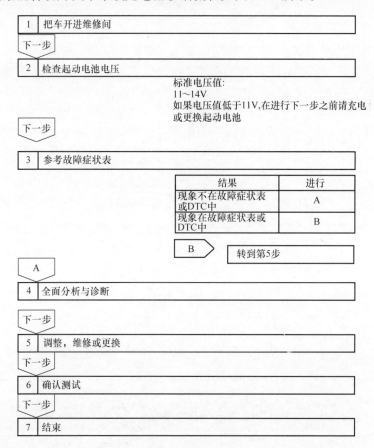

图 2-12　车载充电器诊断流程

2）比亚迪秦混合动力汽车车载充电器诊断故障码见表2-1。

表2-1　比亚迪秦混合动力汽车车载充电器诊断故障码

序列号	故障码 (ISO 15031-6)	故障定义
1	P157016	车载充电器交流侧电压低
2	P157017	车载充电器交流侧电压高
3	P157100	车载充电器高压输出断线故障
4	P157219	车载充电器直流侧电流高
5	P157218	车载充电器直流侧电流低
6	P157216	车载充电器直流侧电压低
7	P157217	车载充电器直流侧电压高
8	P157300	车载充电器风扇状态故障
9	P157400	供电设备故障
10	P157513	低压输出断线
11	P157616	低压蓄电池电压过低
12	P157617	低压蓄电池电压过高
13	P157713	交流充电感应信号断线故障
14	P157897	充放电枪连接故障
15	P15794B	电感温度高
16	P157A37	充电电网频率高
17	P157A36	充电电网频率低
18	P157B00	交流侧电流高
19	P157C00	硬件保护
20	P157D11	充电感应信号外部对地短路
21	P157D12	充电感应信号外部对电源短路
22	P157E11	充电连接信号外部对地短路
23	P157E12	充电连接信号外部对电源短路
24	P157F11	交流输出端短路
25	P158011	直流输出端短路
26	P158119	放电输出过电流
27	P158200	H桥故障
28	P15834B	MOS管温度高
29	U011100	与动力电池管理器通信故障
30	U015500	与组合仪表通信故障

 比亚迪秦混合动力汽车车载充电器检查步骤

充电请求允许电路如图2-13所示。

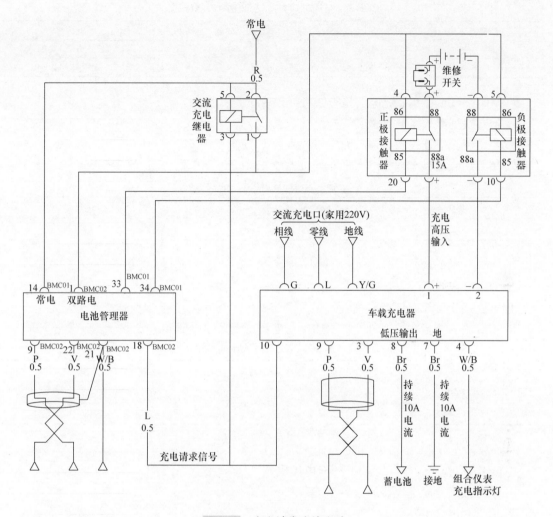

图 2-13 充电请求允许电路

充电系统检查步骤:
(1) 检查整车回路
1) 检查车载充电器、配电箱、电池管理器的插接器是否松动、破损或未安装。
2) OK 整车连接正常。
3) NG 重新安装或更换产品。
(2) 车上检查
1) 检查维修开关是否松动或未安装。
2) OK 维修开关正常。
3) NG 重新安装或更换维修开关。
4) OK 检查仪表充电指示灯是否点亮。
① 整车上 ON 档电,将交流充电连接装置连接充电桩或家用电源。
② 观察仪表充电指示灯是否点亮。
③ 用万用表测量车载充电器低压插接器电压(充电指示灯),见表 2-2。

表2-2 测量车载充电器低压插接器电压

端子	线色	正常值
K55 – H—车身地	Y	小于1V
BMS输出仪表指示灯信号 K65 –26—车身地	/	小于1V

5）NG 尝试更换车载充电器检查线束或仪表。

6）OK 检查车载充电器感应信号。

① 将交流充电连接装置连接充电桩或家用电源。

② 用万用表测量车载充电器低压插接器电压（充电请求信号），见表2-3。

表2-3 测量车载充电器低压插接器电压

端子	线色	正常值
K55 – C—车身地	L	小于1V

7）NG 更换车载充电器。

8）OK 检查低压电源是否输入。

① 不连接交流充电连接装置。

② 用万用表测量车载充电器低压插接器电压（起动电池正负）见表2-4。

表2-4 测量车载充电器低压插接器电压

端子	线色	正常值
K55 – H—车身地	R	11～14V
K55 – G—车身地	B	小于1V

9）NG 检查线束。

10）OK 检查交流充电及OFF档充电继电器。

① 不连接交流充电连接装置。

② 取下充电继电器。

③ 给控制端加电压，检查继电器是否吸合，见表2-5。

表2-5 检查继电器是否吸合

端子	正常值
1—起动电池正极	3 与 5 导通
2—起动电池负极	

11）NG 更换继电器。

12）OK 检查配电箱车载充电熔断器，如图2-14所示。

① 用万用表检测配电箱低压插接器 K54 –3。

② 将交流充电连接装置连接充电桩或家用电源。

③ 测量插接器对应引脚低压是否为12V以上。

④ OK 配电箱接触器供电正常。

图2-14 车载充电熔断器

13)NG 检查配电箱正极接触器控制端。

14)检查接触器供电低压线束。

15)OK 检查配电箱正极接触器控制端。

① 上 ON 档电,用万用表检测配电箱低压插接器 K54-14。

② 将交流充电连接装置连接充电桩或家用电源

③ 测量插接器对应引脚低压是否为 12V 以下。

④ OK 配电箱接触器控制脚正常。

16)NG 检查接触器控制低压线束或电池管理器。

17)OK 检查配电箱负极接触器电源端。

① 上 ON 档电,用万用表检测配电箱低压插接器 K54-5,如图 2-15 所示。

② 将交流充电连接装置连接充电桩或家用电源

③ 测量插接器对应引脚低压是否为 12V 以上。

④ OK 配电箱接触器供电正常。

⑤ NG 检查接触器供电低压线束。

18)OK 检查配电箱负极接触器控制端。

① 上 ON 档电,用万用表检测配电箱低压插接器 K54-10。

② 将交流充电连接装置连接充电桩或家用电源。

③ 测量插接器对应引脚低压是否为 12V 以下。

④ OK 配电箱接触器控制脚正常。

⑤ NG 检查接触器控制低压线束或电池管理器。

19)OK 检查交流充电口总成。

① 拔出交流充电口插接器。

② 分别测量充电口和插接器两端各对应引脚是否导通。

③ OK 交流充电口总成正常。

④ NG 更换交流充电口总成。

20)OK 检查车载充电器 CAN 通信,见表 2-6。

① 检查插接器端子是否异常。

② 将交流充电口连接充电桩或家用电源。

③ 用万用表测量车载充电器低压线束端电压。

④ NG 更换线束。

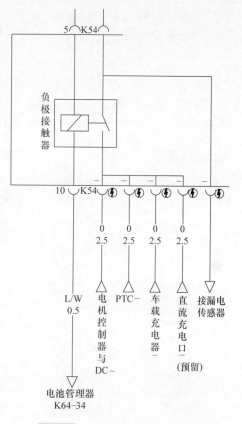

图 2-15 配电箱低压插接器电路

表 2-6　检查车载充电器 CAN 通信

端子	线色	正常值/V
K55 – K—车身地	V	1.5~2.5
K55 – J—车身地	P	2.5~3.5

28　比亚迪秦混合动力汽车驱动电机结构

1. 安装位置

驱动电机集成于变速器总成之内，安装于前舱变速器上方，如图 2-16 所示。

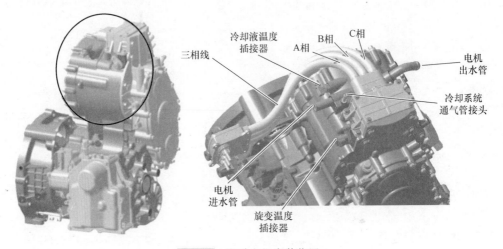

图 2-16　驱动电机安装位置

2. 驱动电机结构

驱动电机结构如图 2-17~图 2-20 所示。

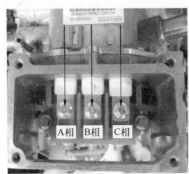 

图 2-17　驱动电机接线座

电机由外圈的定子与内圈的转子组成，可作为电动机，是汽车的动力源之一，向外输出转矩，驱动汽车前进后退；同时也可以作为发电机发电（例如在滑行、制动过程中以及发动机输出的额外转矩的势能或者动能通过电机转化为电能存储）。

(1) 电机工作参数

①额定功率：40kW；②最大功率：110kW；③最大转速：12000r/min；④最大转矩：250N·m。

(2) 电机的特点

①交流永磁同步电机；②高密度、小型轻量化、高效率；③高可靠性、高耐久性、强适应性。

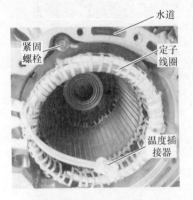

图 2-18　驱动电机定子

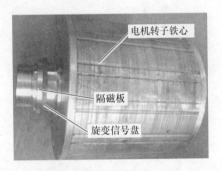

图 2-19　驱动电机转子

图 2-20　电机旋转变压器

29　比亚迪秦混合动力汽车电机旋转变压器结构及测量

旋转变压器（简称旋变）是一种输出电压随转子转角变化的信号元件。当励磁绕组以一定频率的交流电压励磁时，输出绕组的电压幅值与转子转角成正、余弦函数关系，这种旋转变压器又称为正余弦旋转变压器；旋转变压器作为速度及位置检测信号，可以反馈给控制器进行监测，来准确控制电机的转速及位置。

旋转变压器由旋变线圈、信号盘组成，如图 2-21 所示。

图 2-21　电机旋转变压器

1. 电机旋变传感器阻值的测量

当系统报旋变信号故障时,需要测量旋变传感器阻值,正常数据见表 2-7。

表 2-7　电机旋变传感器阻值的测量

针脚定义	阻值	针脚定义	阻值	针脚定义	阻值
正弦 +	(16±1) Ω	余弦 +	(16±1) Ω	励磁 +	(8±1) Ω
正弦 -		余弦 -		励磁 +	

2. 电机三相阻值的测量

当系统报缺相故障时需要测量电机三相线之间的阻值,正常情况三相线之间阻值在 0.5Ω 以内,且与壳体绝缘。

电机旋变传感器控制电路如图 2-22 所示。

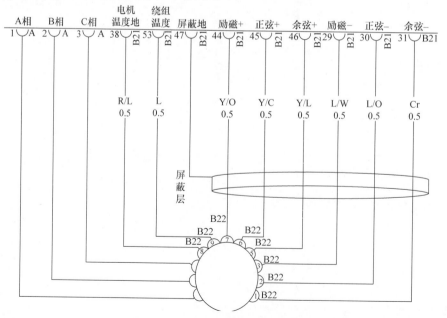

图 2-22　电机旋变传感器控制电路

30 比亚迪秦混合动力汽车高压电池管理器安装位置、结构及功能

1. 安装位置

高压电池管理器简称高压 BMS，位于行李舱右 C 柱内板后段，如图 2-23 所示。

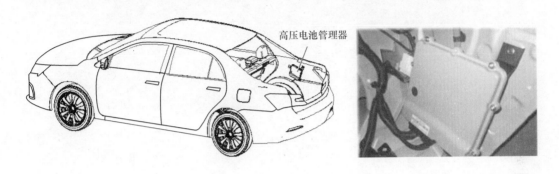

图 2-23　高压电池管理器安装位置

2. 功能

分布式电池管理系统由 10 个电池信息采集器（BIC）和 1 个电池管理器组成，如图 2-24 所示；各 BIC 采集对应模组的电压、温度等信息后，通过 CAN 线传给 BMS，即 BMS 是电池管理系统的中央控制单元。

BMS 的主要功能是总电压监测、总电流监测、SOC 计算、充放电管理、接触器控制、功率控制、电池异常状态报警和保护、漏电报警、碰撞保护、自检以及通信功能等。

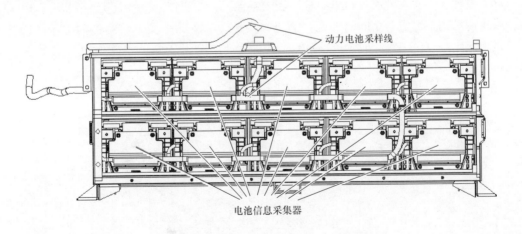

图 2-24　电池信息采集器

BMS 的插接器如图 2-25 所示。

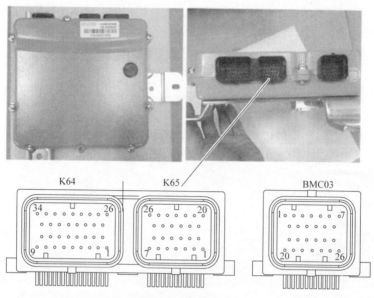

图 2-25 BMS 的插接器

31 比亚迪秦混合动力汽车动力电池安装位置及结构

1. 安装位置

动力电池安装在后排座椅与行李舱之间,如图 2-26 所示。

动力电池系统是 DM 车主要动力能源之一,它为整车驱动和其他用电器提供电能。

2. 结构

本车的动力电池系统由 10 个动力电池模组、10 个动力电池信息采集器、动力电池串联线、动力电池支架、动力电池包密封罩、动力电池采样线等组成。相比 HA14 款,动力电池包把模组内部的继电器、熔断器外挂,继电器由 4 个减少为 1 个,熔断器为 1 个。10 个动力电池模组中各有 14~18 节数量不等的单体蓄电池,总共 160 节串联而成,如图 2-27 所示。额定总电压为 528V,总电量为 13kW·h。

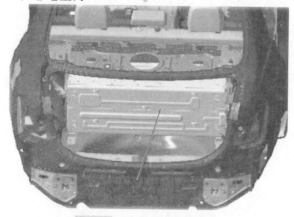

图 2-26 动力电池安装位置

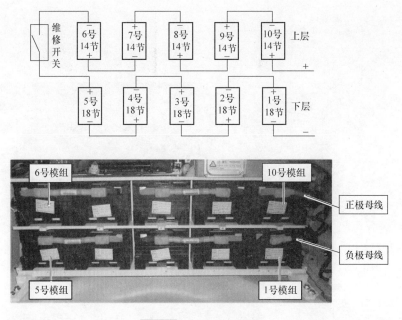

图 2-27 动力电池结构

注：

1）高压 BMS 在双路电有效的情况下才能工作，即必须是 F3/3 BMC 熔断器（7.5A）有 12V 电；如在 BMS 无法通信时注意检查是否有双路电到 BMS。

2）正常情况下，电池包内部的接触器是在整车上 ON 档电后吸合，且接触器线圈的供电和拉低都由高压 BMS 控制。

3）如果车辆没有 EV 模式，注意查看高压 BMS 模块中是否报高压互锁、漏电、电池包单体蓄电池电压过低、电池包温度过高等故障提示。

32 比亚迪秦混合动力汽车动力电池电池模组更换方法

1. 注意事项

1）拆卸时一定要保证整车退至 OFF 档，且维修开关处于断开状态。维修开关拔出和恢复时一定要佩戴绝缘手套。

2）拆卸动力电池包前后部串联线及取出模组时一定要佩戴绝缘手套。

3）拆卸动力电池包前后串联线时一定不要两人同时操作，只能由一人单独完成。恢复过程也只能由一人单独完成。

4）必须先将故障模组拆除，显示连接好之后才能用诊断仪请求进入维修模式。在 ON 档电请求完进入维修模式后直接插枪充电，若退电了则管理器复位，还要重新请求。

5）维修模式下只能进行车载充电，若进行其他操作可能会有风险。

6）拆除模组的采集器必须串联在线束上（即连接通信插接器）。

2. 拆卸模组

1）拉动维修开关手柄呈竖直状态拔去维修开关，如图 2-28 所示。注：维修开关拔出时需佩戴绝缘手套。

2）拆去蓄电池负极，如图 2-29 所示。

图 2-28　拔去维修开关

图 2-29　拆去蓄电池负极

3）拆除动力电池包前、后盖板，如图 2-30 所示。

图 2-30　拆除动力电池包前、后盖板

4）拆去前、后部动力电池包串联线，如图 2-31 所示。注意：需佩戴绝缘手套。

图 2-31　拆去前、后部动力电池包串联线

5）拔去 BIC 采样线插接器，如图 2-32 所示。

6）拆除 BIC 采样线固定板，如图 2-33 所示。

图 2-32 拔去 BIC 采样线插接器

图 2-33 拆除 BIC 采样线固定板

7）拆去模组紧固螺栓，如图 2-34 所示。

8）取出模组，如图 2-35 所示。注意：戴好绝缘手套，小心取出模组，避免挤压、碰撞。

图 2-34 拆去模组紧固螺栓

图 2-35 取出模组

3. 安装模组

1）佩戴绝缘手套，用套筒安装好每个动力电池模组四个角的紧固螺栓。

2）佩戴绝缘手套，依次安装上每一根动力电池串联线、维修开关线束、动力电池包正负极线束，同时用套筒拧紧紧固螺栓。

3）搭接动力电池包特定的串联线，将其中一个模组的负极与另一个模组的正极连起来（图 2-36 为取下两个模组搭接的情况；图 2-37 为取出一个模组后将串联线从其中穿过将隔壁两个模组正负极搭接的方式）。注意：戴好绝缘手套且务必将串联线打紧。

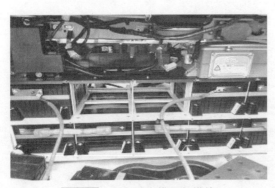
图 2-36 取下两个模组的搭接

图 2-37 取下一个模组后将隔壁两个模组正负极搭接

4. 维修模式

1）整车上 ON 档电。
2）连接诊断仪，进入高压电池管理器。
3）选取 9 维修模式设置，如图 2-38 所示。
4）选择维修模式设置，如图 2-39 所示。

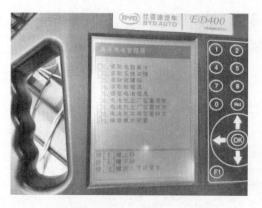

图 2-38　选取 9 维修模式设置

图 2-39　选择维修模式设置

5）退出，重新进入当前工作模式查询，若显示已在维修模式，则现在可以插枪车载充电。

6）车载充电完成后重新进入诊断仪，选择退出维修模式，如图 2-40 所示。注意：满充之后一定要记得退出维修模式。

图 2-40　选择退出维修模式

33　比亚迪秦混合动力汽车低压起动电池安装位置及功能

1. 安装位置

比亚迪秦混合动力汽车低压起动电池安装位置如图 2-41 所示，其采用铁电池。

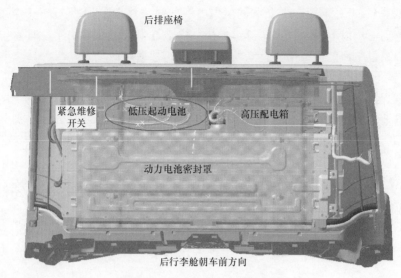

图 2-41 低压起动电池安装位置

2. 功能

1)低压电池与普通铅酸电池相比,增加了一个起动正极柱和一个通信口。

2)低压电池带有标识三极柱,分别是起动正极柱(大"+")、DC(低压正)极柱(小"+")、负极柱("-"),如图 2-42 所示。

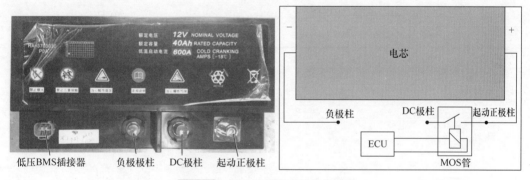

图 2-42 低压电池外观及内部结构

3)起动正极柱通过连接线束接到起动机正极。在车辆发动机起动过程此路接通,起动电池放电形成回路起动车辆,低压电路如图 2-43 所示。

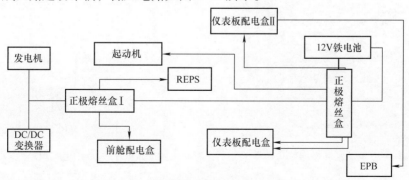

图 2-43 低压电路

4）低压正极柱开始时是整车负载的供电电源，同时并联在 DC 和发电机正极输出端上。一般情况下车辆使用以上两个供电电源给低压铁电池充电，只有输出不足时参与整车负载供电；此极柱回路过电流能力有限，严禁使用此极柱跨接对电起动发动机。

5）低压铁电池内部包含电池管理器，其通过通信口和整车模块交互信息。

6）低压电池电压低时，启动智能充电功能，通过 DC/DC 变换器将高压电转换为低压电，为低压电池充电。当无法有效进入智能充电状态时，低压电池进入休眠状态，低压正极柱内 MOS 管断开，低压正无电压输出，此时可在有效关闭前舱盖、后行李舱盖及 4 门状态下，按左前门微动开关进行唤醒。

34 比亚迪秦混合动力汽车低压起动电池电路、端子定义及跨接方法

1）比亚迪秦混合动力汽车低压起动电池插接器 K68 端子如图 2-44 所示。端子定义见表 2-8。

表 2-8 端子定义

端子号	端子定义
1 号	B—CAN_H（250kbit/s）
2 号	B—CAN_L（250kbit/s）
3 号	GND
4 号	低功耗唤醒机械开关
6 号	OFF 档充电控制

2）比亚迪秦混合动力汽车低压起动电池电路如图 2-45 所示。

图 2-44 低压起动电池插接器端子

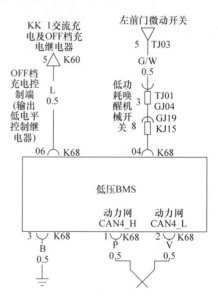

图 2-45 低压起动电池电路

① K68-4 端子：具有低功耗唤醒功能。当低压电池处于休眠状态，通过左前门微动开

关拉低，低压 BMS 接通 MOS 管，低压正极柱接通。

② K68-6 端子：具有 OFF 档充电控制功能。当低压电池电压较低时，启动智能充电，低压 BMS 拉低 6 号端子，控制双路电，同时通过 CAN 线发送低压充电请求命令，DC/DC 变换器工作输出低压电，为低压电池充电。

3）低压电池充电及跨接方法如图 2-46 所示。

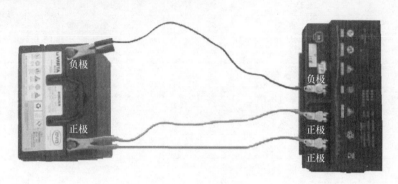

图 2-46　低压电池充电及跨接方法

① 拆卸亏电低压铁电池，但先不断开通信插接器，测量起动正极柱、低压正极柱与负极柱之间电压，若测得起动正极柱与负极柱之间电压大于 12.4V，则按动左前门微动开关唤醒低压正极柱输出（或端子 4 接地即可），此时测得低压正极柱与起动正极柱电压值相同，并在 1min 之内对低压铁电池通过外界充电设备进行充电。

② 使用恒压限流方式对低压铁电池充电，稳定电压在 15V，电流限制在 30A 以内，充电设备正极连接电池低压正极柱、负极连接电池负极柱。注意：切勿对电池串联充电。

③ 完全亏电时低压铁电池起动正极柱电压会很低，此时低压正极柱同样无法输出，可以先使用充电设备正极连接电池起动正极柱，负极连接电池负极，使用恒压限流方式对低压铁电池充电，稳定电压在 15V，电流限制在 30A 以内，充电 10s 后将充电设备正极连接电池低压正极柱上完成充电。

④ 低压铁电池完成充电的时间一般在 2~3h，最后充电电流变为 0~1A，充电过程完成。

特别注意：低压正极柱有过充保护，所以步骤②和③最终都是通过低压正极柱补充电，切勿一直从起动正极柱充电，稳压源电压控制在 15V 以内，否则容易引起过充风险。

35　比亚迪秦混合动力汽车高压电池终端测量

1）断开动力电池管理器插接器。
2）测量线束端输入电压。
3）接回电池管理器连接器。
4）测量各端子值，正常值见表 2-9。

表 2-9　各端子正常值

连接端子	端子描述	线色	条件	正常值
K64-1—GND	维修开关输出信号	Y/G	ON 档/OK 档/充电	PWM 脉冲信号
K64-6—GND	整车低压地	B	始终	<1V
K64-9—GND	主接触器	L	整车上高压电	<1V
K64-14—GND	12V 起动电池正	G/R	ON 档/OK 档/充电	9~16V
K64-17—GND	预充接触器	L/W	预充过程中	<1V
K64-26—GND	电流霍尔输出信号	R/B	电源 ON 档	0~4.2V
K64-27—GND	电流霍尔电源正	R/W	ON 档/OK 档/充电	9~16V
K64-29—GND	电流霍尔电源负	R	ON 档/OK 档/充电	-16~-9V
K64-30—GND	整车低压地	B	始终	<1V
K64-31—GND	仪表充电指示灯信号		车载充电时	
K64-33—GND	交流充电接触器	G	上 ON 档电后 2s	<1V
K64-34—GND	负极接触器	L/Y	始终	<1V
K65-1—GND	双路电	R/L	电源 ON 档/充电	11~14V
K65-7—GND	高压互锁 1 输入信号	W/R	ON 档/OK 档/充电	PWM 脉冲信号
K65-9—GND	整车 CAN_H	P	ON 档/OK 档/充电	2.5~3.5V
K65-18—GND	慢充感应信号	L	车载充电时	<1V
K65-21—GND	整车 CAN 地	B	始终	<1V
K65-22—GND	整车 CAN_L	V	ON 档/OK 档/充电	1.5~2.5V
K65-24—GND	高压互锁 2 输入信号		ON 档/OK 档/充电	PWM 脉冲信号
K65-25—GND	碰撞信号	L	启动	约 15V
K65-26—GND	车载充电指示灯信号		车载充电时	
BMC03-1—GND	采集器 CAN_L	Y	ON 档/OK 档/充电	1.5~2.5V
BMC03-2—GND	采集器 CAN 地	B	始终	<1V
BMC03-3—GND	模组接触器 1 控制	R/L	模组继电器吸合时	<1V
BMC03-7—GND	BIC 供电电源正	R	ON 档/OK 档/充电	9~16V
BMC03-8—GND	采集器 CAN_H	W	ON 档/OK 档/充电	2.5~3.5V
BMC03-13—GND	GND	B	始终	<1V
BMC03-14—GND	模组接触器 1 电源	L/B	ON 档/OK 档/充电	9~16V

36 比亚迪秦混合动力汽车高压电池故障码

比亚迪秦混合动力汽车高压电池故障码见表 2-10。

表2-10 高压电池故障码

序号	故障码 （ISO 15031-6）	故障码含义
1	P1A0000	严重漏电故障
2	P1A0100	一般漏电故障
3	P1A0200	BIC1 工作异常故障
4	P1A0300	BIC2 工作异常故障
5	P1A0400	BIC3 工作异常故障
6	P1A0500	BIC4 工作异常故障
7	P1A0600	BIC5 工作异常故障
8	P1A0700	BIC6 工作异常故障
9	P1A0800	BIC7 工作异常故障
10	P1A0900	BIC8 工作异常故障
11	P1A0A00	BIC9 工作异常故障
12	P1A0B00	BIC10 工作异常故障
13	P1A0C00	BIC1 电压采样异常故障
14	P1A0D00	BIC2 电压采样异常故障
15	P1A0E00	BIC3 电压采样异常故障
16	P1A0F00	BIC4 电压采样异常故障
17	P1A1000	BIC5 电压采样异常故障
18	P1A1100	BIC6 电压采样异常故障
19	P1A1200	BIC7 电压采样异常故障
20	P1A1300	BIC8 电压采样异常故障
21	P1A1400	BIC9 电压采样异常故障
22	P1A1500	BIC10 电压采样异常故障
23	P1A2000	BIC1 温度采样异常故障
24	P1A2100	BIC2 温度采样异常故障
25	P1A2200	BIC3 温度采样异常故障
26	P1A2300	BIC4 温度采样异常故障
27	P1A2400	BIC5 温度采样异常故障
28	P1A2500	BIC6 温度采样异常故障
29	P1A2600	BIC7 温度采样异常故障
30	P1A2700	BIC8 温度采样异常故障
31	P1A2800	BIC9 温度采样异常故障
32	P1A2900	BIC10 温度采样异常故障
33	P1A2A00	BIC1 均衡电路故障
34	P1A2B00	BIC2 均衡电路故障
35	P1A2C00	BIC3 均衡电路故障

（续）

序号	故障码 （ISO 15031－6）	故障码含义
36	P1A2D00	BIC4 均衡电路故障
37	P1A2E00	BIC5 均衡电路故障
38	P1A2F00	BIC6 均衡电路故障
39	P1A3000	BIC7 均衡电路故障
40	P1A3100	BIC8 均衡电路故障
41	P1A3200	BIC9 均衡电路故障
42	P1A3300	BIC10 均衡电路故障
43	P1A3400	预充失败故障
44	P1A3500	动力电池单节电压严重过高
45	P1A3600	动力电池单节电压一般过高
46	P1A3700	动力电池单节电压严重过低
47	P1A3800	动力电池单节电压一般过低
48	P1A3900	动力电池单节温度严重过高
49	P1A3A00	动力电池单节温度一般过高
50	P1A3B00	动力电池单节温度严重过低
52	P1A3D00	负极接触器回检故障
53	P1A3F00	预充接触器回检故障
54	P1A4100	主接触器烧结故障
55	P1A4300	电池管理器＋15V 供电过高故障
56	P1A4400	电池管理器＋15V 供电过低故障
57	P1A4500	电池管理器－15V 供电过高故障
58	P1A4600	电池管理器－15V 供电过低故障
59	P1A4700	交流充电感应信号断线故障
60	P1A4800	电机控制器断开主接触器，主接触器烧结故障
61	P1A4C00	漏电传感器失效故障
62	P1A4D00	电流霍尔传感器故障
63	P1A4E00	电池组过电流警告
64	P1A5000	电池管理系统自检故障
65	P1A5200	碰撞系统故障
66	P1A5500	电池管理器 12V 电源输入过高
67	P1A5600	电池管理器 12V 电源输入过低
68	P1A5700	大电流拉断接触器
69	U011000	与电机控制器通信故障
70	P1A5A00	与漏电传感器通信故障
71	U110300	与气囊 ECU 通信故障
72	P1A5C00	分压接触器 1 回检故障
73	U20B000	BIC1 CAN 通信超时故障
74	U20B100	BIC2 CAN 通信超时故障
75	U20B200	BIC3 CAN 通信超时故障
76	U20B300	BIC4 CAN 通信超时故障

(续)

序号	故障码 (ISO 15031-6)	故障码含义
77	U20B400	BIC5 CAN 通信超时故障
78	U20B500	BIC6 CAN 通信超时故障
79	U20B600	BIC7 CAN 通信超时故障
80	U20B700	BIC8 CAN 通信超时故障
81	U20B800	BIC9 CAN 通信超时故障
82	U20B900	BIC10 CAN 通信超时故障
83	U029700	与车载充电器通信故障
84	U012200	与低压 BMS 通信故障
85	P1A9000	因温度低导致限充电功率为 0
86	P1A9100	因温度高导致限充电功率为 0
87	P1A9200	因温度低导致限放电功率为 0
88	P1A9300	因温度高导致限放电功率为 0
89	P1A9400	因电压低导致限放电功率为 0
90	P1A9500	因采集器故障导致充放电功率为 0
91	P1A9600	因电压高导致无法回馈
92	P1AC000	气囊 ECU 碰撞警告
93	P1AC200	高压互锁 2 故障
94	P1AC300	高压互锁 3 故障
95	P1AC400	电池严重不均衡
96	P1AC500	BIC 程序不一致
97	P1AC600	BMC 程序与 BIC 程序不匹配
98	P1AC700	湿度过高故障
99	U029800	电池管理器与 DC 通信故障
100	U02A200	与主动泄放模块通信故障
101	U016400	与空调通信故障
102	P1ACA00	电池组放电严重报警
103	U010300	与发动机通信故障
104	U0A21	与漏电传感器通信故障
105	P1AD000	模组连接异常

37 比亚迪秦混合动力汽车组件位置及定义

本车各模块通过高压线相互连接。当高压系统各模块工作时，动力电池电能会通过配电箱和高压线分配传递给工作模块。

高压线由驱动电机控制器直流母线与 PTC 小线总成，动力电池包正负极线、车载充电器小线、空调配电盒总成等组成，如图 2-47 所示。

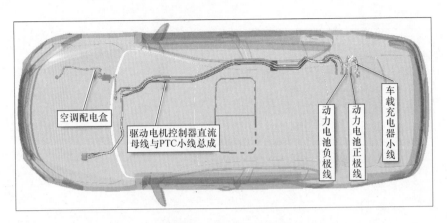

图 2-47 高压线组件位置

高压组件端子定义如图 2-48 所示。

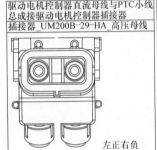
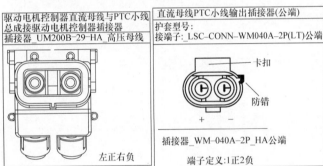
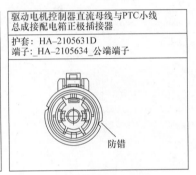

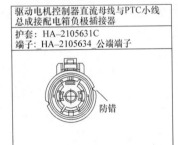
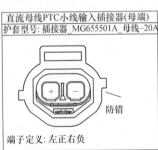
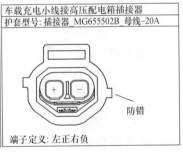

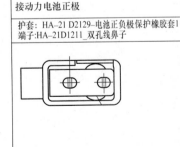
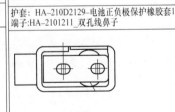
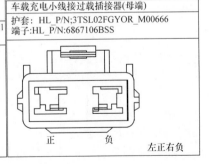

图 2-48 高压组件端子定义

38 比亚迪秦混合动力汽车高压配电箱结构及安装位置

本车高压配电箱的作用主要是将动力电池的电能分配给各用电模块,也将车载输出的电能分配给动力电池。

高压配电箱主要组成部分:车载充电器、电池管理器、动力电池、驱动电机控制器及 DC/DC 总成、空调 PTC 和压缩机。

1. 安装位置

位于后行李舱动力电池支架右上方,如图 2-49 所示。

2. 高压配电箱结构

将动力电池的高压直流电分配给整车高压电器使用,其上游是动力电池,下游包括驱动电机控制器及 DC/DC 总成、PTC 加热器、电动压缩机、漏电传感器。高压配电箱内部包含主(正极)接触器、负极接触器、空调接触器等,如图 2-50 所示。

图 2-49 高压配电箱安装位置

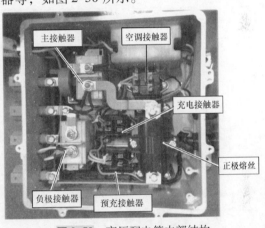

图 2-50 高压配电箱内部结构

39 比亚迪秦混合动力汽车高压配电箱高压电路及端子含义

比亚迪秦混合动力汽车高压配电箱内部高压电路如图 2-51 所示。

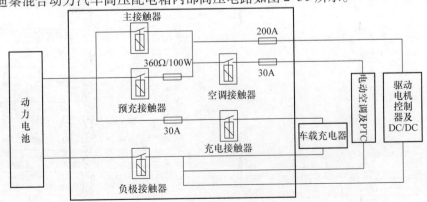

图 2-51 高压配电箱内部高压电路

比亚迪秦混合动力汽车高压配电箱低压插接器如图 2-52 所示。端子含义见表 2-11。比亚迪秦混合动力汽车高压配电箱高压插接器如图 2-53 所示。

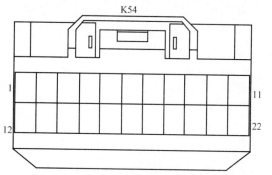

图 2-52 高压配电箱低压插接器

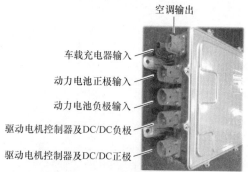

图 2-53 高压配电箱高压插接器

表 2-11 高压配电箱低压插接器端子含义

端子号	端子含义	端子号	端子含义
1	预充接触器电源	13	预充接触器控制
3	正极接触器电源	14	正极接触器控制
4	交流充电接触器电源	17	空调接触器搭铁
5	负极接触器电源	19	霍尔电流传感器 +15V
7	空调接触器电源	20	交流充电接触器控制
9	电流霍尔信号	21	霍尔电流传感器 -15V
10	负极接触器控制	其余	空脚

40 比亚迪秦混合动力汽车漏电传感器安装位置及功能

本车采用直流式漏电传感器。当高压系统漏电时，传感器会发出报文给电池管理器，电池管理器接收到漏电报文后，会根据漏电情况马上报警或者控制立即断开高压系统，防止高压漏电对人或者物品造成伤害和损失。

1. 安装位置

安装在动力电池安装支架上的起动电池与配电箱之间，如图 2-54 所示。

图 2-54 漏电传感器安装位置

2. 功能

用于对电动汽车直流动力电源母线与其外壳、车身底盘之间的绝缘阻抗进行检测。通常检测与动力电池输出相连接的负极母线与车身底盘之间的绝缘电阻，来判断动力电池的漏电程度。当动力电池漏电时，传感器发出一个信号给电池管理控制器，电池管理控制器接到漏电信号后，进行相关保护操作并报警，防止动力电池的高压电外泄，造成人或者是物品的伤害和损失。

漏电传感器主要监测与动力电池输出相连接的负极母线与车身底盘之间的绝缘电阻：
① 负极－车身绝缘阻值在 20～100kΩ 的为一般漏电。
② 负极－车身绝缘阻值≤20kΩ 的为严重漏电。

41 比亚迪秦混合动力汽车漏电传感器控制电路及端子含义

1) 比亚迪秦混合动力汽车漏电传感器插接器如图 2-55 所示。

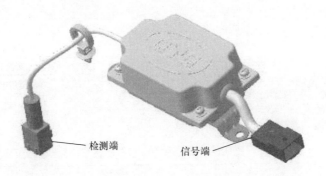

图 2-55　漏电传感器插接器

2) 比亚迪秦混合动力汽车漏电传感器端子含义见表 2-12。

表 2-12　漏电传感器端子含义

端子号	端子含义	端子号	端子含义
1	一般漏电信号	5	传感器电源－15V
2	严重漏电信号	6	漏电传感器测试信号
3	GND	C	负极母线采样线
4	传感器电源＋15V		

3) 比亚迪秦混合动力汽车漏电传感器控制电路如图 2-56 所示。

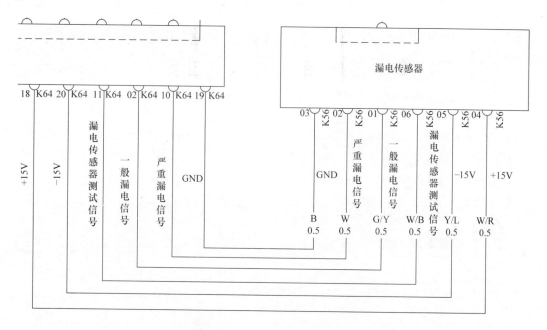

图 2-56 漏电传感器控制电路

42 比亚迪秦混合动力汽车漏电传感器故障码及诊断流程

比亚迪秦混合动力汽车漏电传感器故障码见表 2-13。

表 2-13 比亚迪秦混合动力汽车漏电传感器故障码

序号	故障码（ISO 15031-6）	故障码含义
1	P1CA100	严重漏电故障
2	P1CA200	一般漏电故障
3	P1CA000	漏电传感器自身故障

注：K56-1 电压拉低：报一般漏电；K56-2 电压拉低：报传感器失效；K56-1、K56-2 电压同时拉低：报严重漏电。

诊断流程：

1）把车开进维修间。

2）检查起动电池电压及整车低压线束供电是否正常，标准电压值：11~14V。

3）如果电压值低于11V，在进行下一步之前请充电或更换起动电池或检查整车低压线束。

4）对接好插接器，整车上 ON 档电，进入漏电传感器模块故障码诊断。

5）读取到漏电传感器自身故障：

① 拔下漏电传感器低压插接器。

② 用万用表测量 04 端子对地电压是否为 9~16V，05 端子对地电压是否为 0。

③ 如果是，则漏电传感器供电正常；否则漏电传感器故障。

6）确认测试，结束。

43 比亚迪秦混合动力汽车驱动电机控制器和 DC/DC 总成结构、安装位置

驱动电机控制器和 DC/DC 总成，主要功能为控制电机和发动机驱动车辆行驶，同时包括 CAN 通信、故障处理、在线 CAN 烧写、与其他模块配合完成整车的工作要求及自检等功能。

驱动电机控制器与 DC/DC 总成是驱动电机控制器与 DC/DC 变换器的集成体。

驱动电机控制器由输入输出接口电路、驱动电机控制电路和驱动电路组成。

DC/DC 变换器（缩写为 DC/DC）：动力电池高压直流与低压直流相互转换的装置。

1. 安装位置

前舱左侧如图 2-57 所示。

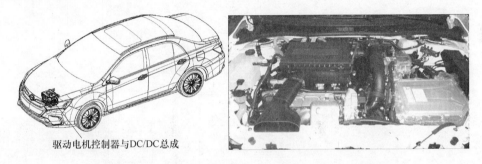

图 2-57 驱动电机控制器与 DC/DC 变换器总成安装位置

2. 结构

驱动电机控制器与 DC/DC 总成如图 2-58 所示。

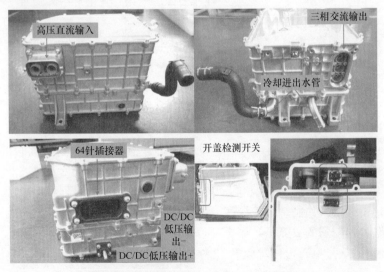

图 2-58 驱动电机控制器与 DC/DC 总成

44 比亚迪秦混合动力汽车驱动电机控制器控制原理图及功能

1. 驱动电机控制器控制原理

1) 比亚迪秦混合动力汽车驱动电机控制器控制原理如图 2-59 所示。

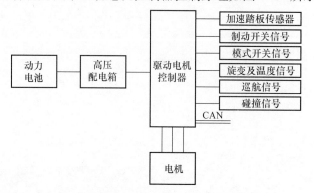

图 2-59　电机控制器控制原理

2) 比亚迪秦混合动力汽车驱动 DC/DC 系统控制原理如图 2-60 所示。

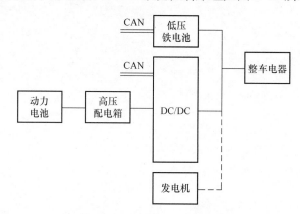

图 2-60　DC/DC 系统控制原理

2. 功能

该总成由驱动电机控制器和 DC/DC 两个高压零部件集成一体，分开介绍。

（1）驱动电机控制器

1) 作为动力系统的总控中心，驱动电机的运行，根据工况控制电机的正反转、功率、转矩、转速等，协调发动机管理系统工作。

2) 硬件采集电机的旋变、温度和制动踏板、加速踏板开关信号。

3) 通过 CAN 通信采集制动踏板深度、档位信号、驻车开关信号、起动命令、电池管理控制器相关数据、控制器的故障信息。

4) 内部处理的信号有直流侧母线电压、交流侧三相电流、IGBT 温度、电机的三相绕组阻值。

注意：控制器功能较多，针对双模控制一键启动上电和防盗这两个比较重要的功能。

根据 BCM 发出的起动开始指令，电机控制器开始与 I-KEY 和 ECM 进行防盗对码，对码成功后防盗解除，电机控制器发出起动允许指令给 BMS，开始进行预充，预充成功后 OK 灯点亮。若预充失败，电机控制器起动发动机，OK 灯也将点亮，原理如图 2-61 所示。

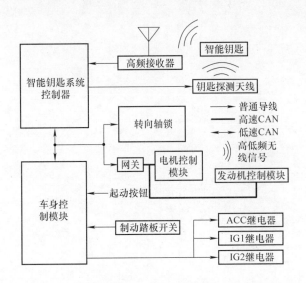

图 2-61 防盗功能原理

（2）DC/DC 变换器 DC/DC 变换器具有降压功能，负责将动力电池 528V 的高压电转换成 12V 电源。DC/DC 变换器在主接触吸合时工作，输出的 12V 电源供给整车用电器工作，并且在低压电池亏电时给低压电池充电。

45 比亚迪秦混合动力汽车 DC/DC 变换器诊断流程

1) 检查低压电池电压。标准电压值：11～14V。
2) 如果电压值低于 11V，在进行下一步之前请充电或更换起动电池。
3) 参考故障诊断表，DC/DC 变换器故障诊断表见表 2-14。
4) 现象在故障诊断表中，进行调整、维修或更换。
5) 现象不在故障诊断表中，进行全面诊断。
6) 确认测试，结束。

46 比亚迪秦混合动力汽车 DC/DC 变换器电路原理图及诊断

比亚迪秦混合动力汽车 DC/DC 变换器电路原理如图 2-62 所示。

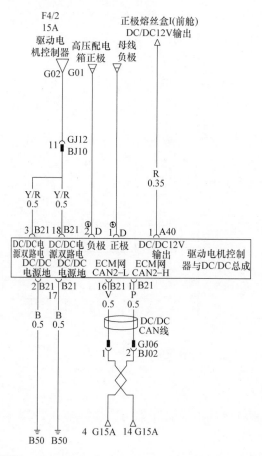

图 2-62 比亚迪秦混合动力汽车 DC/DC 变换器电路原理

终端诊断：

将诊断仪连接 DLC3 诊断口。

提示：将诊断仪连接 DLC3 诊断口，如果提示通信错误，则可能是车辆 DLC3 诊断口问题，也可能是诊断仪问题。

将诊断仪连接另一辆车的 DLC3 诊断口，如果可以显示，则原车 DLC3 诊断口有问题，需更换。若不可显示，则诊断仪有问题。

DC/DC 变换器故障码见表 2-14。

表 2-14 DC/DC 变换器故障码

编号	故障码	描述	备注
1	P1EC000	降压时高压侧电压过高	保护值 600V
2	P1EC100	降压时高压侧电压过低	保护值 300V
3	P1EC200	降压时低压侧电压过高	保护值 16V
4	P1EC300	降压时低压侧电压过低	保护值 9V
5	P1EC400	降压时低压侧电流过高	保护值 160A
6	P1EC700	降压时硬件故障	低压输出电压 <13.4V，低压输出电流 <20A
7	P1EE000	散热器过温	温度 >95℃

P1EC000——降压时高压侧电压过高：

1）检查动力电池电压。

2）插上维修开关，上 ON 档。

3）用诊断仪读取电池管理器发出的动力电池电压，正常值约 450～550V。

4）如不是，动力电池故障。

5）如是，检测高压母线电压。

① 整车 OFF 档，断开维修开关，等待 5min。

② 插上维修开关，整车上 ON 档。

③ 用诊断仪读取直流母线电压值，母线电压正常值约 450～550V。

6）如是，检查高压配电盒及高压线路。

7）如不是，更换驱动电机控制器与 DC/DC 总成。

P1EC100——降压时高压侧电压过低：

1）检查动力电池电量，检测动力电池电量是否大于 10%。

2）如不是，给动力电池充电。

3）如是，检测高压母线电压。

① 整车 OFF 档，断开维修开关，等待 5min；

② 插上维修开关，整车上 ON 档；

③ 用诊断仪读取直流母线电压值，母线电压正常值约 450～550V。

4）如不是，检查高压配电盒及高压线路。

5）如是，更换驱动电机控制器与 DC/DC 总成。

P1EC200——降压时低压侧电压过高：

1）检查低压电池电压，检测低压电池电压是否小于 16V。

2）如不是，检修或更换低压电池。

3）如是，检查低压发电机输出电压。检测发电机输出电压是否小于 16V，直接测试发电机输出端的电压。

4）如不是，检修或更换低压发电机。

5）如是，更换驱动电机控制器与 DC/DC 总成。

P1EC300——降压时低压侧电压过低：

1）检查低压电池电压，低压电池电压是否大于 9V。

2）如不是，检修或更换低压电池。

3）如是，更换驱动电机控制器与 DC/DC 总成。

P1EC400——降压时低压侧电流过高：

1）检查低压线束和电器，检测低压线束和电器是否正常（短路引起过流）。

2）如不正常，检修或更换低压线束和电器。

3）如正常，更换驱动电机控制器与 DC/DC 总成。

P1EE000——散热器过温：

1）检查冷却液是否充足。

2）如不是，加注冷却液。

3）如是，检测冷却液管路及水泵，检查冷却液管路是否通畅，水泵是否正常工作。

4)如不正常,疏通管路,更换水泵。
5)如正常,更换驱动电机控制器与DC/DC总成。

全面诊断:

DC/DC变换器B21、A40插接器如图2-63和图2-64所示。B21、A40插接器端子正常值见表2-15和表2-16。

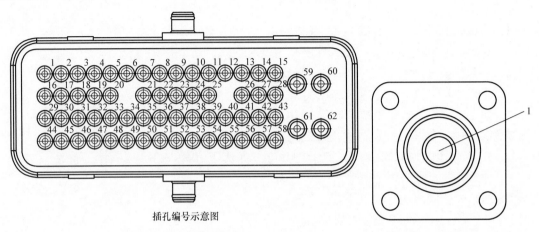

图2-63 B21插接器端子　　　　图2-64 A40插接器端子

表2-15 B21插接器端子正常值

连接端子	端子描述	线色	条件	正常值
B21-1—B21-16	CANH1 DC/DC CAN 高	P	OFF 档	54~69Ω
B21-2—车身地	GND(VCC)1 DC/DC 电源地	B	OFF 档	<1Ω
B21-3—B21-17	VCC1 DC/DC 电源	Y/R	ON 档	11~14V
B21-16—B21-1	CANL1 DC/DC CAN 低	V	OFF 档	54~69Ω
B21-17—车身地	GND(VCC)1 DC/DC 电源地	B	OFF 档	<1Ω
B21-18—B21-17	VCC1 DC/DC 电源	Y/R	ON 档	11~14V

表2-16 A40插接器端子正常值

连接端子	端子描述	线色	条件	正常值
A40-1—车身地	12V输出正极	R	EV模式,ON档	13.5~14.5V

比亚迪秦混合动力汽车 第 2 章

47 比亚迪秦混合动力汽车驱动电机控制器诊断

提示：将诊断仪连接到 DLC3 诊断口，如果提示通信错误，则可能是车辆 DLC3 诊断口问题，也可能是诊断仪问题。

将诊断仪连接另一辆车的 DLC3 诊断口，如果可以显示，则原车 DLC3 诊断口有问题，需更换。若不可显示，则诊断仪有问题。

驱动电机控制器故障码见表 2-17。

表 2-17　驱动电机控制器故障码

编号	故障码（ISO 15031-6）	描述
1	P1B0000	电机过电流
2	P1B0100	IPM 故障
3	P1B0200	电机过温告警
4	P1B0300	IGBT 过温告警
5	P1B0400	冷却液温度过高报警
6	P1B0500	高压欠电压
7	P1B0600	高压过电压
8	P1B0700	电压采样故障
9	P1B0800	碰撞信号故障（硬线）
10	P1B0900	开盖保护
11	P1B0A00	EEPROM 错误
12	P1B0B00	巡航开关信号故障
13	P1B0C00	DSP 复位故障
14	P1B0F00	主动泄放故障
15	P1B1000	水泵驱动故障
16	P1B1100	旋变故障 - 信号丢失
17	P1B1200	旋变故障 - 角度异常
18	P1B1300	旋变故障 - 信号幅值减弱
19	P1B1400	电机缺 A 相
20	P1B1500	电机缺 B 相
21	P1B1600	电机缺 C 相
22	P1B1700	加速踏板信号故障 - 1 信号故障
23	P1B1800	加速踏板信号故障 - 2 信号故障
24	P1B1900	加速踏板信号故障 - 校验故障
25	P1B1A00	制动踏板信号故障（低配）- 1 信号故障
26	P1B1B00	制动踏板信号故障（低配）- 2 信号故障
27	P1B1C00	制动踏板信号故障（低配）- 校验故障
28	P1B1E00	电流霍尔传感器 B 故障

(续)

编号	故障码（ISO 15031-6）	描述
29	U010100	电机控制器与 TCU 通信故障
30	U011100	与电池管理器通信故障
31	U010300	电机控制器与 ECM 通信故障
32	U012100	电机控制器与 ESC 通信故障
33	U012800	电机控制器与 EPB 通信故障
34	U029100	电机控制器与档位控制器通信故障
35	U016400	电机控制器与空调通信故障
36	U014000	电机控制器与 BCM 通信故障
37	U029800	电机控制器与 DC/DC 通信故障
38	U029400	与 EV-HEV 开关通信故障
39	U021400	与 I-KEY 通信故障
40	P1B1F00	防盗验证失败故障
41	P1B6000	发动机起动失败
42	P1B6100	IPM 散热器过温故障
43	P1B6200	IGBT 三相温度校验故障报警
44	P1B6300	电流霍尔传感器 C 故障
45	U013400	与 EPS（电动助力转向）模块失去通信
46	U012200	与低压电池管理器（BMS）失去通信
47	P1BA200	换档超时
48	U2D0C	电机控制器与 ABS 通信故障

P1B0000——动力电机电流过流故障：

1）检查电机是否正常。

2）如不正常，为电机故障。

3）如正常，更换驱动电机控制器与 DC/DC 总成。

P1B0100——IPM 故障：更换驱动电机控制器与 DC/DC 总成。

P1B1100——旋变故障：

1）检查低压插接器。

① 退电 OFF 档，拔掉电机控制器低压插接器。

② 如图 2-63 所示，测量 B21-45 和 B21-30 电阻是否为 15~19Ω；测量 B21-46 和 B21-31 电阻是否为 15~19Ω；测量 B21-44 和 B21-29 电阻是否为 7~10Ω。

③ 如果所测电阻均正常，则检查 B21 插接器是否松动，如果没有，则为动力总成故障。

2）更换驱动电机控制器与 DC/DC 总成。

P1B0500——欠电压保护故障：

1）检查动力电池电量，动力电池电量是否大于 10%。

2）如不是，给动力电池充电。

3）如是，检测高压母线。

① 断开维修开关，等待 5min。

② 插上维修开关，整车上电，EV 模式。
③ 用诊断仪读取直流母线电压值。母线电压约 450~550V。
4）如不是，检查高压配电盒及高压线路。
5）如是，更换驱动电机控制器与 DC/DC 总成。

P1B0600——过压保护故障：
1）检查动力电池电量，检测动力电池电量是否大于 10%。
2）如不是，给动力电池充电。
3）如是，检测高压母线。
① 整车 OFF 档，断开维修开关，等待 5min。
② 插上维修开关，整车上 ON 档。
③ 用诊断仪读取直流母线电压值，母线电压约 450~550V。
4）如不是，检查高压配电盒及高压线路。
5）如是，更换驱动电机控制器与 DC/DC 总成。

P1B1400——缺相保护：
1）检查低压插接器是否松动。
2）如松动，插紧或更换插接器。
3）如正常，检测动力总成。
4）如不正常，则为动力总成故障。
5）如正常，更换驱动电机控制器与 DC/DC 总成。

P1B1700、P1B1800——加速踏板信号 1、2 回路故障：
1）检查低压插接器是否松动。
2）如松动，插紧或更换插接器。
3）如正常，检测加速踏板传感器，更换加速踏板传感器。
4）如不正常，则为加速踏板传感器故障。
5）如正常，更换驱动电机控制器与 DC/DC 总成。

P1B0800——碰撞保护：
1）检查安全气囊 ECU。
① 用诊断仪读取安全气囊 ECU 是否整车发生碰撞，如果有，清除 P1B0B 故障码即可。
② 用示波器测量低压插接器 B21-9 端子和 GND，是否有 PWM 波存在。
2）如没有，检查线束和安全气囊 ECU。
3）如有，更换驱动电机控制器与 DC/DC 总成。

P1B0900——开盖保护：
1）检测控制器盖子是否打开。
2）如已打开，盖上盖子。
3）如未打开，更换驱动电机控制器与 DC/DC 总成。

P1B0A00——EEPROM 错误：更换驱动电机控制器与 DC/DC 总成。

P1B0200——电机过温警告：
1）检查高压冷却回路是否故障。
2）冷却回路或水泵故障，检修管路或更换水泵。

3）如冷却回路无故障，检查电机。

4）电机故障，更换驱动电机控制器与DC/DC总成。

P1B0300——IGBT过温警告、P1B0400——冷却液温度过高警告、P1B6100——IPM散热器过温警告：

1）检查高压冷却回路。

2）冷却回路故障，检修管路。

3）若冷却回路无故障，更换驱动电机控制器与DC/DC总成。

U2D0C——电机控制器与ABS通信故障：

1）检查低压插接器和线束。

2）若插接器或线束有故障，则更换。

3）否则，检测ABS。

4）若ABS故障，则检修。

5）若ABS无故障，更换驱动电机控制器与DC/DC总成。

全面诊断：

驱动电机控制器B21插接器端子正常值见表2-18。

表2-18 驱动电机控制器B21插接器端子正常值

连接端子	端子名称/功能	条件	正常值
B21-4—B21-61	/HV_LOCK2 高压互锁输入2	ON档	PWM信号
B21-5—B21-61	/PUMP_TEST 水泵检测输入	OK档，EV模式	10~14V
B21-6	预留	预留	预留
B21-7	预留	预留	预留
B21-8	预留	预留	预留
B21-9—B21-61	CRASH-IN 碰撞信号	ON档	PWM信号
B21-10—车身地	GND 冷却液温度检测电源地	OFF档	小于1Ω
B21-11—B21-39	GND 巡航信号地	OFF档	2150~2190Ω
B21-12—B21-61	GND 加速踏板深度电源地1	OFF档	小于1Ω
B21-13—B21-61	GND 加速踏板深度电源地2	OFF档	小于1Ω
B21-14—B21-61	GND 制动踏板深度电源地2	OFF档	小于1Ω
B21-15—B21-61	+5V 制动踏板深度电源1	ON档	0~5V模拟信号
B21-19—B21-61	/IN_HAND_BRAKE 驻车信号	ON档	0~12 高低电平信号
B21-20—车身地	/HV-LOCK1 高压互锁输入1	ON档	PWM信号
B21-21	调试CAN高	预留	预留
B21-22	调试CAN低	预留	
B21-23—车身地	KEY_CONTROL 钥匙信号	预留	预留
B21-24—车身地	GND 水压检测地	预留	预留
B21-25—车身地	+5V 水压检测电源	预留	预留
B21-26—车身地	+5V 加速踏板深度电源1	ON档	0~5V模拟信号
B21-27—车身地	+5V 加速踏板深度电源2	ON档	0~5V模拟信号

(续)

连接端子	端子名称/功能	条件	正常值
B21-28—车身地	GND 制动踏板深度电源地1	OFF 档	小于1Ω
B21-29—B21-44	EXCOUT 励磁-	OFF 档	7~10Ω
B21-30—B21-45	sin-/正弦-	OFF 档	15~19Ω
B21-31—B21-46	cos-/余弦-	OFF 档	15~19Ω
B21-32—车身地	预留	预留	预留
B21-32	预留	预留	预留
B21-34	/FAN_H_OUT 风扇高速输出（空）	预留	预留
B21-35—B21-61	/PUMP_OUT 水泵输出	ON 档 水泵未工作	10~14V
		OK，EV 模式水泵工作	小于1V
B21-36—B21-37	CANL CAN 信号低	OFF 档	54~69Ω
B21-37—B21-36	CANH CAN 信号高	OFF 档	54~69Ω
B21-38—车身地	GND2 电机温度地	OFF 档	小于1Ω
B21-39—B21-11	CURISE_IN 巡航信号	OFF 档	2150~2190Ω
B21-40—车身地	WATER_T_IN 水温信号	ON 档	0~5V 模拟信号
B21-41—车身地	DC_GAIN1 加速踏板深度信号1	ON 档	0~5V 模拟信号
B21-42—车身地	GND 制动踏板深度屏蔽地	OFF 档	小于1Ω
B21-43—车身地	+5V 制动踏板深度电源2	ON 档	4.5~5.5V
B21-44—车身地	EXCOUT 励磁+	OFF 档	7~10Ω
B21-45—B21-30	SIN+/正弦+	OFF 档	15~19Ω
B21-46—B21-31	COS+/余弦+	OFF 档	15~19Ω
B21-47—车身地	GND 旋变屏蔽地	OFF 档	小于1Ω
B21-48—车身地	/IN_FEET_BRAKE 驻车信号	预留	预留
B21-49—车身地	/BAT-OFF-OUT 起动电池切断继电器	预留	预留
B21-50	/FAN_L_OUT 风扇低速输出（空）	预留	预留
B21-51—车身地	GND（CAN）CAN 屏蔽地	OFF 档	小于1Ω
B21-52—车身地	/IN_EMACHINE 电机过温		
B21-53—车身地	STATORT IN 电机绕组温度	ON 档	0~5V 模拟信号
B21-54—车身地	PRESSURE_IN 水压检测信号	预留	预留
B21-55—车身地	GND 加速踏板深度屏蔽地	OFF 档	小于1Ω
B21-56—车身地	DC_GAIN2 加速踏板深度信号2	ON 档	0~5V 模拟信号
B21-57—车身地	DC_BRAKE1 制动踏板深度1	ON 档	0~5V 模拟信号
B21-58—车身地	DC_BRAKE2 制动踏板深度2	ON 档	0~5V 模拟信号
B21-59—车身地	GND（VCC）外部电源地	OFF 档	小于1Ω
B21-60—B21-61	VCC 外部12V 电源	ON 档	10~14V
B21-61—车身地	GND（VCC）外部电源地	OFF 档	小于1Ω
B21-62—B21-61	VCC 外部12V 电源	ON 档	10~14V

48 比亚迪秦混合动力汽车驱动电机控制器总成更换—标定注意事项

更换驱动电机控制器，需要进行防盗编程及标定，具体如下：
驱动电机控制器及 DC/DC 总成更换标定（以下所说 ECU 均指驱动电机控制器及 DC/DC 总成）。

1）车辆打至 ON 档，进入"车型诊断"，如图 2-65 所示。
2）选择车型"秦"，如图 2-66 所示。

图 2-65 进入车型诊断

图 2-66 选择车型

3）进入"防盗编程"，如图 2-67 所示。
4）拆卸旧件时必须点击"ECM 密码清除"，安装新件后进行点击"ECM 编程"，如图 2-68 所示。

图 2-67 进入防盗编程

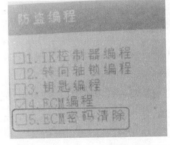
图 2-68 进行防盗密码清除

5）ECM 编程完毕后车辆进行下电，5s 后再次上电，然后进入"动力网模块"，如图 2-69 所示。
6）选择"驱动电机控制器"，如图 2-70 所示。

图 2-69 进入动力网模块

图 2-70 选择驱动电机控制器

7)进入"电机系统配置设置",如图2-71所示。

8)选择相应配置,如图2-72所示。

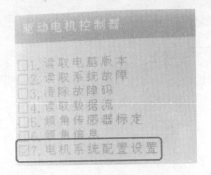

图2-71 进入电机系统配置设置

图2-72 选择相应配置

9)再进入"倾角信息",如图2-73所示。

10)在车辆处于水平时,读取倾角数值,确认是否正常,如图2-74所示。

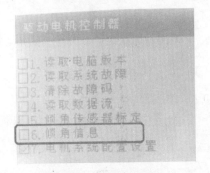

图2-73 进入倾角信息

图2-74 车辆处于水平时读取倾角数值

11)如有偏差,则进行倾角传感器标定,如图2-75所示。

12)标定完毕后车辆下电,5s后重新上电。读取数据流,确认制动踏板信号是否正常,不踩制动踏板时信号为0,如图2-76所示。

图2-75 进行倾角传感器标定

图2-76 读取数据流

13)如果数据异常,则需进行制动踏板起点标定,标定方法如下:

① 整车打至ON档(特别注意不要上OK,否则在进行第②步时车辆有向前冲的危险);

不要踩制动踏板（有制动开关信号就无法标定）；②深踩加速踏板（50%～100%），持续5s以上，电控系统便可自动标定；③正常下电一次，延迟5s再上电。

49 比亚迪秦混合动力汽车档位控制系统安装位置、控制原理及切换条件

该车型采用先进的线控换档系统，该系统消除了换档杆与变速器之间的机械连接，通过电控方式来选择前进档、倒档、空档和驻车档。档位信号由档位控制器总成进行采集及处理，档位控制器在布置时靠近档位执行器总成，避免因线束过长导致信号不稳的现象。换档完毕后，换档杆可以自动回正，以减小误操作。

1. 组成、安装位置

档位操纵系统由P位按钮、换档操纵机构、P位控制器、档位控制器组成，安装位置如图2-77所示。

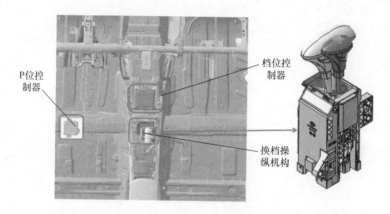

图 2-77 档位部件安装位置

2. 控制原理

该车型档位操纵系统控制原理如图2-78所示。

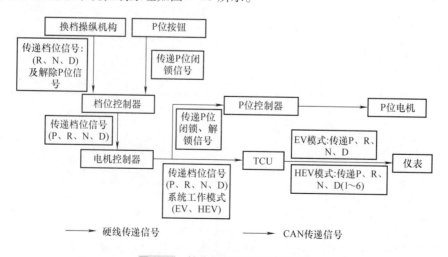

图 2-78 档位操纵系统控制原理

3. 档位切换条件

该车型档位切换条件见表2-19。

表2-19 档位切换条件

切入档位	当前的档位			
	P	R	N	D
P	\	车速≤3km/h	车速≤3km/h	车速≤3km/h
R	电源模式 OK 档,有制动踏板状态	\	电源模式为 OK 档	电源模式为 OK 档,车速≤3km/h
N	有制动踏板状态	电源模式为 ON/OK 档	\	电源模式为 ON/OK 档
D	电源模式 OK 档,有制动踏板状态	电源模式为 OK 档,车速≤3km/h	电源模式为 OK 档	\

50 比亚迪秦混合动力汽车档位控制器诊断流程及故障码

1. 诊断流程

1）检查起动电池电压，标准电压值为 11~14V。
2）如果电压值低于 11V，在进行下一步之前请充电或更换起动电池。
3）用诊断仪诊断。把诊断仪接到 DLC 口上，读取故障码。
无故障码输出进行 A（全面分析与诊断）；有故障码输出进行 B（调整、维修或更换）。
4）车上检查 ECU 端子。
5）调整、维修或更换。
6）确认测试，结束。

2. 故障码

比亚迪秦混合动力汽车档位控制器故障码见表2-20。

表2-20 故障码

故障码（ISO15031-6）	故障码含义
P1D0200	档位持续拉低故障
P1D0100	档位信号同时为低故障

51 比亚迪秦混合动力汽车档位控制器故障诊断

比亚迪秦混合动力汽车档位控制器线束端插接器 G62 如图2-79 所示。

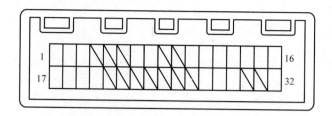

图 2-79 档位控制器线束端插接器 G62

1）拔下档位控制器插接器。
2）检查各端子电压或电阻，其正常值见表 2-21。

表 2-21 各端子电压或电阻

端子号	线色	端子描述	条件	正常值
G62-13—车身地	L/R	KEY 信号	ON 档	9~16V
G62-14—车身地	P	CAN_H	ON 档	2.5~3.5V
G62-15—车身地	V	CAN_L	ON 档	1.5~2.5V
G62-16—车身地	L/R	+12V 电源	ON 档	9~16V
G62-17—车身地	B/Y	传感器 A 电源地	始终	<1Ω
G62-18—车身地	B/L	传感器 B 电源地	始终	<1Ω
G62-28—车身地	B	+12V 电源地	始终	<1Ω
G62-29—车身地	B	+12V 电源地	始终	<1Ω
G62-32—车身地	L/R	+12V 电源	ON 档	9~16V

3）从档位控制器 G62 插接器后端引线。
4）检查各端子电压或电阻，其正常值见表 2-22。

表 2-22 G62 插接器后端引线电压或电阻

端子号	线色	端子描述	条件	正常值
G62-1—G62-17	R/G	传感器 A +5V 电源	ON 档	约 5V
G62-2—G62-18	G	传感器 B +5V 电源	ON 档	约 5V
G62-5—G62-19	W	P 位按键检测	按下 P 位按键	约 1kΩ
G62-5—G62-19	W	P 位按键检测	松开 P 位按键	约 4kΩ
G62-8—车身地	W/G	P 位指示灯	P 位指示灯点亮	低电平

5）检查线束。
① 拔下档位控制器 G62 插接器。
② 测量线束端插接器各端子间电压或电阻，其正常值见表 2-23。

表 2-23 测量线束端插接器各端子间电压或电阻

端子	线色	条件	正常值
G62-13—车身地	L/R	ON 档	9~16V
G62-16—车身地	L/R	ON 档	9~16V

(续)

端子	线色	条件	正常值
G62-32—车身地	L/B	ON 档	9~16V
G62-28—车身地	B	始终	<1Ω
G62-29—车身地	B	始终	<1Ω

6）如不正常，更换线束或插接器。

7）如正常，跳到下一回路即档位传感器回路。档位传感器控制电路如图 2-80 所示。

8）检查档位传感器 A。

① 电源档位打到 ON 档。

② 从档位传感器 A G58 插接器后端引线。

③ 测量线束端插接器各端子间电压，其正常值见表 2-24。

④ 如不正常，更换档位传感器 A。

9）如以上正常，检查档位传感器 B。

① 将电源档位打到 ON 档。

② 从档位传感器 B G59 插接器后端引线。

③ 测量线束端插接器各端子间电压或电阻，其正常值见表 2-25。

④ 如不正常，更换档位传感器 B。

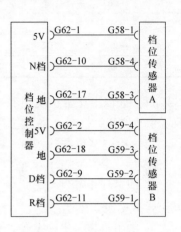

图 2-80　档位传感器控制电路

表 2-24　插接器各端子间电压

端子	线色	条件	正常值
G62-1—G62-17	R/G	ON 档	约 5V
G62-10—车身地	R/L	换档手柄打到 N 位	约 1V

表 2-25　插接器各端子间电压或电阻

端子	线色	条件	正常值
G62-2—G62-18	G	ON 档	约 5V
G62-11—车身地	Br	换档手柄打到 R 位	<1Ω
G62-9—车身地	Gr	换档手柄打到 D 位	<1Ω

10）如以上正常，检查线束。

① 拔下档位传感器 A G58 插接器。

② 拔下档位传感器 B G59 插接器。

③ 拔下档位控制器 G62 插接器。

④ 测量线束端插接器各端子间电阻，其正常值见表 2-26。

⑤ 如不正常，更换线束。

表2-26 插接器各端子间电阻

端子	线色	正常值
G62-1—G58-1	R/G	<1Ω
G62-11—G58-4	R/L	<1Ω
G62-17—G58-3	B/Y	<1Ω
G62-2—G59-4	G	<1Ω
G62-18—G59-3	B/L	<1Ω
G62-12—G59-2	Gr	<1Ω
G62-10—G59-1	Br	<1Ω

11）如以上正常，跳到下一回路即P位开关回路。P位开关控制电路如图2-81所示。

12）检查P位按键。

① 拔下P位按键K72插接器。

② 测量线束端插接器各端子间电压或电阻，其正常值见表2-27。

③ 如不正常，更换P位按键。

13）如正常，检查线束。

① 拔下P位按键K72插接器。

② 拔下档位控制器G62插接器。

③ 测量线束端插接器各端子间电阻，其正常值见表2-28。

④ 如不正常，更换档位控制器。

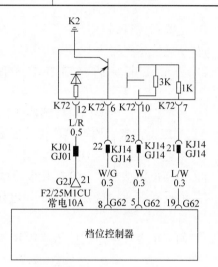

图2-81 P位开关控制电路

表2-27 插接器各端子间电压或电阻

端子	线色	条件	正常值
K72-12—车身地	L/R	打至ON档	9~16V
K72-7—K72-10	L/W	按下P位按键	约1kΩ
K72-7—K72-10	L/W	松开P位按键	约4kΩ
K72-9—车身地	G	P位指示灯亮	<1V
K72-9—车身地	G	P位指示灯灭	>5V

表2-28 插接器各端子间电阻

端子	线色	正常值
G62-19—K72-7	L/W	<1Ω
G62-5—K72-10	W	<1Ω
G62-8—K72-9	W/G	<1Ω

52 比亚迪秦混合动力汽车纯电行驶距离缩短故障

1. 故障现象

一辆比亚迪秦插电式混合动力汽车，行驶 6000km，每次充电后行驶里程下降到 50～60km（原来 70km），充电度数也从 12.8 度（kW·h）降到了 10 度。

2. 故障诊断与排除

使用比亚迪秦的电池监测软件，将其安装在 GPS 导航卡内，通过车载多媒体终端，可以观察车辆上的电池电压变化情况，经查发现动力电池电量在 100% 和 5% 时，都是模组二的 7 号电池的电压比较低，推断是电池均衡不良造成纯电行驶距离不够长。如图 2-82 所示为电量剩余 5% 时电池总电压，每个模组单体电池的最高和最低电压如图 2-83 所示。从图 2-83 中可以发现，模组二的 7 号电池的电压为 2.833V，比其他组的电池电压低 200～370mV，模组四的 7 号和模组八的 5 号电池的电压为分别为 3.081V 和 3.104V，也相对比较低一些。

动力电池电压：484
动力电池SOC：5
当前最低电压：2.8V 26号
当前最高电压：3.2V 10号

		电池电压		
模组一最低电压电池编号：10	电池电压	3.129	最高最压最池编号：9	电池电压	3.184
模组二最低电压电池编号：7	电池电压	2.833	最高最压最池编号：14	电池电压	3.183
模组三最低电压电池编号：7	电池电压	3.177	最高最压最池编号：9	电池电压	3.186
模组四最低电压电池编号：7	电池电压	3.081	最高最压最池编号：9	电池电压	3.184
模组五最低电压电池编号：12	电池电压	3.166	最高最压最池编号：2	电池电压	3.183
模组六最低电压电池编号：5	电池电压	3.149	最高最压最池编号：7	电池电压	3.179
模组七最低电压电池编号：14	电池电压	3.164	最高最压最池编号：12	电池电压	3.182
模组八最低电压电池编号：5	电池电压	3.104	最高最压最池编号：3	电池电压	3.182
模组九最低电压电池编号：7	电池电压	3.170	最高最压最池编号：3	电池电压	3.833
模组十最低电压电池编号：1	电池电压	3.175	最高最压最池编号：13	电池电压	3.184

图 2-82　剩余电量为 5% 时电池总电压　　图 2-83　单体电池电压情况

根据以上情况，可以判断这个电压比较低的单体电池存在欠充电情况，因此决定对其补充电，具体步骤如下：

1）拆下后座坐垫和后靠背垫。

2）断开气囊传感器线束插接器和多媒体控制器线束插接器。

3）断开维修开关。如图 2-84 所示，向上掰开橙色提手，拔下整个橙色维修开关。

注意：切勿忘记操作本步骤，以保证电路断开，断开后不要用手触碰内部的两个电极，这两个电极间可能会有 450～510V 的直流高压。

4）拆下电池保护塑料板。

5）拆下采样测试插座保护盖，如图 2-85 所示。

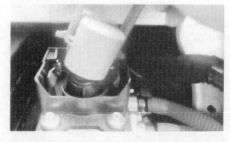

图 2-84　拔下整个橙色维修开关

图 2-85　拆下采样测试插座保护盖

6）当断开采样测试插头（图2-86）后，经测量得到模组内电池的排列顺序及端子编号的关系，如图2-87所示。

图2-86 采样测试插头

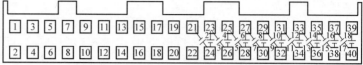

图2-87 内部电池的排列顺序及端子编号

7）找一个合适可调稳压电源。电压可以在2~5V之间连续可调，工作电流可以达到2~3A，最好带电流指示器。

8）制作专用线。用两根杜邦线制作一对可以插进模块电源采样插座的专用线，如图2-88所示。

9）将电源接入第二模组（电池模组编号就在模组上）的7号电池，其对应端子号为27和30，其中30接正极，27接负极（注意电源不得接反，电池不要接多，单体电池每添加一组，电压将高于3.3V），如图2-89所示。打开充电器，调节电压，一般为3.4~3.6V，使充电电流在0.9~1.5A之间。经过3~4h的充电，电压达到3.22左右，静置1h左右，电压下降到3.18V。接着又对相对较低一些的电池（四组7号和八组5号）进行补充电，使充电后的电压接近平均电压，注意不要同时触摸多个模组的采样板电极。

图2-88 自制的专用线

图2-89 将电源接入电池

10）补充充电完成后，按前面相反的顺序将插接器、电池盖板、靠背、坐垫安装回原位，最后对车辆进行正常充电。

均衡后车辆的行驶里程有了较大的提升，郊外纯电行驶达到78km以上，城区也有68~72km。当放电完毕时（SOC=5%），单体电池电压情况如图2-90所示。从图中可以看出，电池电压的均衡性有了较大的改善。

此故障是由于单体电池均衡不良，导致整个电池单元在充电和储存电能方面受到影响，进行每个单体电池电量均衡以后，整个电池组储能能力有所提升。

注：维修混合动力汽车或电动汽车时有一套安全作业流程。

1）关闭点火开关，将钥匙移开车辆智能系统探测范围。

2）断开辅助蓄电池负极端子，断开前先检查系统故障码。

3）必须戴好绝缘手套，并确保绝缘手套无破损、破洞或裂纹及潮湿，以保证维修人员人身安全。

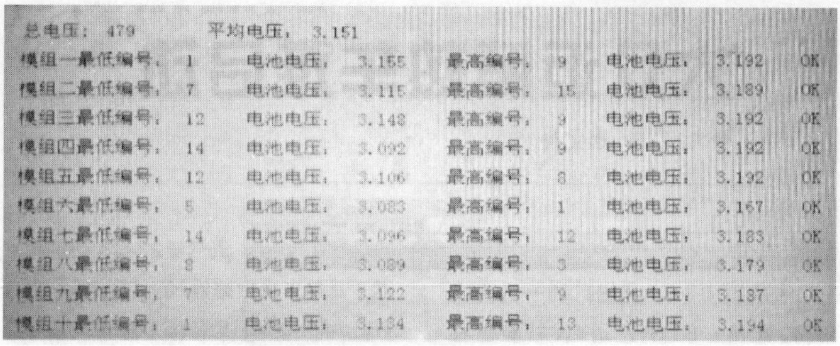

总电压: 479	平均电压: 3.151					
模组一最低编号: 1	电池电压:	3.155	最高编号: 9	电池电压:	3.192	OK
模组二最低编号: 7	电池电压:	3.115	最高编号: 15	电池电压:	3.189	OK
模组三最低编号: 12	电池电压:	3.148	最高编号: 9	电池电压:	3.192	OK
模组四最低编号: 14	电池电压:	3.092	最高编号: 9	电池电压:	3.192	OK
模组五最低编号: 12	电池电压:	3.106	最高编号: 8	电池电压:	3.192	OK
模组六最低编号: 5	电池电压:	3.083	最高编号: 1	电池电压:	3.167	OK
模组七最低编号: 14	电池电压:	3.096	最高编号: 12	电池电压:	3.183	OK
模组八最低编号: 2	电池电压:	3.089	最高编号: 3	电池电压:	3.179	OK
模组九最低编号: 7	电池电压:	3.122	最高编号: 9	电池电压:	3.187	OK
模组十最低编号: 1	电池电压:	3.134	最高编号: 13	电池电压:	3.194	OK

图 2-90 均衡后各模组单体电池电压

4）拆下维修开关，注意不要再操作点火开关，否则动力系统会储存故障码。并且要求将维修开关放在技师自己的衣袋里，以防止其他技师重新插上维修开关，造成人身触电伤害。

5）等待 10min 或更长时间，以便变频器总成高压电容放电。

6）测量变频器端子电压应为 0。

7）用绝缘乙烯胶布包裹被断开的高压线路插接器。

8）安装高压导线接头时一定要按规定力矩紧固端子螺钉，力矩不足或过大都会导致系统故障或接头过热烧蚀损坏。

9）完成高压系统操作后，重新装回维修开关前，应再次检查确认工作平台周围没有遗留任何工具和零件以及确认高压端子已连接牢固。

53 比亚迪秦混合动力汽车高压系统漏电故障

1. 故障现象

上电 OK，电量 83%，自动切换到 HEV，起动发动机，无法使用 EV 模式；动力系统故障灯亮，仪表提示“请检查动力系统”。

2. 检查过程

1）仪表 OK 灯亮，无法使用 EV 模式，诊断仪读取高压 BMS 报漏电故障；清除故障码，重新打到 ON 档上电：诊断仪读取高压 BMS 中数据流显示 4 个分压接触器吸合（动力电池漏电或异常时断开），读取 BMS 系统无漏电故障码，排除动力电池漏电，如图 2-91 所示。

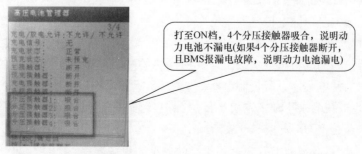

图 2-91 读取高压 BMS 中数据流

2)踩制动踏板,上 OK 电,仪表提示"请检查动力系统"。高压 BMS 报:P1A0000 严重漏电故障;P1A0100 一般漏电故障(清除故障码,重新上 OK 电,故障码再现)。

由此确认因漏电故障导致无法使用 EV 模式。报漏电故障,可判断动力电池以外的高压模块是否存在漏电风险(上 OK 电报漏电故障时,高压电池管理器中数据流显示 4 个分压接触器断开,若正常应该吸合),如图 2-92 所示。

图 2-92　高压电池管理器中数据流

3)打至 OFF 档,断开低压蓄电池负极,穿戴防护设备;断开紧急维修开关,逐个断开各高压模块(除动力电池外),每次断开一个高压模块后装回紧急维修开关,上电测试是否存在漏电故障。当拔掉电动压缩机高压线束输入插头后,上电不再报漏电故障,EV 和 HEV 模式可以相互转换。再装回电动压缩机插头,BMS 报漏电故障,无法使用 EV 模式。

3. 更换电动压缩机,故障排除

电动压缩机橙色线束磨损,如图 2-93 所示。

图 2-93　电动压缩机橙色线束磨损

注:根据维修经验,漏电部位有:电动压缩机本体漏电、2 号、4 号、6 号、8 号电池模组漏电、PTC 加热器漏电、驱动电机控制器及 DC/DC 总成漏电、高压配电箱漏电。

高压系统报漏电故障时,确认是上 ON 电报漏电故障,还是上 OK 电报漏电故障;整车所有高压模块、橙色线束、漏电传感器及连接线束故障时均有可能报漏电故障码,请参考以下方法检查漏电故障。

高压系统漏电检测原理如图 2-94 所示。

当高压系统漏电时,漏电传感器发出一个信号给高压电池管理控制器,电池管理控制器检测到漏电信号后,禁止充、放电并报警。

漏电传感器:检测动力电池负极及与其相连接的高压模块与车身底盘之间的绝缘电阻,来判断动力电池的漏电程度,其控制电路如图 2-95 所示。

当高压 BMS 报漏电故障时,先初步排除漏电传感器线路是否异常,再确认是上 ON 档电报漏电故障,还是上 OK 电报漏电故障。

1)如果上 ON 档电报漏电故障,初步判断为动力电池漏电,如图 2-96 所示;具体哪个电池模组漏电,根据以下流程检查:

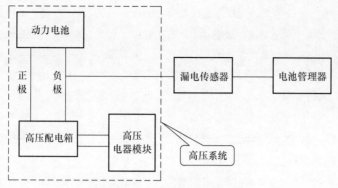

图 2-94 高压系统漏电检测原理图

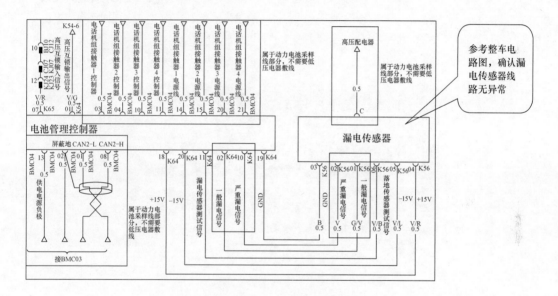

图 2-95 漏电传感器电路控制

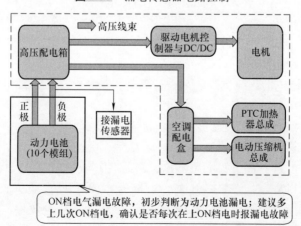

图 2-96 判断为动力电池漏电

① 打至 OFF 档，拔掉 8 号电池模组接触器插接器，再上 ON 电，诊断仪读取系统故障。如果不漏电，判断 8 号、9 号、10 号电池模组漏电（根据经验 8 号电池模组故障率高）；如果漏电，则排除 8 号、9 号、10 号电池模组故障，需检查 1~7 号电池模组。

② 打至 OFF 档，拔掉 6 号电池模组接触器插接器，再上 ON 电，用诊断仪读取系统故障。如果不漏电，判断 6 号、7 号电池模组漏电（根据经验 6 号电池模组故障率高）；如果漏电，则排除 6 号、7 号电池模组故障，需检查 1~5 号电池模组。

③ 打至 OFF 档，拔掉 4 号电池模组接触器插接器（图 2-97），再上 ON 电，用诊断仪读取系统故障。

如果不漏电，判断 4 号、5 号电池模组漏电（根据经验 4 号电池模组故障率高）；如果漏电，则排除 4 号、5 号电池模组故障，需检查 1~3 号电池模组。

④ 打至 OFF 档，拔掉 2 号电池模组接触器插接器，再上 ON 电，用诊断仪读取系统故障。如果不漏电，判断 2 号、3 号电池模组漏电（根据经验 2 号电池模组故障率高）；如果漏电，则排除 2 号、3 号电池模组故障，判定 1 号电池模组漏电。

电池模组：1、3、5 可以互换；2、4 可以互换；6、8 可以互换；7、9 可以互换。

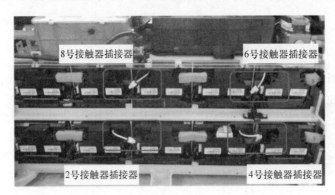

图 2-97　拔掉 4 号电池模组接触器插接器

2) 如果上 OK 电报漏电故障，初步判断为动力电池以外的高压模块漏电，具体哪个高压模块漏电，根据以下流程检查：

① 打至 OFF 档，断开紧急维修开关，再断开电动压缩机高压线束插头；再装上紧急维修开关，上 OK 电，使用诊断仪读取系统故障。

如果不漏电，判断电动压缩机漏电；如果漏电，判断电动压缩机正常，继续断开其他高压模块。

② 打至 OFF 档，断开紧急维修开关，再断开 PTC 高压线束插头；再装上紧急维修开关，上 OK 电，使用诊断仪读取系统故障。

如果不漏电，判断 PTC 漏电；如果漏电，判断 PTC 正常，继续断开其他高压模块。

③ 打至 OFF 档，断开紧急维修开关，再断开空调配电盒输入端高压线束插头，如图 2-98 所示；装上紧急维修开关，上 OK 电，用诊断仪读取系统故障。

如果不漏电，判断空调配电盒及线束漏电；如果漏电，判断 PTC 及线束正常，继续断开其他高压模块。

按照以上方法，依次断开剩余高压模块，逐个判断哪个模块漏电或哪条高压线束漏电。

判定一个高压模块或高压线束漏电时，尽量再将高压模块或线束插头插上去，确认故障是否再现，避免零部件误判。

检查漏电故障时：每次断开带高压互锁的高压部件后，需要先短接高压模块端互锁开关，再上 OK 电判断漏电情况。

注意：在维修高压线路时，必须采取绝缘保护措施。

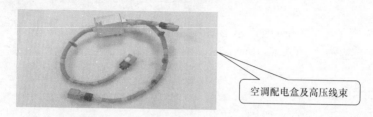

图 2-98　断开空调配电盒输入端高压线束插头

54 比亚迪秦混合动力汽车驱动电机控制器温度过高

1. 故障现象

车辆打开 OK 档，行驶一段时间后，无论是 EV 或 HEV 模式散热器风扇一直高速运转，读取故障码为：P1B0300 IGBT 过温警告。

2. 原因分析

在驱动电机控制器及 DC/DC 总成内部，有三组单元在工作时会产生热量，分别为：IPM（控制器内部智能功率控制模块）、IGBT（电机驱动模块）和电感，因此，在驱动电机控制器及 DC/DC 总成内部有相应的水道对这三个部分进行冷却，电控模块冷却水路结构如图 2-99 所示。

备注：电机电动水泵安装在右前部总成外侧保险杠骨架安装板附近。

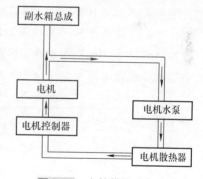

图 2-99　电控模块冷却水路

当这几个部分工作温度超过一定范围时，驱动电机控制器及 DC/DC 总成就会检测到，同时经过 CAN 网络传递给发动机 EMS。EMS 驱动冷却风扇继电器后，冷却风扇工作，以便快速冷却防冻液，以降低温度。以下为冷却风扇工作条件：

1）电机冷却液温度：47~64℃低速请求；>64℃高速请求。
2）IPM：53~64℃低速请求；>64℃高速请求；>85℃报警。
3）IGBT：55~75℃低速请求；>75℃高速请求；>90℃限制功率输出；>100℃报警。
4）电机温度：90~110℃低速请求；>110℃高速请求。

满足 3 个低速请求，电子风扇低速转；满足 1 个高速请求，电子风扇高速转。

根据以上原理，可以分析出导致 IGBT 高温报警的原因有：

1）电机冷却系统防冻液不足或有空气。

2）电机电动水泵不工作。

3）电机散热器堵塞。

4）驱动电机控制器及 DC/DC 总成本身故障。

3. 维修

1）检查冷却系统，确认防冻液是否充足。

2）打开 OK 档后，用手捏电机水管，确认有一定水压，触摸电动水泵，确认工作良好。

3）使用 VDS1000 读取驱动电机及 DC/DC 总成内部数据流信息，如图 2-100 所示。

4）从数据流可以看出，冷却液温度：24℃；IPM 温度：35℃，但 IGBT 温度已经高达 99℃，满足了风扇高速运转的条件，因此，分析为 IGBT 本身故障导致温度异常。

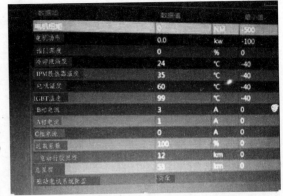

图 2-100　驱动电机及 DC/DC 总成内部数据流信息

5）更换驱动电机控制器及 DC/DC 总成后，故障排除。

4. 维修小结

通过数据分析可以准确确认驱动电机控制器及 DC/DC 总成内部零部件的工作温度，一般情况下，若同时报 IPM 和 IGBT 温度过高时，故障码见表 2-29，应重点检查冷却系统是否有空气，冷却液是否充足；若仅有这两个其中一个，且通过数据流看其中一个温度确实过高，往往是 IPM 和 IGBT 本身故障造成，因两者集成在驱动电机控制器及 DC/DC 总成内部，因此需要更换驱动电机控制器及 DC/DC 总成。

表 2-29　IPM 和 IGBT 温度过高时故障码

编号	DTC	故障码（ISO 15031-6）	描述
1	1B0200	P1B0200	电机过温警告
2	1B0300	P1B0300	IGBT 过温警告
3	1B0400	P1B0400	冷却液温度过高警告

55　比亚迪秦混合动力汽车动力电池无法充电故障

1. 故障现象

车辆使用交流充电连接装置无法给动力电池充电，仪表上无显示。

2. 故障分析

根据车载充电工作过程分析，无法充电的原因如下：

1）外部电源故障。

2）交流充电连接装置故障。

3）低压线束故障。

4）车载充电器总成故障。

5）电池管理控制器故障。

6）高压配电箱总成故障。

3. 维修

在低压蓄电池充足和动力电池无故障的情况下检查：

1）插上交流充电连接装置，观察仪表上无充电信息显示，用 ED400 诊断仪读取系统故障码，故障码为 P150C00，供电设备故障。

2）用试电笔测试外部电源，外部电源正常。

3）检查交流充电连接装置，测量交流充电连接装置的 CC 端与 PE 端之间的阻值，实测阻值为 680Ω，此阻值在正常范围（注：如有条件可直接倒换交流充电连接装置）。

4）测量交流充电口到车载充电器之间的线束，各线束导通。

5）用两根导线将车载充电器 K55 插接器的 4 号、10 号端子搭铁（车载充电器原理如图 2-101 所示），仪表上显示"充电连接中"，测量车载充电器上的两个 CAN 线电压，分别为 2.4V、2.35V，说明低压线路正常，但仍不能充电，怀疑车载充电器总成故障。

6）更换车载充电器总成后故障排除。

4. 维修小结

车载充电器工作过程：交流充电连接装置与车载充电器总成连接无误后，车载充电

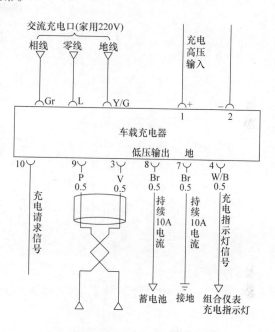

图 2-101 车载充电器原理

器总成控制交流充电连接装置输出 220V 交流电，并控制交流充电及 OFF 档充电继电器吸合，通过交流充电及 OFF 档充电继电器给电池管理控制器及高压配电箱提供低压电源；同时车载充电器总成与电池管理控制器进行通信，在充电允许的情况下，电池管理控制器控制交流充电接触器及负极接触器吸合；车载充电器检测到动力电池的反灌电压后，输出充电电压进行充电。

56 比亚迪秦混合动力汽车发动机无法起动故障

1. 故障现象

当车辆工作模式切换至 HEV SPORT 模式，变速杆置于 P 位时发动机无法起动，行驶中发动机可以起动，纯电模式可正常行驶。

2. 故障分析

根据车辆控制原理可知，根据工况不同，发动机起动可分为两种模式：

1）车辆原地不动，当达到发动机起动条件时，BCM 控制起动继电器吸合，起动机工作

带动发动机起动。

2）车辆在 HEV ECO 模式，当车速大于 40km/h 时，由变速器反拖发动机起动。

根据故障现象，结合原理，分析原因如下：

①驱动电机控制器故障；②BCM 故障；③起动控制线路故障；④起动机故障；⑤发动机燃油系统故障。

3. 维修

1）将车辆工作模式切换至 HEV SPORT 模式，变速杆置于 P 位，起动机不工作（正常情况发动机应起动），检查起动继电器，起动继电器吸合，说明驱动电机控制器及 BCM 工作正常。

2）测量起动机吸拉线圈的接线端子与车身之间的电压，该电压为 12.3V（正常），说明控制线路正常，怀疑起动机内部故障。

3）更换起动机，试车故障排除。

4. 维修小结

秦车型发动机正常起动条件如下：

1）坡度≥15%。

2）HEV ECO 模式，车速≥40km/h。

3）HEV SPORT 模式，N 位或 D 位。

57 比亚迪秦混合动力汽车挂档后车辆无法行驶故障

1. 故障现象

车辆上 OK 档电，仪表提示："请检查动力系统"，车辆挂到 D 位（仪表显示 D 位），车辆无法行驶。

2. 原因分析

以下部件存在故障时，仪表将提示"请检查动力系统"：高压电池管理器、驱动电机控制器、DC/DC、P 位电机控制器、档位控制器。车辆上电，读取高压电池管理器、驱动电机控制器、档位控制器以及 P 位电机控制器、DC/DC 的数据流及故障码，发现 P 位电机控制器内有一故障码，P1C30：驱动管或电机故障，将车辆挂入 N 位，松开电子驻车制动系统 EPB，无法推动车辆，判断 P 位没有解锁。

原因：

1）P 位电机故障。

2）P 位控制器内部故障或者线束故障。

3. 维修

1）读取 P 位控制器数据流，发现数据异常：驱动电压、霍尔脉冲个数为零，如图 2-102 所示。

2）检查 P 位电机控制器电源及搭铁。

3）P 位电机控制器 2 个电源：1、17 端子，将车辆上 ON 档电，测量这 2 个端子之间的电压，电压为 12V 以上，正常。

4）P 档电机控制器 2 个搭铁：24、25 端子，测量其和车身的导通性正常，控制电路如

异常数据　　　　　　　　正常数据

图 2-102　P 位控制器数据流

图 2-103 所示。

5）将车辆挂至 D 位，车辆正常应解除 P 位，此时检查车辆 P 位电机控制器 5 号端子为拉低，确认 P 位电机继电器已经吸合，测量 P 位电机 2 号端子，有 12V 以上电源。

6）根据以上检查，P 位电机控制器电源、搭铁正常，但电机没有动作，原因：P 位电机控制器内部故障或者电机本身故障。

7）更换 P 位电机控制器，故障排除。

4. 维修小结

P 位解锁条件：踩下制动踏板；驱动电机控制器接收到制动踏板信号及相应档位信号。

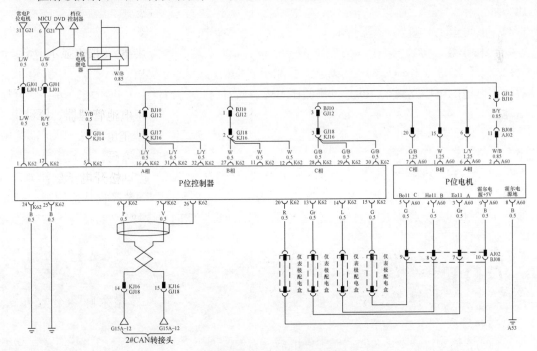

图 2-103　P 位电机控制电路

58 比亚迪秦混合动力汽车低压蓄电池不能唤醒故障

1. 故障现象

车辆使用遥控钥匙无法打开车门，开门后仪表灯全部不亮，按左前门微动开关，无法唤醒低压蓄电池。

2. 原因分析

根据现象判断低压起动蓄电池没有正常工作，其原因如下：

1）低压起动蓄电池亏电严重。
2）低压起动蓄电池单节电池故障。
3）低压起动蓄电池存虚电。

3. 维修指导

1）使用机械钥匙打开车门，拉开行李舱，测量起动蓄电池起动极柱电压为 10.1V，亏电严重，如图 2-104 所示。

2）低压 BMS 工作电压为 6V 以上，工作电源直接由低压起动蓄电池提供，此时人为将该车低压 BMS 4 号端子进行搭铁，若起动蓄电池正常，则应被唤醒，此时测量正极极柱仍没有电压输出，判定低压起动蓄电池内部损坏。

3）更换起动蓄电池，故障排除。

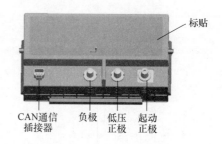

图 2-104 低压蓄电池

4. 维修小结

1）低压 BMS 工作电压为 6V 以上，若测量起动极柱电压为 6V 以下，请使用充电设备将起动蓄电池的电压充到 6V 以上再将低压 BMS 4 号端子进行搭铁，若仍不能唤醒，则更换蓄电池。

2）低压起动蓄电池有智能充电功能，前提条件：四门、行李舱盖、发动机舱盖需关闭。

3）智能充电原理：当低压起动蓄电池 BMS 监测到自身 SOC 过低时，控制吸合 OFF 档充电继电器，同时给动力电池 BMS 发送充电请求信号，动力电池 BMS 接收并检测判定后吸合放电主接触器，发送"放电允许"信号给双向 DC/DC，双向 DC/DC 判断自身无故障后给蓄电池进行智能充电。

59 比亚迪秦混合动力汽车 EV 模式下空调不工作故障

1. 故障现象

一辆比亚迪秦混合动力汽车，上 OK 电后，在 EV 模式下，开启空调后，发动机自动起动，机械压缩机工作。

2. 原因分析

因打开空调后，机械压缩机可以正常工作，可以排除空调管路系统、空调面板按键、温

度传感器及压力传感器等故障,判定故障主要和电动压缩机高压部分及控制部分有关,分析原因如下:

1) 高压配电箱故障。
2) 空调控制器故障。
3) 空调配电盒故障。
4) 电动压缩机及其线路故障。

3. 维修

1) 车辆上 OK 电后,用诊断仪读取电动压缩机及 PTC 加热器模块高压输入为 500V,说明高压配电箱及空调配电盒正常。

2) 断开电动压缩机 A56 插接器,测量 A56 插接器端子 1 电压为 13V,正常;测量 A56 插接器的端子 2,搭铁正常。空调控制电路原理如图 2-105 所示。

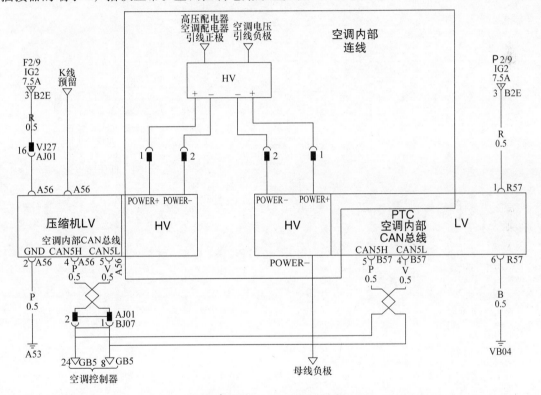

图 2-105 空调控制电路原理

3) 测量电动压缩机 A56 插接器的端子 4、5 CAN 线,都为 2.5V 电压,正常。

4) 断开 PTC 加热器 B57 插接器,测量 B57 插接器端子 1 电压为 13V,正常;测量 B57 插接器的端子 6,搭铁正常。

5) 测量 PTC 加热器插接器的端子 4、5 CAN 线,都为 2.5V 电压,正常。

6) 因电动压缩机及 PTC 加热器插接器线路高压及低压都正常,怀疑电动压缩机或 PTC 加热器故障,更换电动压缩机后,故障排除。

4. 维修小结

1) 空调系统在传统机械压缩机制冷及发动机冷却液制热的基础上,增加了一套不依靠发动机工作即可实现的制冷和制热系统。

2）在 EV 模式和 HEV 模式下，开启空调时，优先使用电动压缩机及 PTC 加热器加热，只有在高压电池电量不足或高压空调系统故障时，空调控制器经网关和驱动电机控制器通信，并由驱动电机控制器和发动机电脑进行通信，起动发动机，利用传统发动机带动机械压缩机及冷却液的循环实现制冷及制热。

3）空调控制系统的核心为空调控制器，空调控制器主要接收空调面板等操作面板的按键指令（主要为 CAN 线传递），同时接收传统的温度及压力信号，并和电动压缩机及空调 PTC 加热器共同构成空调内部 CAN 网络，空调控制器接收并检测以上 CAN 信号及传感器信号后，会根据检测的信号情况进行空调冷风或暖风的开启及关闭，并根据实际情况判断是否起动发动机。

空调控制系统主要工作流程如图 2-106 所示。

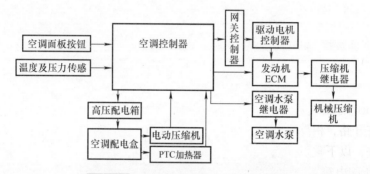

图 2-106 空调控制系统主要工作流程

60 比亚迪秦混合动力汽车无法使用 EV 模式故障

1. 故障现象

一辆旗舰版秦，上 OK 电，发动机起动，无法使用 EV 模式，仪表提示"请检查动力系统"，动力系统故障灯亮。高压 BMS 报故障码：P1A6000 高压互锁故障，故障码无法清除或者清除后再现。

2. 原因分析

该车的主要高压插接器（高压 BMS、高压配电箱、维修开关、驱动电机控制器及 DC/DC 总成）均带有互锁回路，当其中某个插接器被带电断开时，动力电池管理器便会检测到高压互锁回路存在断路，为保护人员安全，将立即进行报警并断开主高压回路电气连接，同时激活主动泄放。高压互锁流程如图 2-107 所示。

3. 维修

1）读取故障码，高压电池管理器报故障码：P1A6000 高压互锁故

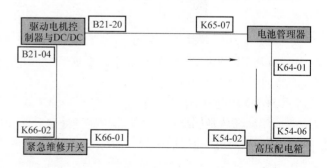

图 2-107 高压互锁流程

障、P1A4A00 高压互锁一直检测为高信号故障，且故障码无法清除，如图 2-108 所示。

2）用诊断仪读取高压电池管理器及驱动电机控制器数据流，如图 2-109 所示。

a)   b)

图 2-108 读取故障码   图 2-109 高压电池管理器数据流

① 电池管理器数据流显示"高压互锁：锁止"。

② 电池管理器数据流显示"高压接触器：断开"。

3）测量高压互锁端子及低压互锁线束：

① 测量高压电池管理器 K64-1 与 K65-7 端子之间不导通（导通时，电阻<1Ω），确认互锁回路存在开路，根据经验，故障点一般在驱动电机控制器及 DC/DC 总成、高压配电箱这两个零部件，以下重点检查。

② 测量高压配电箱 K54-2 与 K54-6 端子之间导通（电阻<1Ω），逐个轻微晃动高压配电箱上的高压互锁插头，测量没有开路现象，说明高压配电箱互锁端子没有开路或者偶发性开路情况。

③ 驱动电机控制器及 DC/DC 总成无法直接测量，可以用排除法先测量维修开关 K66-1 与 K66-2 端子，导通正常（电阻<1Ω），拔掉高压线束，检查互锁端子是否有退针现象。确认端子已经退针，重新处理互锁插头，故障排除，如图 2-110 所示。

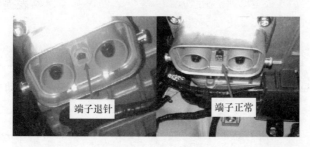

图 2-110 高压互锁插头

4. 维修小结

1）首先要确认是偶发性故障还是一直存在故障，偶发性故障一般是线束插接不良，可以在测量导通性时逐个轻微晃动高压互锁插头，寻找故障点。

2）高压配电箱上有 7 个互锁插头，包括动力电池输入正、动力电池输入负、驱动电机控制器与 DC/DC 正、驱动电机控制器与 DC/DC 负、车载充电器输入、输出至空调配电盒、高压配电箱开盖检测，这些插接器插上后互锁端子是串联状态，测量 K54-2 与 K54-6 的导通性即可确认高压配电箱的互锁是否正常，如果不导通请检查高压及低压互锁端子是否有退针现象。

> **学习提示：**
> ① 高压互锁：高压互锁包括结构互锁和功能互锁。
> 结构互锁：主要高压插接器均带有互锁回路，当其中某个插接器被带电断开时，动力电池管理器便会检测到高压互锁回路存在断路，为保护人员安全，将立即进行报警并断开主高压回路电气连接，同时激活主动泄放。
> 功能互锁：当车辆在进行充电或插上充电枪时，高压电控系统会限制整车不能通过自身驱动系统驱动，以防止可能发生的线束拖拽或安全事故。
> ② 开盖检测：重要高压电控部件具有开盖检测功能，当发现这些部件的盖子在整车高压回路连通的情况下打开时，会立即进行报警，同时断开高压主回路电气连接，激活主动泄放。
> ③ 被动泄放：在含有主动泄放的同时，驱动电机控制器、空调驱动控制器等内部含有高压的部件，同时设计有被动泄放回路，可在 2min 内将高压回路直流母线电压泄放到 60V 以下，被动泄放作为主动泄放失效的二重保护。
> ④ 主动泄放：驱动电机控制器中含有主动泄放回路，当检测到车辆发生较大碰撞，或高压回路中某处插接器存在拔开状态，或含有高压的高压电控部件存在开盖情况，可在 5s 内将高压回路直流母线电压泄放到 60V 以下，迅速释放危险电能，最大限度保证人员安全。
> ⑤ 电源极性反接保护：当因不当操作或其他原因导致高压部件的供电电压极性反转时，驱动电机控制器、DC/DC 变换器、动力电池管理器均可保护自己不被烧坏。当此极性反转的电压去除掉后，这些电控部件均仍可正常工作。
> ⑥ 碰撞保护：当车辆发生碰撞时，动力电池管理器检测到碰撞信号大于一定阀值时，会切断高压系统主回路的电气连接，同时通知驱动电机控制器激活主动泄放，从而可使车辆碰撞时发生短路危险，将人员电击危险降低到最低。

61 比亚迪秦混合动力汽车无法切换 EV 模式故障

1. 故障现象

车辆上 OK 电后，发动机起动，无法转换到 EV 模式，当前电量 12%，动力系统故障灯点亮，仪表提示"请检查动力系统"，读取故障码为：P1A3400，预充失败故障。

2. 故障分析

根据预充原理分析，导致该故障的原因有：

1）动力电池或 BIC（采集器）故障。

2）高压 BMS 故障。

3）驱动电机控制器故障。

4）线路连接故障。

3. 故障排除

1）在上 OK 电的预充过程中，读取驱动电机控制器数据流，发现当前总电压最高为 13V，无高压输入，如图 2-111 所示。

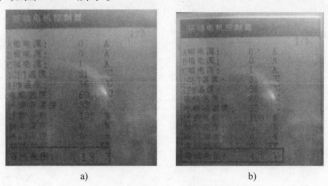

图 2-111 驱动电机控制器数据流
a）异常 b）正常

2）在上 OK 电的预充过程中，读取高压 BMS 数据流，确认 4 个分压接触器、预充接触器、负极接触器皆处于正常的吸合状态，由此判断高压 BMS 各接触器正常，应属于某个接触器或动力电池故障，导致高压电并未输入至驱动电机控制器，高压 BMS 数据流如图 2-112 所示。

3）从高压电的走向，依次进行测量，如图 2-113 所示。

图 2-112 高压 BMS 数据流

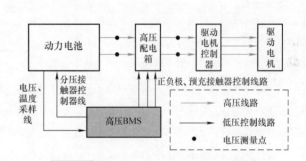

图 2-113 从高压电的走向依次进行测量

4）整车下电，再上 ON 档电，测量动力电池正负极电压为 0V（正常应为动力电池总电压），故分析是某分压接触器未正常吸合或电池模组故障导致，如图 2-114 所示。

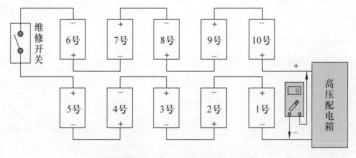

图 2-114 测量动力电池正负极

5）分别对 10 个电池模组电压进行测量，如图 2-115 所示，测量发现 2 号模组电压为

0,确认 2 号电池模组故障或 2 号模组的分压接触器线路故障、高压 BMS 故障。

6)拔开 2 号模组分压接触器插接器,测量线束端,两根线路之间有 12V 电,如图 2-116 所示,证明 BMS 及线路端正常,更换 2 号模组,故障排除。

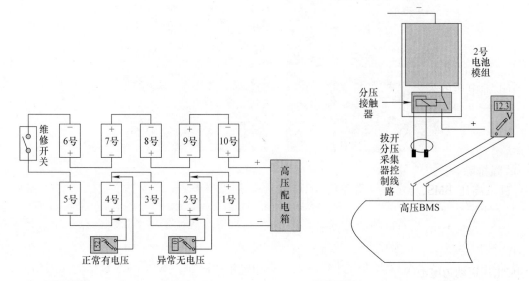

图 2-115　分别对 10 个电池模组电压进行测量　　图 2-116　测量线束端两根线路之间有 12V 电

4. 维修小结

1)ON 档电动力电池预充接触器控制逻辑:车辆上 ON 档电,高压 BMS 直接控制 4 个分压接触器吸合,分压接触器吸合后高压 BMS 对动力电池进行检测,如有漏电、采样线故障等电池异常情况,4 个分压接触器将断开,如无异常,4 个分压接触器将一直处于吸合状态。

2)上 OK 档电预充过程:车辆上 OK 档电,高压 BMS 吸合高压配电箱的预充接触器、负极接触器,驱动电机控制器的直流输入母线电压上升,当达到动力电池总电压的 2/3 时,预充完成。驱动电机控制器给高压 BMS 发送命令,高压 BMS 接收到预充完成命令后,断开预充接触器,吸合正极接触器。由于正极接触器的吸合,驱动电机控制器直流母线电压继续升高,直至达到动力电池电压,车辆高压电上电完成。

如果在预充的过程中,驱动电机控制器未能接收到 2/3 的动力电池总电压,则预充失败,高压 BMS 报出:P1A3400,预充失败故障。

如果预充完成,但由于正极接触器故障等原因,导致驱动电机控制器直流输入母线电压未能达到动力电池电压,则驱动电机控制器报出:高压侧输入欠压。

3)动力电池判断:由于动力电池 10 个模组中只有 2 号、4 号、6 号、8 号有分压接触器,因此,如测量时发现 2 号、4 号、6 号、8 号电池模组无电压时,需对分压接触器线路进行测量,其他模组无电压,可直接判断为动力电池故障。4 个分压接触器集成在电池模组内,由高压 BMS 控制 12V、搭铁;因此测量分压接触器时,拔开分压接触器插接器,测量线束端两端子之间是否有 12V 电,如有,则可判定高压 BMS 控制及线路正常。

4)如果在上 OK 电的过程中,驱动电机控制器直流输入母线电压有所升高,但是依旧无 2/3 的动力电池总电压,则先拔开电动空调、PTC 进行测试。

62 比亚迪秦混合动力汽车行驶中无能量回收故障

1. 故障现象

车辆在 HEV 模式行驶，仪表上的能量传递图上无动力电池能量回收显示，读取高压 BMS，报出单节电池电压高故障。

2. 原因分析

单节电池电压的采集方式是各电池模组的 BIC 采集单节电池电压，通过 CAN 线反馈至高压 BMS，因此导致单节电池电压高故障的原因有：

1）电池模组故障。

2）BIC 故障。

3. 故障排除

1）进入高压 BMS，选择"读取数据流"，读取最高电压：3.547V，最高电压：48V，如图 2-117 所示。

2）进入高压 BMS，选择"模组电池信息"，分别读取 10 个模组中的"最高单节电池电压"，确认 3 号模组中最高电压为 3.55V，电池编号为 14 号，与数据流中的最高单节电池电压相同，因此判定动力电池中单节电池电压高的电池是 3 号模组中的 14 号电池，如图 2-118 所示。

3）根据动力电池各模块内电池数量的差异，1 号、3 号、5 号 BIC 可以进行互换，于是将 3 号、5 号 BIC 进行对调，再次确认 3 号模组与 5 号模组的最高电池电压，发现最高电压 3.55V 的电池在 5 号模组中，于是判断 3 号模组故障。

图 2-117 读取数据流

图 2-118 读取模组中的"最高单节电池电压"

BIC 调换前后电池信息如图 2-119 和图 2-120 所示。

4）更换 3 号模组后故障排除。

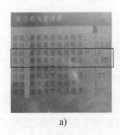

a) b)

图 2-119 BIC 调换前电池信息

a) 3 号模组电池信息 b) 5 号模组电池信息

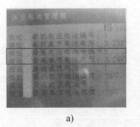 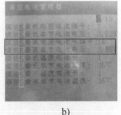

a) b)

图 2-120 BIC 调换后电池信息

a) 3 号模组电池信息 b) 5 号模组电池信息

4. 维修小结

1）BIC 交叉验证时的互换性：动力电池由 10 个模组组成，每个模组内电池节数并非完全相同，只有电池节数相同的模组，BIC 才可以互换。

2）如果调换 BIC 后，模组电池信息数据未变化，则是 BIC 故障。

63 比亚迪秦混合动力汽车动力系统故障灯偶发点亮故障

1. 故障描述

车辆行驶过程中，动力系统故障灯偶发点亮，同时仪表上车身电子稳定系统（ESP）灯亮，提示"请检查 ESP 系统"。重新起动后，仪表上动力系统故障灯熄灭，此时 ESP 灯仍然点亮。

驱动电机控制器报多个故障码，且无法清除，如图 2-121 所示。

读取故障码为：

P1B1100：旋变故障 – 信号丢失；

P1B1200：旋变故障 – 角度异常；

P1B1300：旋变故障 – 信号幅值减弱。

图 2-121 读取故障码

ESP 系统报故障码 U059508：主电机 CAN 数据被破坏/中断（历史），如图 2-122 所示。

图 2-122 ESP 系统报故障码

2. 故障分析

1）EPS 报出的故障码 U059508 属于通信类故障码，故障源并不在 ESP 上，而是在主电机。

2）主电机内部故障码说明驱动电机控制器无法正确采集到旋变信号，此类故障分 3 种情况、电机内旋变检测异常、旋变小线故障、驱动电机控制器异常。

3) 旋变本身并不复杂，其主要目的是为了正常检测驱动电机工作时三相高压电与电机转子运转匹配情况，其工作原理类似磁感应式传感器。

3. 维修

1) 车辆到店后检查发现发动机可起动，但无法切换 EV 模式，从电机驱动控制器数据中可以看到故障循环出现的次数。

2) 读取故障码为旋变信号丢失、旋变角度异常、旋变信号幅值减弱；电机缺 A、B、C 相，故障码可以清除。

3) 从驱动电机控制器端测量，旋变 - 励磁阻值：(9.6±2) Ω，旋变 - 正旋、余旋阻值：(16.3±2) Ω，阻值正常，控制电路如图 2-123 所示。

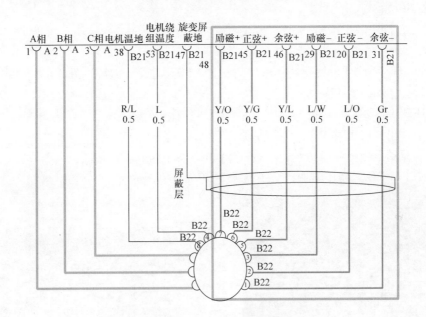

图 2-123 驱动电机旋变传感器控制电路

4) 根据故障检测次数，了解到故障是偶发性的，因此打开前舱盖，晃动旋变插头，此时发动机起动了，但很快又熄火了，故障灯点亮。

5) 拆解电机端旋变插头，端子无异常。再安装旋变插头，路试故障未再出现，故障码不再出现。

6) 再次打开前舱盖并晃动旋变线束插头，发动机起动，并很快熄火，故障码再次出现，仪表 ESP 故障灯亮。

7) 最后判定故障原因为：与电机旋变对接的线束端端子未压实，导致线束虚接，如图 2-124 所示。

图 2-124 电机旋变对接的线束端端子虚接

4. 维修小结

旋变本身并不复杂，其主要目的是为了正常检测驱动电机工作时三相高压电与电机转子运转匹配情况。当旋变故障出现时，不论是间歇性，还是故障持续存在的，检测方法是一样的，关键是要确认旋变的阻值、线束导通情况，当这两点能确认时，故障就很容易排除了。

64 比亚迪秦混合动力汽车 DC/DC 工作故障

1. 故障现象

一台秦，无 EV 模式，低压电池电量低，仪表提示"请检查充电系统"，如图 2-125 所示。

2. 故障分析

1）DC/DC 故障。

2）DC/DC 低压输出断路。

3. 维修

用 ED400 读取 DC/DC 故障码：P1EC700DC，降压时硬件故障。在 OK 档上电瞬间，读取 DC/DC 数据，如图 2-126 所示。

1）高压侧电压 4V。

2）低压输出只有 13.1V，低压侧电流 0A。

3）读取驱动电机控制器母线电压为 505V，即高压侧电压正常。

4）判断 DC/DC 无高压电输入，更换 DC/DC 后故障排除。

图 2-125 仪表提示请检查充电系统

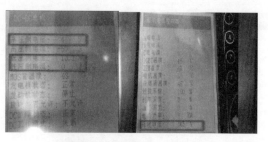

图 2-126 读取 DC/DC 故障码

4. 维修小结

1）纯电模式下，DC/DC 的功能替代了传统燃油车挂接在发动机上的 12V 发电机和蓄电池并联，给各用电器提供低压电源。

DC/DC 在高压（500V）输入端接触器吸合后便开始工作，输出电压标称 13.8V 以上，并且一般输出电流在 10~50A，如图 2-127 所示。

2）发动机原地起动，发电机发 13.5V 直流电，经过 DC/DC 升压转换为 500V 直流电，给动力电池充电。

3）DC/DC 检查分析

图 2-127 DC/DC 输入端数据流

① 驱动电机控制器和 DC/DC 输入高压为同一路高压电：如果驱动电机控制器母线有高压，且电压在 400V 以上，但 DC/DC 没有高压输入，则表明 DC/DC 故障；如果驱动电机控制器高压母线也没有高压电，则需要检查母线电压。

② 当 DC/DC 有高压输入，且电压在 400V 以上，读取低压输出在 13.8V 以下，低压侧有电流输出在 0V 左右，则 DC/DC 内部故障；如果 DC 低压输出在 13.8V 以上，低压电流有电流输出在 0V 左右，低压输出可能是虚电压，更换 DC/DC 即可。

③ 在发动机未起动的情况下，测量 DC/DC 输出电压，也可使用万用表测量高压配电盒或起动电池输出极柱电压，其工作电压为 13.8V 以上。

④ 确认 DC/DC 是否通信正常，如果不能正常通信，则 DC/DC 存在故障，更换即可。

65 比亚迪秦混合动力汽车 OK 灯不亮故障

1. 故障现象

车辆无法上 OK 电，仪表主屏上 OK 灯不亮，P 位指示灯闪烁，并提示"请检查动力系统"。

2. 原因分析

OK 灯即车辆可行驶信号灯，正常情况下，OK 灯点亮即表示车辆已经满足可以行驶的必要条件，其控制流程如下：

将档位置于 P 位，踩下制动踏板，按下起动按钮，当驱动电机控制器接收制动、档位及起动信号后，分别与发动机 ECU、TCU 及 BCM 等模块进行通信，在各模块之间通信正常的情况下，即通过 CAN 线向仪表发出 OK 灯点亮命令，驱动 OK 灯点亮。整个流程如图 2-128 所示。

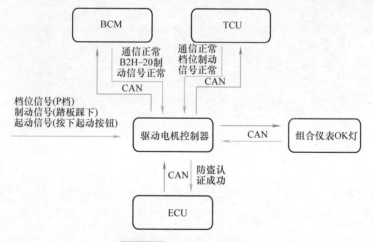

图 2-128　OK 灯点亮流程

根据以上控制逻辑分析，造成该问题的原因可能有以下方面：

① 制动信号故障；②档位信号故障；③驱动电机控制器故障；④ECU 故障；⑤TCU 故障；⑥BCM 故障；⑦CAN 网络通信故障。

3. 维修

1) 用 ED400 分别进入驱动电机控制器、ECU、TCU、BCM 系统，确认各个模块通信是否正常；经确认发现 TCU 无法进入。

2）拔掉 TCU 插头，测量 14 号、15 号端子 CAN 线电压为 2.5V 左右，阻值为 67Ω 左右，TCU8 号端子（B）对地导通，9 号端子（G/R）有 12V 电源，可以确认 TCU CAN 线线路正常，电源、搭铁正常（电路如图 2-129 所示），怀疑是 TCU 内部故障。

3）更换电液控制模块，确认故障排除。

4. 维修小结

1）要确认驱动电机控制器是否收到制动信号及档位信号，可以通过驱动电机控制器的数据流确认，具体数据如图 2-130 所示。

2）上 OK 电时，驱动电机控制器

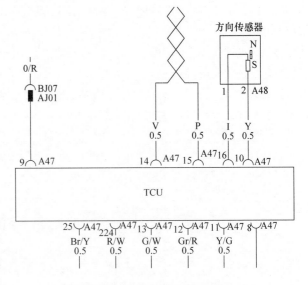

图 2-129　TCU 控制电路

必须与 ECU 进行防盗认证，如果认证失败，则无法上 OK 电。所以在更换驱动电机控制器时，需要进行防盗编程及标定，具体可以参考驱动电机控制器标定方法。

图 2-130　驱动电机控制器的数据流

66 比亚迪秦混合动力汽车驱动电机控制器故障

1. 故障现象

车辆无 EV 模式，SOC 为 62%，仪表主屏上提示"请检查动力系统"，诊断仪进入高压电池管理器，读取故障码为 P1A3400：预充失败故障。

2. 原因分析

车辆预充完成的主要控制流程：当高压 BMS 接收到起动信号（按下起动按钮）以后，通过 CAN 线与电池信息采集器通信，检测动力电池内单节电池电压、温度及容量等参数是否正常，并通过漏电传感器检测是否存在漏电情况。如果以上参数正常，则控制动力电池内 4 个分压接触器吸合。与此同时，高压 BMS 开始控制高压配电箱上预充接触器与负极接触器吸合，当驱动电机控制器检测预充电压已经达到动力电池总电压的 2/3 以上时，通过 CAN 线通信告知高压 BMS 预充完成，高压 BMS 即断开预充接触器，吸合正极接触器，整车高压上电。如果高压 BMS 在 10s 之内仍未检测到预充完成信号，则断开预充回路（包括预充接触器、负极接触器及动力电池内部 4 个分压接触器）。主要控制流程如图 2-131 所示。

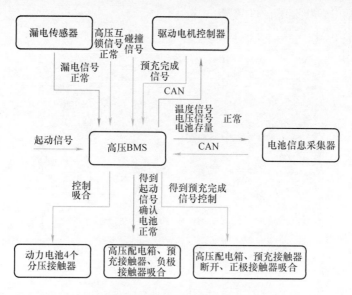

图 2-131　车辆预充完成的主要控制

根据以上原理分析，造成预充失败的主要原因有：

①动力电池故障；②驱动电机控制器故障；③高压 BMS 故障；④高压配电箱故障；⑤高压系统漏电故障；⑥高压互锁故障。

3. 维修指导

1) 车辆下电后重新上 ON 档电，进入高压电池管理器，读取故障码为 P1A3400：预充失败故障。检查电池电量（SOC：62%），当前总电压为 506V，单体电池最高电压及温度正常；动力电池 4 个分压接触器吸合，动力电池正常，如图 2-132 所示。

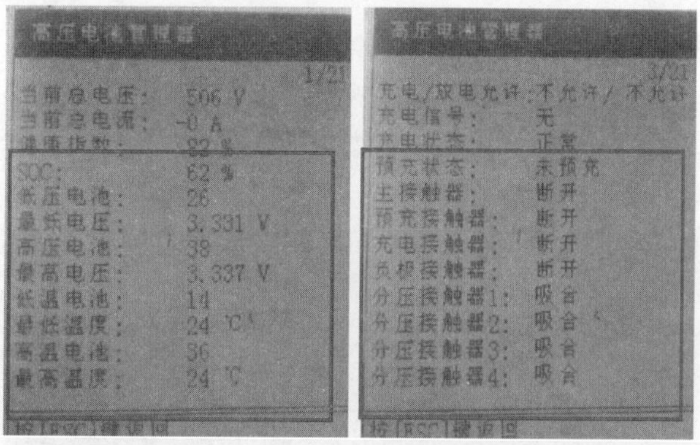

图 2-132　进入高压电池管理器读取故障码

2)进入驱动电机控制器,踩下制动踏板,按下起动按钮,上 OK 电,观察驱动电机控制器母线电压变化,发现驱动电机控制器母线电压一直在 13V 左右,用同样的方法进入 DC/DC,发现 DC/DC 高压侧电压有瞬间 491V 电压,如图 2-133 所示。因 DC/DC 与驱动电机控制器用的是同一路高电压,因此可以确认,高压输入端虽有高压,但驱动电机控制器未检测到,怀疑驱动电机控制器内部故障。

3)更换驱动电机控制器试车确认,故障排除。

图 2-133 进入驱动电机控制器观察母线电压变化

4. 维修小结

预充完成需要满足以下几个条件:

1)动力电池电压、温度信号及容量正常,不存在漏电现象。

2)预充回路正常,即预充接触器及负极接触器控制端及供电端线路正常,可以参照电路图检修。

3)驱动控制器与 DC/DC 总成、高压 BMS 通信正常,高压互锁,整车高压回路正常。

第 3 章 Chapter 3

比亚迪唐插电式混合动力汽车（PHEV）

67 比亚迪唐 PHEV 的结构

打开比亚迪唐 PHEV 的发动机舱盖，一台 151kW/320N·m 的 2.0T 直喷增压发动机位于车头前方，除了几根橙色高压电线之外，其余的部分与一台普通汽油车没有太大区别。前桥的上方安装着一台 110kW 的大功率电机，尾部下方位置与车头一样在驱动桥上安装了一台 110kW 的大功率电机。淘汰传统四驱模块中重要的传动轴之后，前后电机的联动桥梁变成了一根电线，如图 3-1 所示。

这台电机采用永磁同步电机，最大转速高达 12000r/min，同类型的 BMW i3 电机转速只有 11400r/min，而特斯拉 Model S 的三相交流电机转速仅仅为 8600r/min。更快的转速在效能利用率上更好，这款电机的功率密度达到了 3.9kW/kg，BMW i3 仅仅为 1.9kW/kg。在环比竞争力上，比亚迪的 110kW 电机最高效率已经达到 96%，而雷克萨斯 LS600H 的电机功率只有 95%。

该车驱动结构比较特别，综合输出功率几乎可以用"叠加"方式计算，也就是前后电机加起来 220kW 的功率，以及 500N·m 的最大转矩。如果在混动模式下，2.0T + 6HDT45 变速器再叠加更多的动力，全车综合最大功率 371kW，最大转矩达到 820N·m。

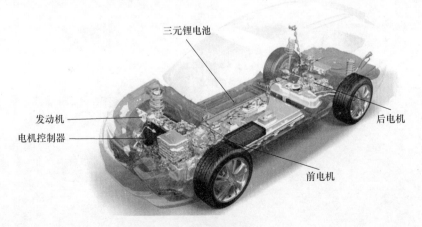

图 3-1 比亚迪唐整车结构

68 比亚迪唐PHEV三擎工作原理

比亚迪唐电四驱能达到最极致的50：50传动效率，并且比传统结构拥有更多模式应对不同路况。

1. 最强劲模式：四驱+运动+HEV（图3-2）

在HEV混动模式下选择"运动"驾驶模式之后，三擎共同释放最大功率，百公里加速为4.98s。

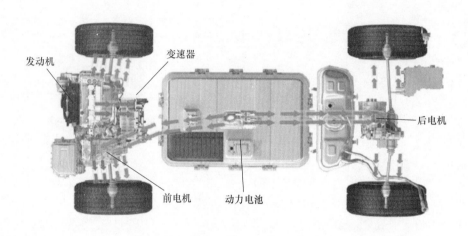

图3-2 最强劲模式

2. 最经济模式：四驱+经济+EV（图3-3）

在EV纯电模式下选择"经济"驾驶模式之后，前后方电机协同工作，在必要时降低输出功率达到最经济模式，实测纯电能耗仅仅为17kW·h/100km，相比特斯拉ModelS90D的24kW·h/100km要更低。

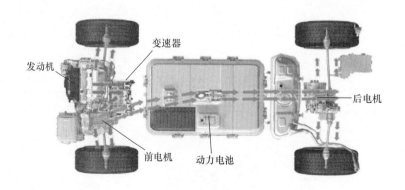

图3-3 最经济模式

3. 行驶发电模式（图3-4）

在行驶过程中，用户可以调整SOC剩余电量预设值，一旦剩余电量即将小于预设值，系统自动切换成"行车发电模式"。前电机切换至发电模式，后电机搭配内燃发动机形成前油后电的驱动形式。城市环境下行驶，实测每1.5km能补充1%~2%的电能，跑长途时电池电量最高能回充至70%，为下一段城市纯电行驶带来电能保障。

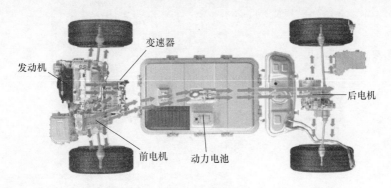

图3-4 行驶发电模式

4. 怠速发电模式（图3-5）

在SOC低于15%以内行驶，在等红灯时系统自动切换至发动机带动前电机为动力电池充电，实测大约5min能补充1%~2%电能。在必要时候可以采取强制原地发电，在P位模式下把加速踏板踩到底即可激活。这种模式主要用于应急，可以通过这样的形式为动力电池充电，保证220V电源输出。

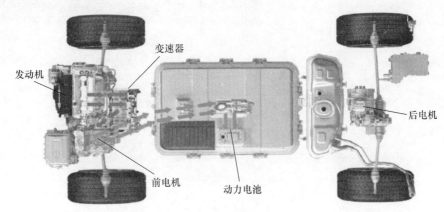

图3-5 怠速发电模式

69 比亚迪唐PHEV模式如何切换

比亚迪唐PHEV模式切换开关如图3-6所示。

1. EV-ECO

EV按键上的指示灯（绿色）亮表示在EV模式，将MODE旋钮逆时针旋转，进入到ECO（经济）模式，在保证动力的情况下，最大限度节约电量。

纯电动工作模式下，动力电池提供电能，供电机驱动车辆，以满足各种工况行驶，如起

图 3-6 模式切换开关

步、倒车、怠速、急加速、匀速行驶等，如图 3-7 所示，条件为车速 <140km/h 且 SOC>15%。

2. EV – SPORT

将 MODE 旋钮顺时针旋转，进入到 SPORT（运动）模式，将保证较好的动力性能。

3. HEV – ECO

HEV 按钮上的指示灯（绿色）亮表示在 HEV 模式，MODE 旋钮逆时针旋转，进入到 ECO 模式，如图 3-8 所示。此时为了保证较好的经济性和动力性，系统运行遵循以下条件：

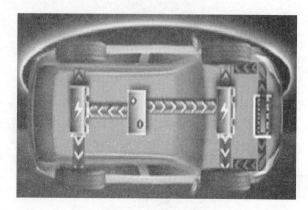

图 3-7 EV – ECO 模式

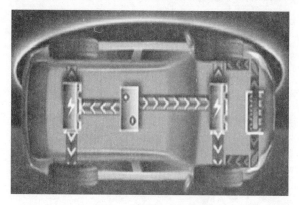

图 3-8 HEV – ECO 模式

1）电量低于 5% 时，发动机会一直起动。
2）当电量大于 5%，且车速较低时，将不会起动发动机。

4. "HEV – SPORT"

MODE 旋钮顺时针旋转，进入到 SPORT（运动）模式，发动机会一直起动工作，来保持最充沛的动力。

5. "EV 强制模式"

EV 模式行驶过程中，在高压系统无故障、无起动发动机需求的情况下，当电量下降到 15%时，整车自动由 EV 模式切换到 HEV 模式。若仍需进入 EV 模式，可长按 EV 按钮 3s 以上，直到仪表上 EV 指示灯持续闪烁，表明整车进入 EV–ECO 模式，此时输出功率受到一定限制；直到电量下降到 5%时，整车将自动切换到 HEV–ECO 模式。

在沙地、泥泞和雪地等不同路况，HEV 和 EV 模式的使用范围如图 3-9 所示。

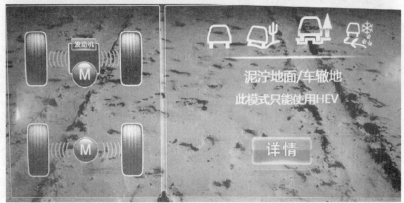

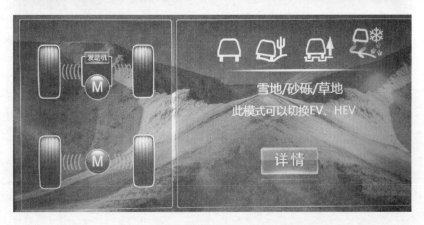

图 3-9　HEV 和 EV 模式的使用范围

当电量不足或高压系统故障时，可单独使用发动机驱动，实现了燃油系统的独立性，如图 3-10 所示。

图 3-10　发动机驱动模式

70 比亚迪唐 PHEV 永磁同步电机定子、转子及结构

永磁同步电机具有高效率（达 97%）和高比功率（远远超过 1kW/kg）的优点，输出转矩与转动惯量比都大于相类似的三相感应电机。在高速转动时有良好的可靠性，平稳工作时电流损耗小，永磁磁阻电机在材料的电磁性能、磁极数量、磁场衰退等多方面的性能都优于其他种类的电机，工作噪声也低，如图 3-11 所示。

在同步电机的轴上装置转子位置传感器和速度传感器，它们产生的信号是驱动控制器的输入信号。永磁磁阻同步电机具有功率密度高、调速范围宽、效率高、性能更加可靠、结构更加简单、体积小的优点。与相同功率的其他类型的电机相比较，更加适合作为 EV、FCEV 和 HEV 的驱动电机。

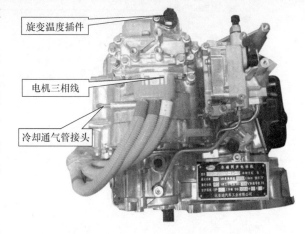

图 3-11　永磁同步电机结构

71 比亚迪唐 PHEV 前电机外观检查

1）检查电机外观是否正常，记录下是否存在磕碰或烧蚀等痕迹，如图 3-12 所示。

2）检查密封盖是否缺失、损伤,用手轻按密封盖与端盖相邻位置,确认密封盖与端盖是否保持平齐,需进行拍照记录,如图 3-13 所示。

3）检查旋变、绕组温度传感器插接器内端子是否有变形、断裂或退端子,插接器内是否有水、油、杂质等异物,如图 3-14 所示。

图 3-12　检查电机外观

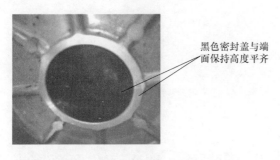

图 3-13　检查密封盖是否缺失、损伤

图 3-14　检查旋变、绕组温度传感器插接器内端子

72　比亚迪唐 PHEV 前电机线电阻检测

所需设备:M6 套筒、棘轮扳手、低电阻测试仪或毫欧表。

1）使用 M6 套筒和棘轮扳手取下图 3-15 所示的 4 颗锁紧螺栓,轻轻用力可从控制器上取下三相线插接器。

2）检查三相线端子是否有水、油污、杂质及烧蚀变色等异常;端子对应绕组关系如图 3-16 所示,A 相:黄、B 相:绿、C 相:红。

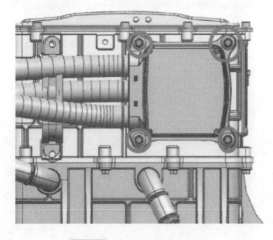

图 3-15　拆下 4 颗锁紧螺栓

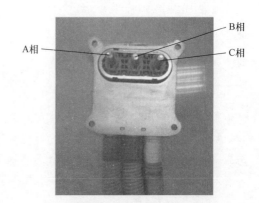

图 3-16　检查三相线端子

3）选择量程为200mΩ的检测设备或器具，如图3-17所示，如低电阻测试仪或毫欧表；设备调零，准备测量。

4）如图3-18所示，依次测量AB、AC、BC端的阻值，并反复测（最少3次），分别记录数据。判断标准：温度为25℃时，阻值范围：（39±2）mΩ，且三相阻值偏差不超过1mΩ。注意：三相阻值测试需要冷态下进行测试，且需要多次测量。

图3-17 选择量程为200mΩ的检测设备

图3-18 依次测量AB、AC、BC端的阻值

73 比亚迪唐PHEV前电机三相绕组对机壳绝缘测量

所需设备：绝缘耐压测试仪/兆欧表。

1）将绝缘测试设备、器具选项调整至1000V电压（无1000V电压情况下需选择设备最大电压选项）。

2）将电源线端子接三相端子任意一相，零线端子接机壳裸露处，如图3-19所示。

3）启动测试设备，待显示阻值稳定后，读取测试数据并完成记录。

判断标准：常温下直流电压1000V，通电时间10s，绝缘阻值大于20MΩ。

在使用绝缘耐压测试仪/兆欧表的过程中，需注意做好人员绝缘保护。

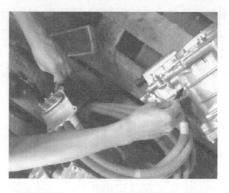

图3-19 三相绕组对机壳绝缘测量

74 比亚迪唐PHEV前电机旋变阻值测量

所需设备：八芯插接器（母端）工装、万用表。

1）如图3-20所示，插接器为旋变、绕组温度传感器插接器；检测前用手指压紧插接器母端侧的卡扣，稍用力即可拔出母端插接器，确认插接器内部情况。

2）旋变绕组、温度传感器插接器的端子定义和位置如图3-21和图3-22所示，1~3和5~7为旋变信号。

比亚迪唐插电式混合动力汽车（PHEV） 第3章

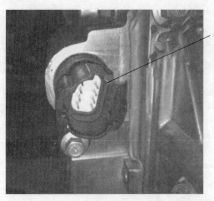

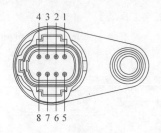

端子号	定义
1	sin−
2	cos−
3	exc−
4	温度传感器+
5	sin+
6	cos+
7	exc+
8	温度传感器−

图 3-20　旋变插接器　　　　　图 3-21　插接器端子定义

图 3-22　端子位置

3）使用如图 3-23 所示的简易工装（若无工装，可以直接使用测试探头进行接触测量），对准防错槽装到电机插接器上，听到卡扣"咔"一声，表示插接器装配到位，按图分别理出旋变引出线。

4）将万用表调至电阻档，通过分别测量引出线 sin + 与 sin − 、cos + 与 cos − 、exc + 与 exc − 之间的阻值，从而得到旋变正弦、余弦、励磁的阻值，并记录数据。

判断标准：sin 为（13.3 ± 4）Ω、cos 为（13.3 ± 4）Ω、exc 为（6.3 ± 2）Ω

注意：此步骤需要多次测量并详细记录数据。

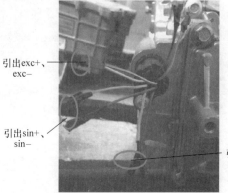

图 3-23　使用简易工装测量

75　比亚迪唐 PHEV 前电机绕组温度传感器对三相绕组绝缘测量

1）将绝缘测试设备、器具选项调整至 500V 电压（无 500V 电压情况下需选择设备最大电压选项）。

2）将两根温度传感器引出线拧成一股，将仪表一端接拧成一股的温度传感器引出线，另一端接 A、B、C 三相任意一相，如图 3-24 所示。若无工装，可用导线引脚将引脚引出，拧成一股后，使用测试探头测量引出线与三相线之间的绝缘。

3）启动测试设备，待显示阻值稳定后，读取测试数据并完成记录。

判断标准：常温下直流电压 500V，通电时间 10s，绝缘阻值大于 20MΩ。

注意：此步骤需要对机壳不同处进行 3 次以上测量，并详细记录数据。

两股旋变引出线拧成一股

三相端子任意一相

图 3-24 将两根温度传感器引出线拧成一股并接三相端子任意一相

76 比亚迪唐 PHEV 后电机旋变温度传感器对三相绕组绝缘测量

1）将绝缘测试设备、器具选项调整至 500V 电压（无 500V 电压情况下需选择设备最大电压选项）。

2）将 6 根旋变温度传感器引出线拧成一股，将仪表一端接拧成一股的旋变引出线，另一端接三相任意一相，如图 3-25 所示；若无工装，可通过使用测试探头，分别测试正弦与三相线、余弦与三相线、励磁与三相线之间的绝缘。

3）启动测试设备，待显示阻值稳定后，读取测试数据并完成记录。

判断标准：常温下直流电压 500V，通电时间 10s，绝缘阻值大于 50MΩ。

注意：此步骤需对三相线 A、B、C 相分别进行多次测量，并详细记录数据。

六股旋变引出线拧成一股

三相端子任意一相

图 3-25 将 6 根引出线拧成一股并接三相端子任意一相

77 比亚迪唐 PHEV 后电机旋变器三相绕组对机壳绝缘测量

1）将绝缘测试设备、器具选项调整至 500V 电压（无 500V 电压情况下需选择设备最大电压选项）。

2)将6根引出线拧成一股,将仪表一端接拧成一股的旋变引出线,另一端接机壳任意裸露处如图3-26所示;若无工装,可通过使用测试探头,分别测试正弦与机壳、余弦与机壳、励磁与机壳之间的绝缘。

3)启动测试设备,待显示阻值稳定后,读取测试数据并完成记录。

判断标准:常温下直流电压500V,通电时间10s,绝缘阻值大于50MΩ。

注意:此步骤需对机壳进行3次测量,并详细记录数据。

图3-26 将6根引出线拧成一股并接机壳任意裸露处

78 比亚迪唐 PHEV 后电机绕组温度传感器阻值测量

1)图3-27所示为旋变、温度传感器插接器,检测前用手压紧插接器母端两侧卡扣,稍用力即可拔出母端插接器,确认插接器内部情况。

2)端子定义如图3-28所示,4、8为温度传感器端子。

3)使用图3-29所示的简易工装(若无工装,可以直接使用测试探头进行接触测量),对准防错槽装配到电机插接器上,听到卡扣"咔"一声,表示插接器装配到位,按图中分别理出温度引出线。

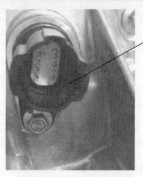

图3-27 旋变、温度传感器插接器

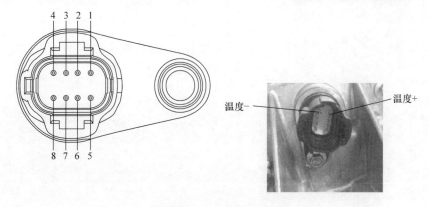

图3-28 温度传感器端脚

4)将万用表调至电阻档,在常温下使用测试探头多次测量绕组温度传感器有效端子阻值,并记录数据。

判断标准: -10~50℃时,阻值为 30.84~604.5kΩ。

注意:判断温度传感器阻值是否正常时,请在电机冷却后进行。

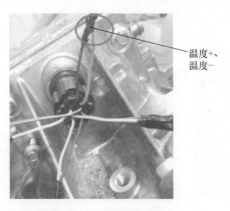

图 3-29 引出温度传感器引线

79 比亚迪唐 PHEV 动力电池系统结构

动力电池系统是电动汽车的主要动力源之一,它为整车驱动和其他用电器提供电能。

本车的动力电池系统由 8 个动力电池模组、1 个通信转换模块、8 个动力电池信息采集器、动力电池中联线、动力电池支架、动力电池密封罩、动力电池采样线等组成,如图 3-30 所示。同时本车动力电池中含有负极接触器、分压接触器、保险和漏电传感器。

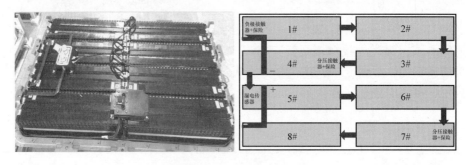

图 3-30 比亚迪唐电池结构

80 比亚迪唐 PHEV 动力电池更换流程

1)将车辆下电,打至 OFF 档,主、副驾驶座椅移至最前最高位置,断开低压蓄电池负极,从主驾座椅右下方拧掉动力电池低压插接器。

2)拆掉副仪表台及空调管路,戴上绝缘手套,拔掉动力电池正负极高压插接器,拆掉动力电池搭铁线。

3) 确定低压插接器、动力电池高压正、负极插接器及搭铁线已经拆掉后，将整车举升至一定高度，将举升平台升至动力电池托盘底部。

4) 拆掉固定托盘的 10 个 M12 的螺栓，缓慢降低举升平台，即可卸下动力电池。

81 比亚迪唐 PHEV 漏电传感器维修

漏电传感器总成包括漏电传感器、漏电传感器连接负极线束、漏电传感器低压线束。漏电传感器安装位置如图 3-31 所示。

图 3-31 漏电传感器安装位置

漏电传感器控制电路如图 3-32 所示。

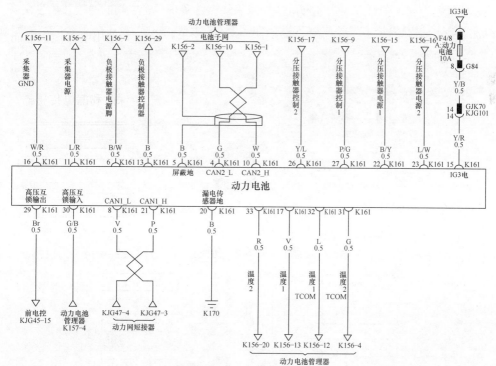

图 3-32 漏电传感器控制电路

诊断流程：

1) 检查低压蓄电池电压及整车低压线束供电是否正常。标准电压值：11～14V，如果电压值低于 11V，在进行下一步之前请充电或更换低压蓄电池或检查整车低压线束。

2）连接诊断仪插头，整车上 NO 档电，进入电池管理器系统。
3）读取到漏电传感器失效故障或者与漏电传感器通信故障。
① 拔下漏电传感器低压插接器。
② 用万用表测量 K161-15 端子对地电压是否为 12V。
③ 如是，供电正常，则为漏电传感器故障，需更换。
④ 测试双路电线是否正常。
⑤ 如不正常，线路故障，更换线束。
⑥ 如正常，更换电池管理器。
⑦ 确认测试，结束。

82 比亚迪唐 PHEV 电池管理控制器安装位置及系统框架

本车采用分布式电池管理系统，尊享版由 1 个电池管理控制器 BMC 和 16 个电池信息采集器 BIC 及 1 套动力电池采样线组成。尊贵版由 1 个电池管理控制器 BMC 和 14 个电池信息采集器 BIC 及 1 套动力电池采样线组成。电池管理控制器的主要功能有充放电管理、接触器控制、功率控制、电池异常状态报警和保护、SOC/SOH 计算、自检以及通信功能等。电池信息采集器的主要功能有电池电压采样、温度采样、电池均衡、采样线异常检测等。动力电池采样的主要功能是连接电池管理控制器和电池信息采集器，实现两者之间的通读及信息交换。

电池管理控制器位于主驾驶座椅下方，如图 3-33 所示。

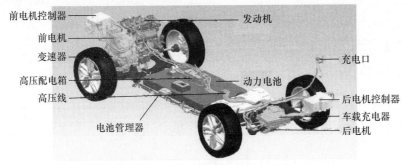

图 3-33 电池管理控制器安装位置

电池管理控制器系统框图如图 3-34 所示。

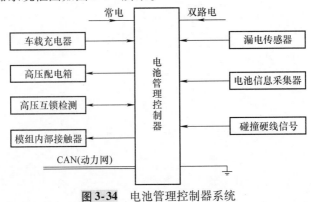

图 3-34 电池管理控制器系统

83 比亚迪唐 PHEV 电池管理控制器控制电路图及插接器端子定义

比亚迪唐 PHEV 电池管理控制器控制电路如图 3-35 所示。

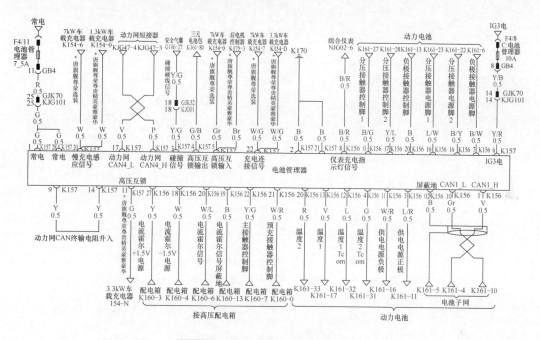

图 3-35 电池管理控制器控制电路

电池管理控制器插接器如图 3-36 所示。

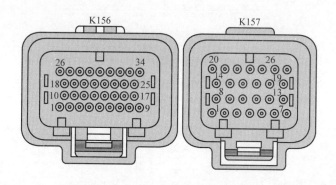

图 3-36 电池管理控制器插接器

电池管理控制器终端诊断：
①断开动力电池管理器插接器；②测量线束端输入电压；③接回电池管理器插接器；④测量各端子，正常值见表 3-1。

表 3-1　电池管理控制器各端子测量值

连接端子	端子描述	条件	正常值
K156-01	电池子网 CAN_H	ON 档/OK 档/充电	2.5~3.5V
K156-02	电池子网 CAN 屏蔽地	始终	<1V
K156-03	通信转换模块供电 +12V	ON 档/OK 档/充电	9~16V
K156-07	负极接触器供电	ON 档/OK 档/充电	9~16V
K156-08	充电仪表指示灯	车载充电时	<1V
K156-09	分压接触器 1 拉低控制	分压接触器 1 吸合时	<1V
K156-10	电池子网 CAN_L	ON 档/OK 档充电	1.5~2.5V
K156-11	通信转换模块供电 GND	始终	<1V
K156-15	分压接触器 1 供电	ON 档/OK 档/充电	9~16V
K156-16	分压接触器 2 供电	ON 档/OK 档/充电	9~16V
K156-17	分压接触器 2 拉低控制	分压接触器 2 吸合时	<1V
K156-18	电流霍尔 -15V	ON 档/OK 档/充电	-16~-9V
K156-19	霍尔传感器屏蔽地	始终	<1V
K156-21	预充接触器拉低控制	预充过程中	<1V
K156-22	主接触器拉低控制	主接触器吸合时	<1V
K156-26	电流霍尔信号	电源 ON 档/充电	0~4.2V
K156-27	电流霍尔 +15V	ON 档/OK 档/充电	9~16V
K156-28	12V 常电	ON 档/OK 档/充电	9~16V
K156-29	负极接触器拉低控制	负极接触器吸合时	<1V
K157-01	BMC 供电 12V	ON 档/OK 档/充电	9~16V
K157-02	车身地	始终	<1V
K157-03	碰撞信号	起动	约 -15V
K157-04	PWM 输出 1	ON 档/OK 档/充电	PWM 脉冲信号
K157-05	PWM 输入 1	ON 档/OK 档/充电	PWM 脉冲信号
K157-08	BMC 供电 12V	电源 ON 档/充电	11~14V
K157-09	动力网 CAN 终端电阻并入 1	ON 档/OK 档/充电	1.5~3.5V
K157-11	PWM 输入 2	始终	低电平信号
K157-14	动力网 CAN 终端电阻并入 2	ON 档/OK 档/充电	1.5~3.5V

（续）

连接端子	端子描述	条件	正常值
K157-16	动力网 CAN_H	ON 档/OK 档/充电	2.5~3.5V
K157-17	动力网 CAN_L	ON 档/OK 档/充电	1.5~2.5V
K157-20	车载充电感应信号	车载充电时	<1V
K157-21	车身地	始终	<1V
K157-22	充电连接信号	充电	<1V
K157-23	动力网屏蔽地	始终	<1V

84 比亚迪唐 PHEV 电池故障码

比亚迪唐 PHEV 电池故障码见表 3-2。

表 3-2 电池故障码

序号	故障码（ISO 15031-6）	故障定义	序号	故障码（ISO 15031-6）	故障定义
1	P1A0000	严重漏电故障	18	P1A1100	BIC6 电压采样异常故障
2	P1A0100	一般漏电故障	19	P1A1200	BIC7 电压采样异常故障
3	P1A0200	BIC1 工作异常故障	20	P1A1300	BIC8 电压采样异常故障
4	P1A0300	BIC2 工作异常故障	21	P1A1400	BIC9 电压采样异常故障
5	P1A0400	BIC3 工作异常故障	22	P1A1500	BIC10 电压采样异常故障
6	P1A0500	BIC4 工作异常故障	23	P1A2000	BIC1 温度采样异常故障
7	P1A0600	BIC5 工作异常故障	24	P1A2100	BIC2 温度采样异常故障
8	P1A0700	BIC6 工作异常故障	25	P1A2200	BIC3 温度采样异常故障
9	P1A0800	BIC7 工作异常故障	26	P1A2300	BIC4 温度采样异常故障
10	P1A0900	BIC8 工作异常故障	27	P1A2400	BIC5 温度采样异常故障
11	P1A0A00	BIC9 工作异常故障	28	P1A2500	BIC6 温度采样异常故障
12	P1A0B00	BIC10 工作异常故障	29	P1A2600	BIC7 温度采样异常故障
13	P1A0C00	BIC1 电压采样异常故障	30	P1A2700	BIC8 温度采样异常故障
14	P1A0D00	BIC2 电压采样异常故障	31	P1A2800	BIC9 温度采样异常故障
15	P1A0E00	BIC3 电压采样异常故障	32	P1A2900	BIC10 温度采样异常故障
16	P1A0F00	BIC4 电压采样异常故障	33	P1A3400	预充失败故障
17	P1A1000	BIC5 电压采样异常故障	34	P1A3522	动力电池单节电压严重过高

（续）

序号	故障码 (ISO 15031-6)	故障定义	序号	故障码 (ISO 15031-6)	故障定义
35	P1A3622	动力电池单节电压一般过高	70	U029787	与车载充电器通信故障
36	P1A3721	动力电池单节电压严重过低	71	U012200	与低压 BMS 通信故障
37	P1A3821	动力电池单节电压一般过低	72	P1AC000	气囊 ECU 碰撞报警
38	P1A3922	动力电池单节温度严重过高	73	P1AC100	后碰 ECU 碰撞报警（仅适用于 e6）
39	P1A3A22	动力电池单节温度一般过高	74	P1AC200	高压互锁 2 故障
40	P1A3B21	动力电池单节温度严重过低	75	P1AC300	高压互锁 3 故障
41	P1A3C00	动力电池单节温度一般过低	76	P1AC500	BIC 程序不一致
42	P1A3D00	负极接触器回检故障	77	P1AC600	BIC 程序与 BIC 程序不匹配
43	P1A3E00	主接触器回检故障	78	P1AC700	湿度过高故障
44	P1A3F00	预充接触器回检故障	79	P1A9800	BIC11 工作异常故障
45	P1A4000	充电接触器回检故障	80	P1A9900	BIC12 工作异常故障
46	P1A4100	主接触器烧结故障	81	P1A9A00	BIC13 工作异常故障
47	P1A4200	负极接触器烧结故障	82	P1A9B00	BIC14 工作异常故障
48	P1A4800	电机控制器断开主接触器，主接触器烧结故障	83	P1A9C00	BIC15 工作异常故障
49	P1A4C00	漏电传感器失效故障	84	P1A9D00	BIC16 工作异常故障
50	P1A4D04	电流霍尔传感器故障	85	P1A9E00	BIC17 工作异常故障
51	P1A5100	碰撞硬线信号 PWM 异常警告	86	P1A9F00	BIC18 工作异常故障
52	P1A5200	碰撞系统故障	87	P1AA000	BIC19 工作异常故障
53	U011000	与电机控制器通信故障	88	P1AA100	BIC20 工作异常故障
54	U110387	与气囊 ECU 通信故障	89	P1AA200	BIC11 电压采样异常故障
55	P1A5C00	分压接触器 1 回检故障	90	P1AA300	BIC12 电压采样异常故障
56	P1A5D00	分压接触器 2 回检故障	91	P1AA400	BIC13 电压采样异常故障
57	P1A5E00	分压接触器 3 回检故障	92	P1AA500	BIC14 电压采样异常故障
58	P1A5F00	分压接触器 4 回检故障	93	P1AA600	BIC15 电压采样异常故障
59	P1A6000	高压互锁 1 故障	94	P1AA700	BIC16 电压采样异常故障
60	U20B000	BIC1 CAN 通信超时故障	95	P1AA800	BIC17 电压采样异常故障
61	U20B100	BIC2 CAN 通信超时故障	96	P1AA900	BIC18 电压采样异常故障
62	U20B200	BIC3 CAN 通信超时故障	97	P1AAA00	BIC19 电压采样异常故障
63	U20B300	BIC4 CAN 通信超时故障	98	P1AAB00	BIC20 电压采样异常故障
64	U20B400	BIC5 CAN 通信超时故障	99	P1AAC00	BIC11 温度采样异常故障
65	U20B500	BIC6 CAN 通信超时故障	100	P1AAD00	BIC12 温度采样异常故障
66	U20B600	BIC7 CAN 通信超时故障	101	P1AAE00	BIC13 温度采样异常故障
67	U20B700	BIC8 CAN 通信超时故障	102	P1AAF00	BIC14 温度采样异常故障
68	U20B800	BIC9 CAN 通信超时故障	103	P1AB000	BIC15 温度采样异常故障
69	U20B900	BIC10 CAN 通信超时故障	104	P1AB100	BIC16 温度采样异常故障

（续）

序号	故障码 (ISO 15031-6)	故障定义	序号	故障码 (ISO 15031-6)	故障定义
105	P1AB200	BIC17温度采样异常故障	131	P1ADB00	出口温度传感器故障
106	P1AB300	BIC18温度采样异常故障	132	U023487	与电池加热器通信故障
107	P1AB400	BIC19温度采样异常故障	133	P1ADE00	因空调系统故障导致无法进行电池冷却
108	P1AB500	BIC20温度采样异常故障			
109	U20BA00	BIC11CAN通信超时故障	134	P1ADF00	因空调系统故障导致无法进行电池内循环
110	U20BB00	BIC12CAN通信超时故障			
111	U20BC00	BIC13CAN通信超时故障	135	P1AE000	因空调系统故障导致无法进行电池加热
112	U20BD00	BIC14CAN通信超时故障			
113	U20BE00	BIC15CAN通信超时故障	136	P1AE100	因电池加热器故障导致无法进行电池加热
114	U20BF00	BIC16CAN通信超时故障			
115	U208000	BIC17CAN通信超时故障	137	P1AD44B	充电口温度一般过高1（60℃≤T≤75℃）
116	U208100	BIC18CAN通信超时故障			
117	U208200	BIC19CAN通信超时故障	138	P1AD54B	充电口温度一般过高2（75℃<T≤80℃）
118	U208300	BIC20CAN通信超时故障			
119	U110400	与后碰ECU通信故障	139	P1AD698	充电口温度严重过高3（80℃<T<215℃）
120	P1AC800	正极接触器回检故障			
121	P1AC900	直流充电感应信号断线故障	140	P1AD74B	充电口温升一般过高（ΔT≥45℃）
122	U029C00	电池管理器与VTOG通信故障			
123	U029800	电池管理器与DC/DC通信故障	141	P1AD898	充电口温升严重过高（ΔT>50℃）
124	U02A200	与主动泄放模块通信故障			
125	U016400	与空调通信故障	142	P1AD900	充电口温度采样点异常
126	U1ACA00	电池组放电严重报警	143	P1A8C00	主接触器2回检故障
127	U010300	与发动机通信故障	144	P1A8D00	主接触器2烧结故障
128	U02A100	与漏电传感器通信故障	145	P1A5B00	因双路电供故障断开接触器
129	P1AD000	模组连接异常	146	P1A5500	电池管理器12V电源输入过高
130	P1AD000	入口温度传感器故障	147	P1A5600	电池管理器12V电源输入过低

85 比亚迪唐PHEV电池故障诊断方法

（1）P1A3400——预充失败故障

1）尝试清除故障码。多次上电后故障能否清除？若能，则为历史故障码。

2）故障码不能清除：检查电池低压插接器端子是否有歪斜和退针；若无，则用VDS1000读取电池管理器数据流，查看各接触器是否动作。

① 若无动作，则查询对应接触器供电及控制脚电压是否正常。

② 若接触器正常动作，则用VDS1000读取前驱电机控制器的数据流，在一次上OK电

的过程中，观察母线电压是否到达正常值（尊享版为600V以上，尊贵版为500V以上），若正常，预充成功；若不正常，则更换高压配电箱。

③ 更换高压配电箱后，若报预充失败，更换动力电池。

（2）P1A0200、P1A0900——BIC-8工作异常故障、P1A0C00、P1A1300——BIC-8电压采样断线故障、P1A2700、P1A2000——BIC-8温度采样断线故障

1）尝试清除故障码，多次上电看故障码能否清除，若能，则为历史故障。

2）故障码不能清除，更换动力电池。

（3）U20B000、U20B700——BIC-8 CAN通信超时故障

1）车辆上ON档电，先清除故障码，OFF档电拔下低压蓄电池后重新上电。

2）若故障码还出，先看主驾驶座下方动力电池低压插接器是否正常。

3）ON档上电时，检测动力电池到电池管理器之间的线束BIC供电是否正常，需要检查管理器端通信转换模块供电是否正常，若不正常，检查电池管理器低压供电是否正常；检查动力电池对应线束端通信转换模块供电脚对地电压是否约为12V，若不正常，更换线束。

4）若以上电压均正常，需要检查CAN线，在ON档上电时测量K161-4对地电压是否为1.5~2.5V，K161-10对地电压是否为2.5~3.5V，若不正常，更换线束。

5）若以上都正常，更换动力电池。

（4）P1A0000——严重漏电故障

打至OFF档，检查高压模块是否漏电。

1）断开动力电池直流母线。拔去前、后驱动电机控制器和车载充电器高压插接器，用绝缘阻值测试仪测量前、后电机控制器和车载充电器高压线束端绝缘阻值，若阻值大于20MΩ则正常，反之则漏电。

2）断开动力电池直流母线。测量PTC压缩机线束绝缘阻值，若阻值大于20MΩ则正常，反之则漏电。

3）断开高压配电箱的高压插接器，用绝缘阻值测试仪分别测试高压配电箱端高压插接器接口端子对地的绝缘阻值。若测得阻值≥50MΩ，则正常；反之，则高压配电箱漏电。

4）若以上都正常，且在ON档时一直报严重漏电，更换动力电池。

（5）P1A4100——主接触器烧结故障

1）清除故障码后多次（20次）重新上电，读取时是否仍报该故障码？若不报则为管理器误报。

2）若仍报该故障码，则测量高压配电箱电池直流母线正极和前电机控制器直流母线正极是否导通，若导通则为主接触器烧结，此时更换高压配电箱。

（6）P1A4200——负极接触器烧结故障

1）清除故障码后多次（20次）重新上电，读取时是否仍报该故障码？若不报则为管理器误报。

2）若仍报该故障码，则更换电池管理器，若继续报则更换动力电池。

（7）P1AC100——高压互锁1故障、P1AC200——高压互锁2故障、P1AC300——高压互锁3故障（高压互锁电路如图3-37所示）

若报"高压互锁1"，即驱动系统互锁：

1）先观察相应高、低压插接器，若虚接则处理插接器；若退针则更换相应零部件。

2）若无明显虚接，则按上述驱动系统高压互锁原理图，检测图中各模块互锁输入、输出信号是否导通，如果不导通更换相应的零部件或线束。

比亚迪唐插电式混合动力汽车（PHEV） 第 3 章

若报"高压互锁 2"，即驱动系统互锁，则按下述步骤操作：

1）先观察相应高、低压插接器，若虚接则处理插接器；若退针则更换相零件。

2）若无明显虚接，则按上述充电系统高压互锁原理图，检测图中各模块互锁输入、输出信号是否导通，如果不导通更换相应的零部件或线束。

若报"高压互锁 3"，即驱动系统互锁，则按下述步骤操作：

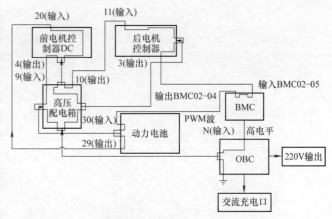

图 3-37　高压互锁电路

1）先观察相应高、低压插接器，若虚接则处理插接器；若退针则更换相零件。

2）若无明显虚接，则用 VDS1000 进入车身网络读取空调控制器、PTC 模块、压缩机模块，若读取系统无应答，则尝试 VDS 更新程序，若故障仍旧，则更换相应模块。

3）以上正常，检查高压配电箱空调熔断器是否熔断，若熔断则更换高压配电箱。

86　比亚迪唐 PHEV 分压接触器安装位置及结构

分压接触器主要包含主正继电器和主负继电器，主正继电器的作用是控制回路的通断。分压接触器如图 3-38 所示。

负极接触器的接触状态判断如图 3-39 所示。

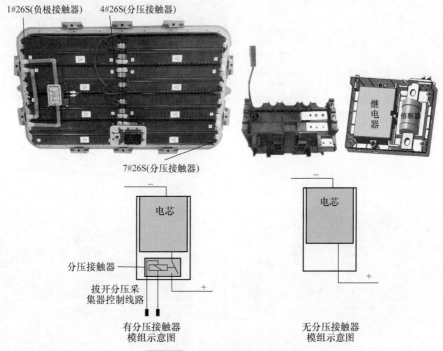

图 3-38　分压接触器的示意图

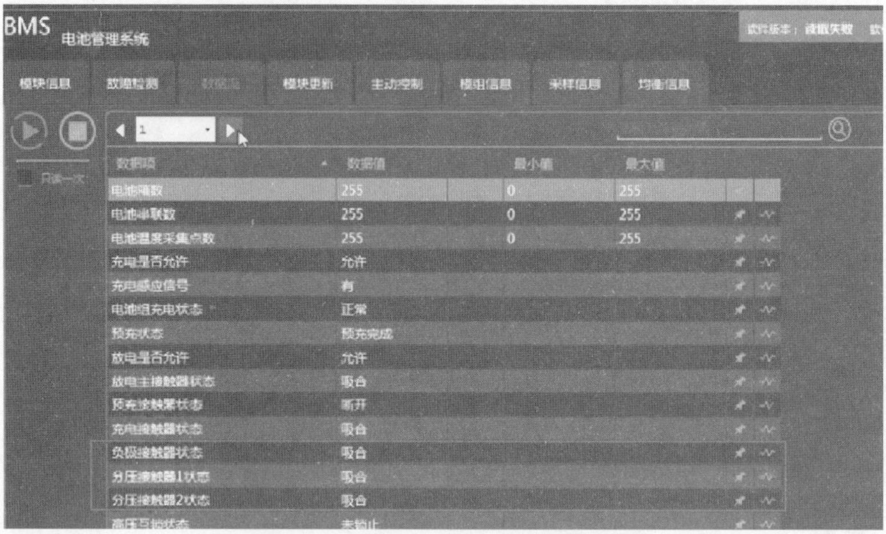

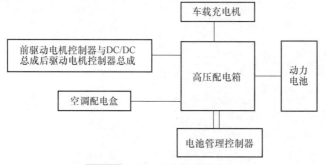

图 3-39　负极接触器的接触状态判断

87 比亚迪唐 PHEV 高压配电箱安装位置、结构

高压配电箱总成主要是通过对接触器的控制来实现将动力电池的高压直流供给整车高压电器，以及接收车载充电机或是非车载充电机直流电来给动力电池充电；同时含有其他的辅助检测功能，如电流检测、漏电监测等，系统框架如图 3-40 所示。

图 3-40　高压配电箱系统框架

高压配电箱总成安装位置如图 3-41 所示，主要功能见表 3-3。

图 3-41　高压配电箱总成安装位置

表 3-3 高压配电箱功能

功能	描述
高压直流输出（放电）	通过电池管理器控制预充接触器、主接触器等吸合，使放电回路导通，为前后电机控制器、空调负载供电
车载充电器单相充电输入	通过电池管理器控制车载充电接触器吸合，使车载充电器充电回路导通，为动力电池充电
电流采样	通过霍尔电流传感器采集动力电池正极母线中的电流，为电池管理器提供电流信号
高压互锁功能	通过低压信号确认整个高压系统盖子及高压插接器是否已经完全连接，现设计为3个相互独立的高压互锁系统：①驱动系统（串接开盖检测）；②空调系统；③充电系统

高压配电箱结构如图 3-42 所示。

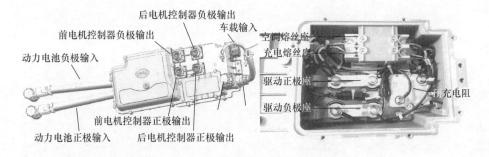

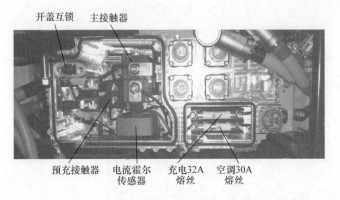

图 3-42 高压配电箱结构

88 比亚迪唐 PHEV 高压配电箱控制电路及插接器端子定义

比亚迪唐 PHEV 高压配电箱控制电路如图 3-43 所示。

低压插接器端子如图 3-44 所示。端子定义见表 3-4。

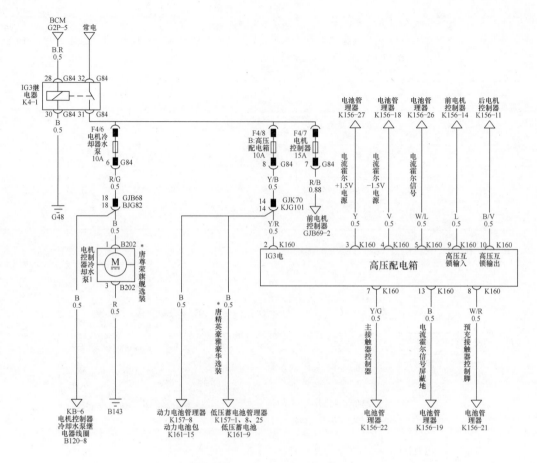

图 3-43 高压配电箱控制电路

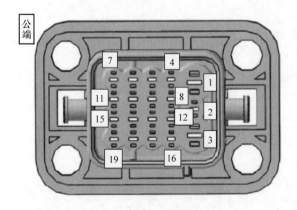

图 3-44 高压配电箱低压插接器 K160

表 3-4 高压配电箱低压端子定义

端子号	定义	对接模块端子	对地正常值	端子号	定义	对接模块端子	对地正常值
1	—	—	—	8	—	—	—
2	预充/接触器电源	接 IG3	>12V	9	高压互锁输入	车载充电器端子-9	—
3	霍尔传感器 +15V	BMC01-27	15V	10	高压互锁输出	接动力电池端子-30	—
4	霍尔传感器 -15V	BMC01-18	-15V	11			
5	霍尔电流传感器信号	BMC01-26	—	12			
6	预充接触器控制	BMC01-21	<1V	13	霍尔电流传感器信号屏蔽	BMC01-19	—
7	主接触器控制	BMC01-22	<1V	14			

89 比亚迪唐 PHEV 高压配电箱常见故障码及诊断

配电箱本身无故障码，但是接触器及霍尔传感器可以通过电池管理器的故障码来判断，见表 3-5。

表 3-5 故障码列表

序号	故障码	故障码含义	序号	故障码	故障码含义
1	P1A3E00	正极接触器回检故障	7	P1A4500	电池管理器-15V 供电过高故障
2	P1A3F00	预充接触器回检故障	8	P1A4600	电池管理器-15V 供电过低故障
3	P1A4000	充电接触器回检故障	9	P1A4A00	高压互锁一直检测为高信号故障
4	P1A4100	主接触器烧结故障	10	P1A4B00	高压互锁一直检测为低信号故障
5	P1A4300	电池管理器+15V 供电过高故障	11	P1A4D00	电流霍尔传感器故障
6	P1A4400	电池管理器+15V 供电过低故障			

故障诊断流程：

（1）无法使用空调和无法进入 EV 模式

1）整车置于 OFF 档。

2）拆开高压配电箱侧边小盖。

3）测量上方空调熔丝（30A）是否导通；测量预充电阻的阻值，正常值 180～220Ω。

4）若不正常，更换空调熔丝或预充电阻。

（2）主接触器不吸合

1）连接好低压蓄电池，整车上 ON 档电。

2）用万用表测量低压插接器端子对车身电压（K160-2 对车身电压约为 12V）。

3）若正常，更换高压配电箱。

4）若不正常，检查低压线束供电。

5）检查主接触器控制脚。

6）用万用表测量低压插接器端子对地电压（K160-7）是否正常，在 ON 档时正常值 <1V 或约为 12V。

7）若正常，更换高压配电箱。

8）若不正常，检查电池管理器或线束。

（3）仪表报"动力系统故障"，高压电池管理器报"预充失败故障"

检查预充接触器控制脚：

1）上 OK 电。

2）用万用表测量低压插接器端子，K160-6 对车身电压是否为 12V-1V-12V 变化过程。

3）若正常，更换高压配电箱。

4）若不正常，检查电池管理器或线束。

（4）仪表报"动力系统故障"，高压电池管理器报"高压互锁 1 故障"（图 3-45）

图 3-45　高压互锁 1 故障

检查高压互锁回路：

1）整车置于 OFF 档。

2）用万用表测量低压插接器端子 K160-9 与 K160-10 是否导通，正常应导通。

3）若不正常，更换高压配电箱。

4）检查高压配电箱直流母线插接器中的互锁插接器状态是否良好，有无退端子的现象。

5）若有退端子更换高压配电箱。

6）若正常，检查电池管理器、直流母线和其他模块。

（5）高压电池管理器报"电流霍尔传感器故障"

1）整车上 OK 电。

2）用万用表测量低压插接器端子 K160-3 和 K160-4 对地电压：若 K160-3 对地电压在 +15V 左右且 K160-4 对地电压在 -15V 左右，更换高压配电箱（电流霍尔传感器）。

3）若两端子对地电压不在上述范围内，检查动力电池管理器及线路。

4）电流异常检测：测试霍尔信号（"1V"对应 100A），并与电池管理器的当前电流进行对比，从而来判断霍尔传感器的正常与否。

（6）无 EV 模式，仪表报"请检查动力系统"及"主接触器烧结"故障码

1）先查询高压 BMS 的程序版本（确认是最新版），确认故障码是否能清除，然后再尝试多次上 OK 档电，看故障是否会重现。

2）打至 OFF 档，用万用表检测高压配电箱的电机控制器正极端口和动力电池正极端口

是否导通或开箱检查主接触器是导通。更换主接触器处理。

3）若正常，检查高压电池管理器。

4）若不正常，更换高压配电箱。

（7）仪表报"一般漏电"和"严重漏电"

检查高压配电箱：

1）整车下电打至 OFF 档。

2）断开高压配电箱各个插接器。

3）检查高压配电箱对地绝缘阻值是否≥50MΩ。

4）若正常，检查其他高压模块绝缘阻值。

5）若不正常，更换高压配电箱。

（8）车辆无法正常充电

检查熔丝：

1）整车下电打至 OFF 档。

2）检查高压配电箱中的交流充电熔丝是否烧毁。

3）若不正常，更换高压配电箱。

4）若正常，检查高压线束：

① 整车下电打至 OFF 档。

② 检查车载充电器和其他模块。

③ 更换高压配电箱。

④ 检查车载充电器和其他模块。

90 比亚迪唐 PHEV 高压配电箱拆装

1. 拆卸维修前

①将点火开关打至 OFF 档；②断开低压蓄电池；③拆卸副仪表台及空调管路；④拆卸档位控制固定支架。

2. 拆卸

1）戴上绝缘手套，断开外部所有插接器，如图 3-46 所示，包括动力电池正、负极高压插接器，前/后驱动电机控制器直流母线正负插接器、车载充电器插接器、空调和 PTC 高压插接器、低压插接器。

2）用棘轮将高压配电箱搭铁线的紧固螺栓松开，并将固定高压配电箱 4 颗 M6 六角法兰面承带螺栓拧下。

图 3-46 断开外部所有接插接器

3）向上轻轻地取出高压配电箱。

3. 装配

1）先将高压配电箱调整到位后用 4 颗 M6 螺栓将其固定。

2）再将搭铁线用螺栓固定。

3）然后将高压插接器对接好，将高压插接器对准插入，听到"咔嗒"声时为连接到位，同时将二次锁死机构向里推入，完成插接器的连接。

4）最后再将低压插接器对接并固定好。

91 比亚迪唐 PHEV 低压蓄电池结构、电路控制及端子定义

低压蓄电池作为整车电子设备低压电的来源。为保证整车低压系统的正常运行，整车设计应尽量保证低压蓄电池不会亏电，故在传统的设计上增加了智能充电系统，保证低压蓄电池不会亏电。低压蓄电池结构如图 3-47 所示。

图 3-47　低压蓄电池结构

该车型具有智能充电功能，长时间停放时，无需断开低压蓄电池负极。当低压电池管理器检测到起动电池电量过低时（最低单节电池电压低于 3.2V，SOC 为 40%），可以通过动力电池或起动发动机给起动电池充电。

一般情况下，主要通过动力电池给起动电池充电，因此长时间放置后再次起动时，SOC 会下降。当动力电池电量不足时，会自动起动发动机给起动电池充电，每次充电时间为 30min。

注：

1）智能充电启动的前提是前后机舱盖关闭，且发动机启动充电要求，车辆处于低功耗（如防盗状态）；

2）车辆在长时间放置过程中，可能会出现发动机自动起动的现象，建议长时间停放车辆时，不要置于密闭环境中，尾气排放会降低空气质量。

低压 BMS 插接器端子、整车线束端端子定义如图 3-48 所示。

1）K68-6 端子：低功耗唤醒功能；低压电池处于休眠状态，通过左前门微动开关拉低唤醒。

2）K68-8 端子：OFF 档充电控制；低压电池电压较低，启动智能充电，低压 BMS 拉低 8 号端子，控制双路电，同时通过 CAN 线发送低压充电请求命令，DC/DC 工作输出低压电，为低压电池充电。

3）比亚迪唐 PHEV 起动控制电路如图 3-49 所示。

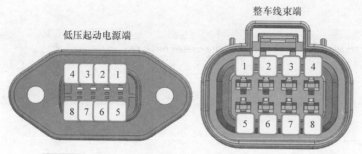

图 3-48 低压 BMS 插接器端子、整车线束端端子定义
1—B-CAN_H（250kbit/s） 2、7—空 3—B-CAN_L（250kbit/s） 4—GND
5—ON 档硬线信号检测 6—低功耗唤醒机械开关 8—OFF 档充电控制

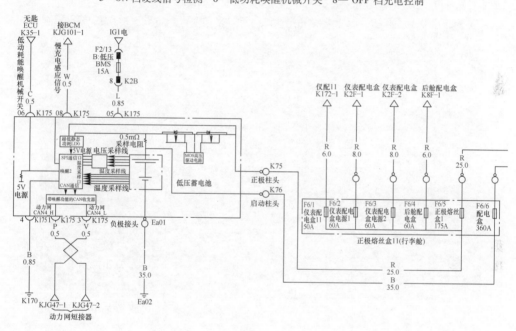

图 3-49 比亚迪唐 PHEV 起动控制电路

92 比亚迪唐 PHEV 低压蓄电池常见故障

1. 整车无法上电（蓄电池亏电）

首先尝试按左前门微动开关唤醒低压蓄电池

1）若能唤醒，则为蓄电池进入休眠状态；唤醒后应尽快起动车辆，给起动蓄电池充电，急速或者行车充电时间在 30min 以上。

2）若不能唤醒，则用万用表测量蓄电池电压。

① 若发现起动极柱电压正常、中间极柱异常，则为蓄电池故障（压差 0.4V）。

② 若两极柱均异常，则可能为蓄电池亏电，请将蓄电池外接充电。

2. 整车上电后观察仪表动力电池电量

1）若电量较高，将前后舱盖关闭，整车会启动（对蓄电池）智能充电（注：低电量会起动发动机充电)。

2)若为异常掉电,则需进一步查明,详细见下述"智能充电故障"故障码解析。

3)若为偶发性掉电。

① 针对出现 DC/DC 偶发性异常导致掉电,查 DC/DC 模块是否异常,若 DC/DC 在上电时"系统无应答",则可能为 DC/DC 偶发性异常,读取 DC/DC 程序版本。若为旧版本,则对其更新最新版的 DC/DC 程序。

② 若 DC/DC 程序为最新版本,报"降压时硬件故障",且数据流显示有异常,则为 DC/DC 故障。

3. 仪表周期性提示"低压电池电量低,进入智能充电模式"

1)用诊断仪读取低压 BMS 中单节电压数据,如图 3-50 所示。

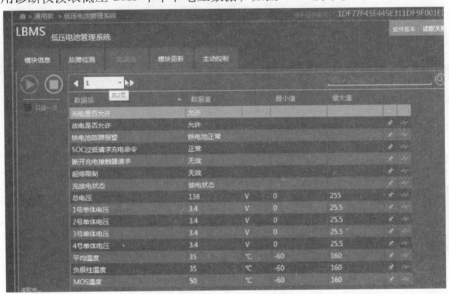

图 3-50 读取低压 BMS 中单节电压数据

2)若发现某一节电压相对于其他单节严重偏低,智能充电启动后,对其充电到电压正常,再放电监测其电压值又迅速下降,则可判定为蓄电池问题。

4. 若出现以下故障码,则进行以下判断

1)整车上 ON 档电,诊断仪无法读取低压电池管理器,显示"系统无应答",排除低压 BMS 电源和 CAN 线后,可判定为低压 BMS 故障,需更换蓄电池。

2)若诊断仪读取低压电池管理系统故障,报"B1FB500:电源温度过高故障",读取数据流中蓄电池温度,若异常(高于85)则需更换蓄电池。

3)若诊断仪读取低压电池管理系统故障,报"B1FB700:智能充电故障",可能为低压 BMS、DC/DC、高压 BMS 故障,需进一步查明:

① 测量低压 BMS 通信和接地是否正常。

a. 测量蓄电池低压插接器 k68-4#对地电阻是否小于 1Ω。

b. K68-1#、k68-3#(CAN-H、CAN-L)电压是否正常,若异常则可能为低压 BMS 模块通信故障导致。

② 若低压 BMS 正常，则检查动力电池 BMS 通信是否异常，方法同上。

③ 若高压 BMS 正常，则检查 DC/DC 低压输出是否正常。

整车上 OK 电，诊断仪进入 DC/DC 模块，读取故障码和数据流，查看是否有异常（低压侧电压 13.8V 正常，可用万用表测蓄电池中间极柱），若数据流异常且报"降压时硬件故障"则很可能为 DC/DC 故障。

4）若诊断仪读取低压电池管理系统故障报"BMS 与高压电池管理器失去通信""BMS 与仪表失去通信""BMS 与 BCM 失去通信""BMS 与 ECM 失去通信""BMS 与驱动电机失去通信"故障码：

① 先下电后，清除故障码，查看故障是否重现，若不重现则为历史故障码，不影响整车行驶。

② 若重现则需进一步查明：检查与报通信故障相关的模块常电、搭铁及通信是否异常，若异常则为该模块故障导致，同理查其他故障码相关模块。

93 比亚迪唐 PHEV 上电流程

比亚迪唐 PHEV 上电流程如图 3-51 所示。

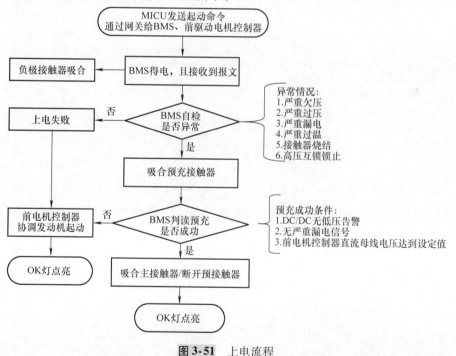

图 3-51　上电流程

94 比亚迪唐 PHEV 充电流程

比亚迪唐 PHEV 充电流程如图 3-52 所示。

1）设置预约充电时间成功，进入预约充电流程，仪表发不允许，车载进入等待。同时充电感应信号一直拉低，BMS一直发允许。

2）BMS等负载有电，车载低压一直输出给低压蓄电池。充电结束后充电枪不拔出，车载停止工作进入休眠（包括低压输出）。

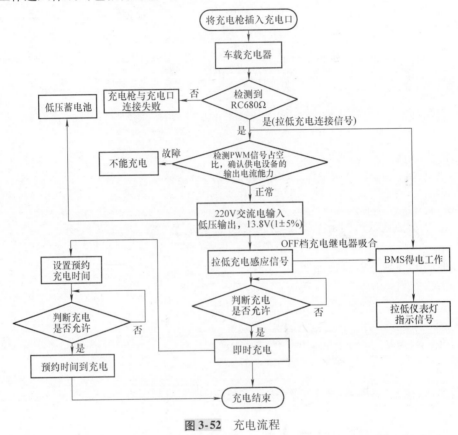

图3-52 充电流程

95 比亚迪唐PHEV动力电池故障

1. 故障现象

车辆无EV模式，组合仪表提示"请检查动力系统"，如图3-53所示。车辆信息：总里程为203km，SOC为99%。

图3-53 组合仪表提示"请检查动力系统"

比亚迪唐插电式混合动力汽车（PHEV） 第 3 章

2. 故障分析

用VDS1000读取发现BMS内有故障码P1A2000：BIC1温度采样异常故障；P1A5000：电池管理系统自检故障；P1A9500：因采样系统故障导致充放电功率为0，如图3-67所示，初步怀疑是动力电池内部故障。

用VDS1000读取的BMS系统数据流如图3-54～图3-57所示。

图 3-54 电池管理系统内故障码

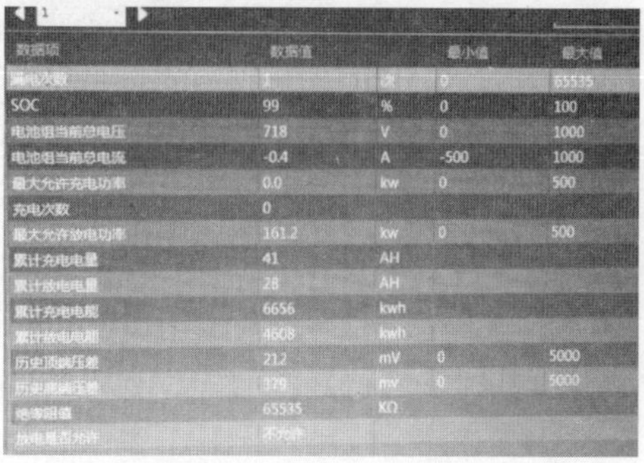

图 3-55 BMS系统数据流1

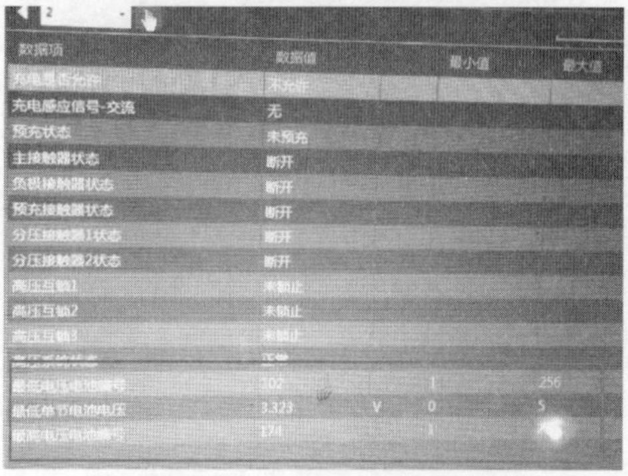

图 3-56 BMS系统数据流2

图 3-57 BMS系统数据流3

用VDS1000读取的动力电池各模组信息数据流如图3-58～图3-62所示。

图 3-58 动力电池各模组信息数据流1

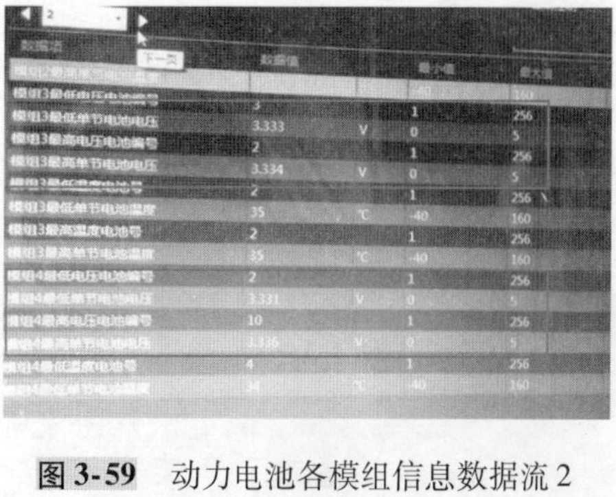

图 3-59 动力电池各模组信息数据流2

通过VDS1000读出的BMS系统和动力电池各模组的数据流信息并没发现数据异常。

用上位机检查发现第138节单节电压约为2.1V；第139节单节电压约为4.5V，相差很大，如图3-63所示。由此确认为动力电池内部故障。

图 3-60　动力电池各模组信息数据流 3

图 3-61　动力电池各模组信息数据流 4

图 3-62　动力电池各模组信息数据流 5

图 3-63　上位机检查内部单节电池电压

3. 故障排除

更换动力电池总成。

96　比亚迪唐 PHEV 动力电池采样线故障

1. 故障现象

车辆信息：车辆行驶 658km、SOC 78%，无 EV 模式。仪表报"请检查动力系统"，BMS 故障码：P1A3D00——负极接触器回检故障，如图 3-64 所示。

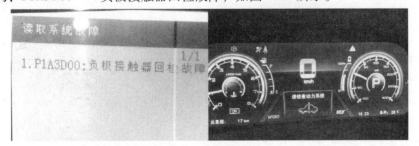

图 3-64　故障显示及故障码

2. 故障分析

1) 首先对 BMS 负极接触器电源、控制电路进行检查。
2) 检查 BMS 负极接触器电源供给正常（k161 母端）。
3) 进一步排查发现动力电池采线端子（k161 公端）出现退针现象，如图 3-65 所示。

图 3-65 电池采线端子出现退针

3. 故障处理

更换动力电池。注：如果没有部分件，更换总成处理。

比亚迪唐 PHEV 高压互锁结构与功能

1. 互锁结构

唐的主要高压插接器均带有互锁回路，当其中某个插接器被带电断开时，动力电池管理器便会检测到高压互锁回路存在断路，为保护人员安全，将立即进行报警并断开主高压回路电气连接，同时激活主动泄放，高压互锁及开盖互锁结构如图 3-66 所示。

2. 互锁功能

当车辆在进行充电或插上充电枪时，高压电控系统会限制整车不能通过自身驱动系统驱动，以防止可能发生的线束拖拽或安全事故。

图 3-66 高压互锁及开盖互锁结构

当发现高压电控部件的盖子在整车高压回路连通的情况下开盖时，会立即进行报警，同时断开高压主回路电气连接，同时激活主动泄放。

98 比亚迪唐 PHEV 双向车载充电器主要组成、功能、电气特性及安装位置

充电系统通过家用插头和交流充电桩接入交流充电口，利用车载充电器将家用 220V 交流电转为直流高压电给动力电池进行充电，主要由交流充电口、车载充电器、电池管理器、高压配电箱、动力电池等组成。

比亚迪唐 PHEV 双向车载充电器安装位置如图 3-67 所示。

图 3-67 车载充电器安装位置

比亚迪唐 PHEV 双向车载充电器电气特性见表 3-6。

表 3-6 电气特性

充电	输入电压	180～240VAC
		（50±1）Hz
	高压输出功率	额定功率 3kW
	高压输出电压	范围：432～820.8V DC
	低压输出电压	（14±0.5）V DC
放电	输出功率	3.3kW
	欠电保护	320V DC
其他	防护等级	IP67B
		插接器 IP67B
	绝缘电阻	对地电阻≥100MΩ（测试电压 1000V DC）
	冷却	风冷

比亚迪唐 PHEV 双向车载充电器功能见表 3-7。

表 3-7 车载充电器基本功能

序号	功能	描述
1	AC/DC 变换功能	通过整流模块将交流 220V 家用电转换为直流电
2	DC/DC 变换功能	高压 DC 变换输出供给动力电池；低压 DC 变换输出供给起动电池
3	DC/AC 变换功能	通过逆变模块将直流电源转换为 220V 家用电
4	电锁功能	仅参与闭锁反馈控制流程
5	保护功能	输入输出过电压、欠电压、过电流、接地等保护
6	CAN 通信功能	与车辆 CAN 总线进行数据流交互，并能通过软件过滤得到有用数据
7	在线 CAN 烧写功能	通过诊断口实现程序更新的功能
8	自检功能	检测产品硬件是否有故障，并记录储存故障码

99 比亚迪唐 PHEV 双向车载充电器外观及端子定义

比亚迪唐 PHEV 双向车载充电器外观如图 3-68 所示。

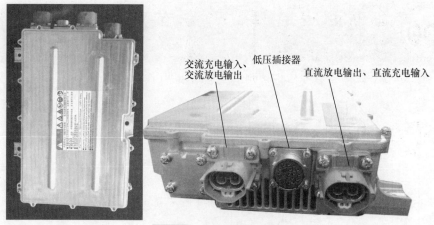

图3-68 车载充电器外观

比亚迪唐PHEV双向车载充电器的低压插接器端子如图3-69所示。端子定义见表3-8。

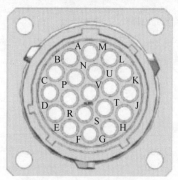

图3-69 低压插接器端子

表3-8 端子定义

序号	编号	定义	推荐线色	备注
1	A	充电控制确认CP	G	接交流充电口_01
2	B	—	—	—
3	C	充电感应信号	L	接BCM-Q21和BMC02-20
4	D	充电连接信号	Y	BMC02-22
5	E	充电连接确认CC	W	接交流充电口_02
6	F	—	—	—
7	G	车身电源地	B	车身地
8	H	常电	R	—
9	J	CAN_H	P	动力网250kbit/s
10	K	CAN_L	V	动力网250kbit/s
11	L	CAN屏蔽	B	（预留）
12	M	ON档电	G	ON档电
13	N	高压互锁	L	接BMC02-11
14	P	放电触发信号	Y	—
15	R		L	（预留）
16	S	开锁电源	Y	（预留）
17	T	预备电	R	预备电
18	U		LG	车身地
19	V		BR	

100 比亚迪唐 PHEV 双向车载充电器控制电路及诊断流程

比亚迪唐 PHEV 双向车载充电器控制电路如图 3-70 所示。

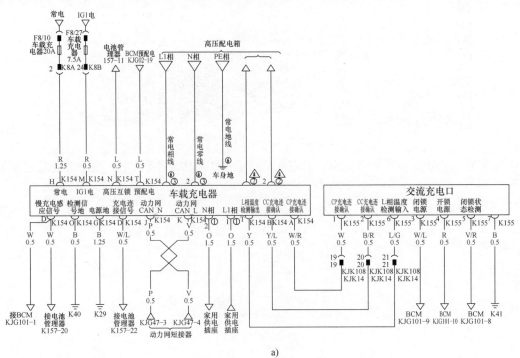

a)

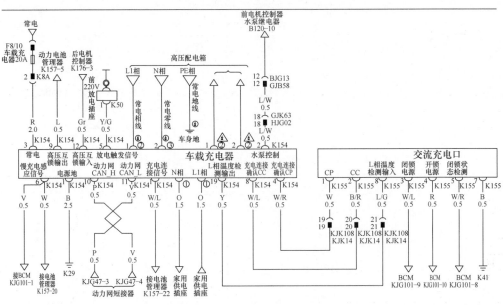

b)

图 3-70 车载充电器控制电路
a) 3.3kW 车载充电器 b) 7kW 车载充电器

检查步骤：

（1）检查交流充电装置

1）插上交流充电连接装置。

2）检查电缆上控制盒的 Ready 灯是否常亮，Charge 灯是否闪烁。

3）若正常，交流充电连接装置正常。

4）若不正常，更换交流充电连接装置。

（2）若交流充电连接装置正常，则检查仪表充电指示灯是否点亮

1）通过交流充电连接装置将车载充电器连接至电网。

2）观察仪表充电指示灯是否点亮。

3）用万用表测量车载充电器低压插接器电压（K154D - 车身地电压正常值小于1V，线色 L/W，充电指示灯）。

4）若不正常，将充电连接装置重新配合，更换车载充电器。

（3）若仪表充电指示灯点亮，则检查车载充电器感应信号

1）将交流充电连接装置连接充电桩或家用电源。

2）判断车载电器风扇是否工作。

3）用万用表测量车载充电器低压插接器电压（充电请求信号，K154C——车身电压正常值小于1V）。

4）若不正常，更换车载充电器。

（4）若车载充电器感应信号正常，检查低压电源是否输入

1）不连接充电连接装置。

2）用万用表测量车载充电器低压插接器电压（低压蓄电池正负极：K154M——车身电压正常值为 11 ~ 14V；K154G - 车身正常值小于1V）。

3）若不正常，更换线束。

（5）若低压电源输入正常，检查 OFF 档充电继电器

1）不连接交流充电连接装置。

2）取下充电继电器。

3）给控制端子 1、2 加电压，检查继电器是否吸合，正常值 3 与 5 导通，如图 3-71 所示。

（6）若 OFF 档充电继电器正常，检查高压配电箱车载充电熔丝

1）不连接交流充电连接装置。

2）拆开高压配电箱。

3）测量车载熔丝（30/32A）是否导通。

4）若导通，高压配电箱熔丝正常。

5）若不导通，更换车载充电熔丝。

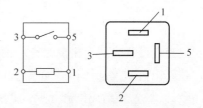

图 3-71　继电器端子

（7）若高压配电箱车载充电熔丝正常，检查交流充电口总成

1）拔出交流充电口插接器。

2）分别测量充电口和插接器两端各对应端子是否导通。

3）若正常，交流充电口总成正常。

4）若不正常，更换交流充电口总成。

（8）若充电口总成正常，检查电池管理器充电请求信号输入

1）将交流充电口连接充电桩或家用电源。

2）断开电池管理器低压插接器，测量线束端电压（充电请求信号：K157-20——车身电压正常值小于1V）。

3）若不正常，更换线束或检查电池管理器。

（9）若电池管理器充电请求信号输入正常，检查CAN通信

1）将交流充电口连接充电桩或家用电源。

2）用万用表测车载充电器低压线束端电压，见表3-9。

3）若不正常，更换CAN线束。

表3-9 低压线束端电压

端子	线色	正常值/V
K157-22—车身地	V	1.5~2.5
K157-15—车身地	P	2.5~3.5

（10）若CAN通信正常，检查车载充电器充电输出电压

1）将交流充电口连接充电桩或家用电源。

2）用万用表测量车载充电器输出端电压（高压正-高压负之间正常值432~820.8V）。

3）若不正常，更换车载充电器。

（11）若车载充电器充电输出电压正常，检查整车回路

1）检查车载充电器、高压配电箱、电池管理器的插接器是否松动、破损或未安装。

2）若正常，整车连接正常。

3）若不正常，重新安装或更换产品。

101 比亚迪唐PHEV预约充电设置

1）在此界面下按转向盘【确认】键可以进入预约充电设置界面，在预约充电设置界面，可以通过按转向盘的【选择】键加减时间。

2）设置预约充电开始时间后按【确认】键保存，设置已成功等待充电，仪表开始计时（要取消预约充电功能，可长按转向盘【确认】键），如图3-72所示。

3）仪表计时结束，车载充电器收到仪表所发的允许命令（K154-T拉低），车载充电器开始充电，直至结束。

图3-72 预约充电设置

102 比亚迪唐 PHEV 放电流程

比亚迪唐 PHEV 放电流程如图 3-73 所示。

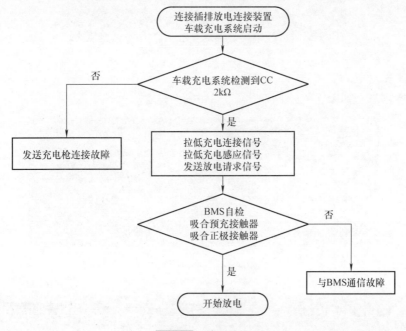

图 3-73 放电流程

103 比亚迪唐 PHEV 电锁结构、应急解锁及开启条件

比亚迪唐 PHEV 电锁结构如图 3-74 所示。

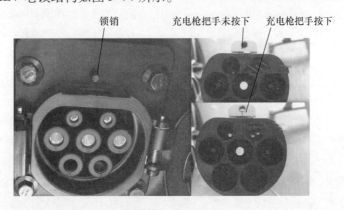

图 3-74 电锁结构

比亚迪唐 PHEV 应急解锁手柄位置如图 3-75 所示。
电锁开启条件：

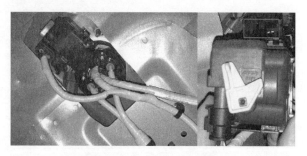

图 3-75 应急解锁手柄位置

①多媒体设置，如图 3-76 所示；②插上充电枪；③进行锁车。

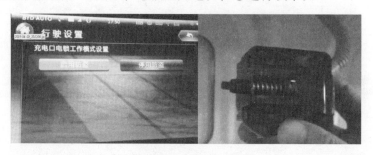

图 3-76 多媒体设置

104 比亚迪唐 PHEV 充放电系统的故障码及故障诊断

比亚迪唐 PHEV 充放电系统的故障码见表 3-10。

表 3-10 充放电系统的故障码

序号	故障码 （ISO 15031-6）	故障定义	序号	故障码 （ISO 15031-6）	故障定义
1	P157016	车载充电器交流侧电压低	14	P15794B	电感温度高
2	P157017	车载充电器交流侧电压高	15	P157A37	充电电网频率高
3	P157100	车载充电器高压输出断线故障	16	P157A36	充电电网频率低
4	P157219	车载充电器直流侧电流高	17	P157B00	交流侧电流高（变更）
5	P157218	车载充电器直流侧电流低	18	P157C00	硬件保护
6	P157216	车载充电器直流侧电压低	19	P157D11	充电感应信号外部对地短路
7	P157217	车载充电器直流侧电压高	20	P157D12	充电感应信号外部对电源短路
8	P157400	供电设备故障	21	P157E11	充电连接信号外部对地短路
9	P157513	低压输出断线	22	P157E12	充电连接信号外部对电源短路
10	P157616	低压蓄电池电压过低	23	P157F11	交流输出端短路
11	P157617	低压蓄电池电压过高	24	P158011	直流输出端短路
12	P157713	交流充电感应信号断线故障	25	P158119	放电输出过流
13	P157897	充放电枪连接故障	26	P158200	H 桥故障

(续)

序号	故障码 （ISO 15031-6）	故障定义	序号	故障码 （ISO 15031-6）	故障定义
27	P15834B	MOS 管温度高	32	P158900	充电口温度采样异常
28	U011100	与动力电池管理器通信故障	33	P158A00	电锁异常充电不允许
29	U015500	与组合仪表通信故障	34	P158B00	BMS 充电异常不允许
30	P1587098	充电口温度严重过高	35	P158C00	BMS 放电异常不允许
31	151100	交流端高压互锁故障	36	U200A87	与左前门控 ECU 失去通信

全面诊断流程：

（1）P157016——车载充电器输入欠电压、P157017——车载充电器输入过电压故障

1）检查车载充电器电压。

2）通过交流充电装置将车辆与电网连接。

3）用 VDS1000 读取车载充电器交流输入侧电压是否与电网侧电压一致，如图 3-77 所示。

4）若不正常，更换车载充电器。

（2）P157100——车载充电器高压输出断线故障

1）清除故障码，重新插枪充电，看故障是否重现。

2）若故障重现，测量高压配电箱内 30A 熔丝是否完好，高压线路是否正常。

3）若不正常，更换高压配电箱内车载充电器熔丝。

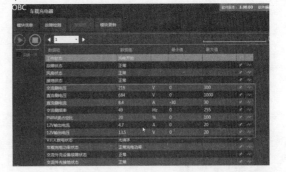

图 3-77 用 VDS1000 读取车载充电器交流输入侧电压

4）重新接插直流母线、车载充电器小线及交流充电口，看故障是否消除。

5）若未消除，更换车载充电器。

（3）P157219——车载充电器高压输出电流过高、P157218——车载充电器高压输出电流过低

1）检查车载充电器。

2）确认电网电压是否稳定。

3）通过交流充电连接装置将车载充电器连接至电网。

4）读取车载数据流，查看输出电流是否正常，如图 3-78 所示；若异常，重新插拔充电枪，看故障是否重现。

5）若重视，更换车载充电器。

（4）P157216——车载充电器高压输出电压过低、P157217——车载充电器高压输出电压过高

图 3-78 查看高压侧输出电流

1）检查车载充电器。

2）通过交流充电连接装置将车载充电器连接至电网，检查交流充电连接装置指示灯是否正常点亮。

3）读取车载数据流，查看输出电流是否正常；若异常，清除故障码，重新插拔充电枪，看故障是否重现。

4）若重现，更换车载充电器。

（5）P157897——充电枪连接故障

1）检查车载充电器接地螺栓是否松动。

2）若松动，重新上紧螺栓。

3）通过交流充电连接装置将车载充电器连接至电网。

4）清除故障码，重新拔插充电充电，看故障是否重现。

5）若重现，更换车载充电器。

（6）P157400——供电设备故障

1）检查车载充电器。

2）清除故障码，重新拔插充电枪充电，看故障是否重现。

3）若重现，更换供电设备（包括充电枪、壁挂式充电盒）。

（7）P157513——低压输出断线

1）检查车载低压线束是否有断裂或者插接器退端子的现象。

2）若有，更换车载低压线束。

3）通过交流充电连接装置将车载充电器连接至电网。

4）清除故障码，重新拔插充电枪充电，看故障是否重现。

5）若重现，更换车载充电器。

（8）P157616——低压蓄电池电压过低、P157617——低压蓄电池电压过高

1）通过交流充电连接装置将车载充电器连接至电网。

2）清除故障码，重新拔插充电枪充电，看故障是否重现。

3）测量低压蓄电池电压是否在正常范围内（11~14V）。

4）若不正常，更换或给蓄电池充电。

5）测量车载充电器低压插接器电压是否在正常范围（K154-H——车身电压正常值为11~14V）。

6）若不正常，更换车载充电器。

（9）P157713——交流充电感应信号断线故障

1）通过交流充电连接装置将车载充电器连接至电网。

2）判断车载充电器风扇是否工作。

3）用万用表测量车载充电器低压插接器电压是否正常（K154-C——车身地电压正常值小于1V）。

4）若不正常，更换车载充电器。

（10）U011100——与动力电池管理器通信故障、U015500——与组合仪表通信故障

1）通过交流充电连接装置将车载充电器连接至电网。

2）清除故障码，重新拔插充电枪充电，看故障是否重现。

3) 用万用表测量车载充电器低压插接器电压是否正常（K154-K——车身地电压正常值1.5~2.5V；K154-J——车身地电压正常值2.5~3.5V）。

4) 若不正常，更换车载充电器。

105 比亚迪唐 PHEV DC/DC 功用、端子定义及电气原理图

(1) DC/DC 具有降压功用

1) 将动力电池高压直流与低压直流相互转换的装置。

2) 负责将动力电池的高压电转换成12V电源。

3) DC/DC 在主接触器吸合时工作，输出的 12V 电源供给整车用电器工作。

4) 并且在低压蓄电池亏电时给其充电。

(2) 电气原理

DC/DC 电气原理如图 3-79 所示。

(3) DC/DC 端子

DC/DC 端子如图 3-80 所示。DC/DC 端子正常值见表 3-11。

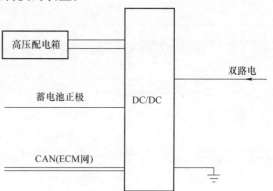

图 3-79　DC/DC 电气原理

图 3-80　DC/DC 端子

表 3-11　B63、DC/DC 端子正常值

连接端子	端子描述	线色	条件	正常值
B51-1—B51-16	CAN_H1 DC/DC CAN 高	P	OFF 档	54~69Ω
B51-2—车身地	GND (VCC) 1 DC/DC 电源地	B	OFF 档	小于1Ω
B51-3—B51-17	VCC1 DC/DC 电源	Y/R	ON 档	11~14V

(续)

连接端子	端子描述	线色	条件	正常值
B51-16—B5-1	CAN_L1 DC/DC CAN 低	V	OFF 档	54~69Ω
B51-17—车身地	GND（VCC）1 DC/DC 电源地	B	OFF 档	小于1Ω
B51-18—B51-17	VCC1 DC/DC 电源	Y/R	ON 档	11~14V
B63-1—车身地	12V 输出正极	R	EV 模式,ON 档	13.5~14.5V

106 比亚迪唐 PHEV DC/DC 故障码含义及故障诊断

比亚迪唐 PHEV DC/DC 故障码见表 3-12。

表 3-12 DC/DC 故障码

序号	故障码	故障码含义	序号	故障码	故障码含义
1	P1EC000	降压时高压侧电压过高	10	P1ECD00	升压时低压侧电流过高
2	P1EC100	降压时高压侧电压过低	11	P1ECF00	升压时高压侧电压过低
3	P1EC200	降压时低压侧电压过高	12	P1EE000	散热器过温
4	P1EC300	降压时低压侧电压过低	13	U010300	与 ECM 通信故障
5	P1EC400	降压时低压侧电流过高	14	U011000	与驱动电机控制器通信故障
6	P1EC700	降压时硬件故障	15	U012200	与低压 BMS 通信故障
7	P1ECA00	升压时高压侧电压过高	16	U011100	与动力电池管理器通信故障
8	P31ECB00	升压时低压侧电压过高	17	U029D00	与 ESC 通信故障
9	P1ECC00	升压时低压电压过低	18	U014000	与 BCM 通信故障

比亚迪唐 PHEV 故障诊断：

（1）将 VDS1000 连接 DLS3 诊断口　提示：将 VDS1000 连接 DLC3 诊断口时，如果提示通信错误，则可能是车辆 DLC3 诊断口问题，也可能是 VDS1000 问题。将 VDS1000 连接另一辆车的 DLC3 诊断口，如果可以显示，则原车 DLC3 诊断口有问题，需要更换。若不可显示，则 VDS1000 问题。

（2）有以下故障码，按照给定方法处理

1）P1EC000——降压时高压侧电压过高

① 用 VDS1000 读取电池电压，正常值：约 400~820V，如图 3-81 所示。若异常，检查动力电池故障。

② 用 VDS1000 读取 DC/DC 母线电压，正常值：约 400~820V。若异常，检查高压配电盒及高压线路。

③ 若不正常，更换前驱动电机控制器与 DC/DC 总成。

2）P1EC200——降压时低压侧电压过高

① 检查低压蓄电池电压，正常值 9～16V，若异常，检修或更换低压蓄电池。

② 检查低压发电机输出电压，正常值 16V，若异常，更换发电机。

③ 若输出电压正常，更换前驱动电机控制器与 DC/DC 总成。

3）P1EC300——降压时低压侧电压过低

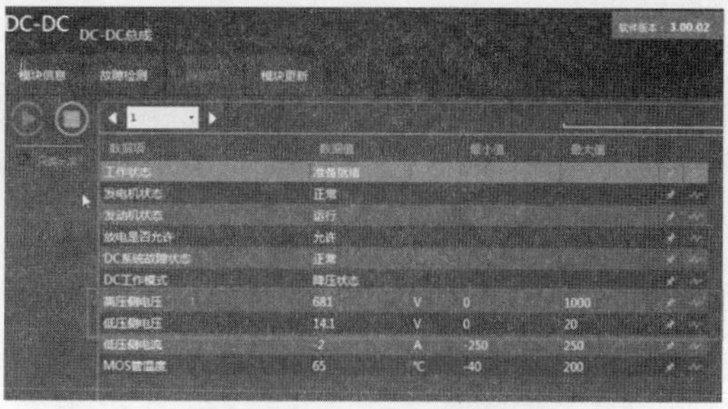

① 检查低压蓄电池电压是否大于 9V。

② 若不正常，检修或更换低压蓄电池。

③ 若正常，更换前驱动电机控制器与 DC/DC 总成。

4）P1EC400——降压时低压侧电流过高

① 检查低压蓄电池和线束是否正常（短路引起过电流）。

② 若不正常，检查低压电池和线束。

③ 若正常，更换前驱动电机控制器与 DC/DC 总成。

5）P1EE000——散热器过温

① 检查检查冷却液。

② 检测冷却液管路及水泵。

③ 更换前驱动电机控制器与 DC/DC 总成。

图 3-81 读取电池电压

107 比亚迪唐 PHEV 前驱动电机控制器系统框架及控制电路

前驱动电机控制器是控制动力电池与前驱动电机之间能量传输以及控制后驱动电机控制器、发动机的装置。主要功能为控制前驱动电机、通过控制后驱动电机控制器间接控制后驱动电机和发动机共同驱动车辆行驶，同时包括 CAN 通信、故障处理、在线 CAN 烧写、与其他模块配合完成整车的工作要求以及自检等功能，其系统框架如图 3-82 所示。

前驱动电机控制器控制电路如图 3-83 所示。

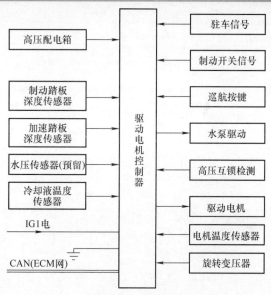

图 3-82 系统框架

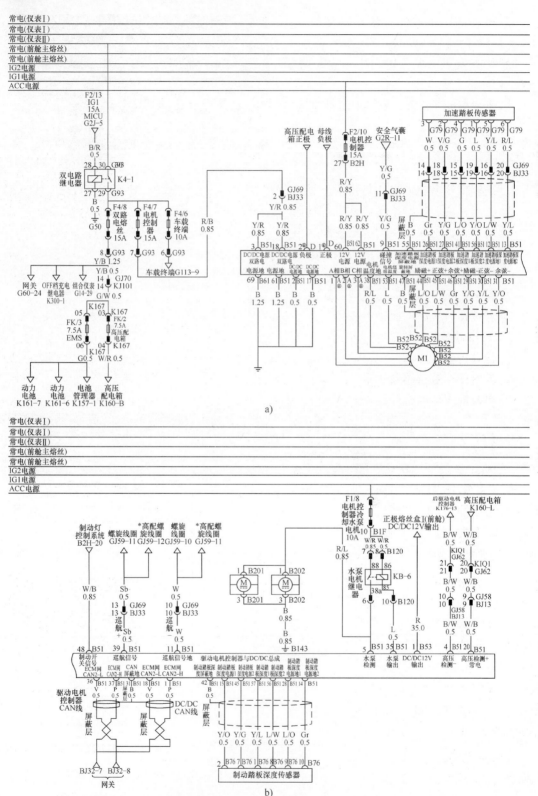

图 3-83 前驱动电机控制器控制电路

108 比亚迪唐PHEV前驱动电机控制器端子及端子功能正常值

比亚迪唐PHEV前驱动电机控制器端子如图3-84所示。

 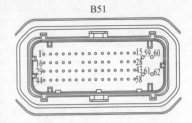

图3-84 前驱动电机控制器插接器B51

前驱动电机控制器端子功能正常值见表3-13。

表3-13 前驱动电机控制器端子功能正常值

连接端子	名称/功能	条件	正常值
B51-4—B51-61	/HV_LOCK2 高压互锁输入2	ON档	PWM信号
B51-5—B51-61	/PUMP_TEST 水泵检测输入	OK档, EV模式	10~14V
B51-6	预留	预留	预留
B51-7	预留	预留	预留
B51-8	预留	预留	预留
B51-9—B51-61	CRASH-IN 碰撞信号	ON档	PWM信号
B51-10—车身地	GND 冷却液温度检测电源地	OFF档	<1Ω
B51-11—B51-39	GND 巡航信号地	OFF档	2150~2190Ω
B51-12—B51-61	GND 加速踏板深度电源地1	OFF档	<1Ω
B51-13—B51-61	GND 加速踏板深度电源地2	OFF档	<1Ω
B51-14—B51-61	GND 制动踏板深度电源地2	OFF档	<1Ω
B51-15—B51-61	+5V 制动踏板深度电源1	ON档	0~5V模拟信号
B51-19—B51-61	/TN_HAND_BRAKE 驻车信号	ON档	0~12V高低电平信号
B51-20—车身地	/HV-LOCK1 高压互锁输入1	ON档	PWM信号
B51-21	调试CAN高	预留	预留
B51-22	调试CAN低	预留	
B51-23—车身地	KEY_CONTROL 钥匙信号	预留	预留
B51-24—车身地	GND 水压检测地	预留	预留
B51-25—车身地	+5V 水压检测电源	预留	预留
B51-26—车身地	+5V 加速踏板深度电源1	ON档	0~5V模拟信号
B51-27—车身地	+5V 加速踏板深度电源2	ON档	0~5V模拟信号
B51-28—车身地	GND 制动踏板深度电源地1	OFF档	<1Ω
B51-29—B51-44	/EXCOUT 励磁-/EXCOUT 磁磁-	OFF档	7~10Ω

109 比亚迪唐 PHEV 前驱动电机控制器故障码及故障诊断

比亚迪唐 PHEV 前驱动电机控制器故障码见表 3-14。

表 3-14 前驱动电机控制器故障码

序号	故障码（ISO 15031-6）	故障码含义	序号	故障码（ISO 15031-6）	故障码含义
1	P1BB000	前驱动电机过电流	29	P1BC600	前驱动电机控制器电流霍尔传感器 C 故障
2	P1BB100	前驱动电机控制器 IPM 故障			
3	P1BB200	前驱动电机过温警告	30	U010100	与 TCU 通信故障
4	P1BB300	前驱动电机控制器 IGBT 过温警告	31	U011100	与电池管理器通信故障
5	P1BB400	前驱动电机控制器冷却液温度过高警告	32	U015500	与组合仪表通信故障
6	P1BB500	前驱动电机控制器高压欠电压	33	U010300	与 ECM 通信故障
7	P1BB600	前驱动电机控制器高压过电压	34	U012100	与 ESC 通信故障
8	P1BB700	前驱动电机控制器电压采样故障	35	U025E00	与 ACM 通信故障
9	P1BB800	前驱动电机控制器碰撞信号故障（硬线）	36	U012800	与 EPB 通信故障
10	P1BB900	前驱动电机控制器开盖保护	37	U029100	与档位控制器通信故障
11	P1BBA00	前驱动电机控制器 EEPROM 错误	38	U016400	与空调通信故障
12	P1BBB00	前驱动电机控制顺巡航开关信号故障	39	U014000	与 BCM 通信故障
13	P1BBC00	前驱动电机控制 DSP 复位故障	40	U029800	与 DC 通信故障
14	P1BBD00	前驱动电机控制器主动泄放故障	41	U029-400	与开关 ECU 通信故障
15	P1BBE00	前驱动电机控制器水泵驱动故障	42	U01A600	与后驱动电机控制器通信故障
16	P1BBF00	前驱动电机旋变故障 - 信号丢失	43	U021400	与 I-KEY 通信故障
17	P1BC000	前驱动电机旋变故障 - 角度异常	44	U029400	与 EV-HEV 开关通信故障
18	P1BC100	前驱动电机旋变故障 - 信号幅值减小	45	P1B6000	发动机起动失败
19	P1BC200	前驱动电机缺 A 相	46	P1BC700	前驱动电机控制器 IPM 散热器过温故障
20	P1BC300	前驱动电机缺 B 相			
21	P1BC400	前驱动电机缺 C 相	47	P1BC800	前驱动电机控制 IGBT 三相温度校验故障警告
22	P1B1700	加速踏板信号故障 - 1 信号故障			
23	P1B1800	加速踏板信号故障 - 2 信号故障	48	U012A00	与 EPS（电动助力转向）模块失去通信
24	P1B1900	加速踏板信号故障 - 校验故障			
25	P1B1A00	制动踏板信号故障 - 1 信号故障	49	U012200	与低压电池管理器（BMS）失去通信
26	P1B1B00	制动踏板信号故障 - 2 信号故障	50	U02A300	与前主动泄放模块通信故障
27	P1B1C00	制动踏板信号故障 - 校验故障	51	P1B9F00	动力电池配置未写入
28	P1BC500	前驱动电机控制器电流霍尔传感器 B 故障	52	P1BA000	巡航配置未写入

故障诊断：

（1）P1BB000——前驱动电机过电流

1)检查电机是否正常。

2)若电机正常,更换前驱电机控制器与DC/DC总成。

(2) P1BB100——前驱电机控制器IPM故障

先查询驱动电机控制器的程序版本信息,确认故障码是否能清除,若不能清除,更换驱动电机控制器与DC/DC总成。

(3) P1BB200——前驱动电机过温警告

1)检查高压冷却回路及水泵。

2)若不正常,则为冷却回路故障、水泵故障。

3)检查电机。

4)若不正常,则为电机故障。

5)若正常,更换前驱电机控制器与DC/DC总成。

(4) P1BB300——前驱动电机控制器IGBT过温警告、P1BB400——前驱动电机控制器冷却液温度过高警告、P1BC700——前驱动电机控制器IPM散热器过温故障

1)检查高压冷却回路及水泵。

2)若不正常,则为冷却回路故障、水泵故障。

3)若正常,更换前驱动电机控制器与DC/DC总成。

(5) P1BBF00——前驱动电机旋变故障-信号丢失、P1BC000——前驱动电机旋变故障-角度异常、P1BC100——前驱动电机旋变故障-信号幅值减弱

1)下电打至OFF档,检查B51插接器是否松动,若无,则拔掉B51插接器。

2)测量B51-44和B51-29之间的电阻,标准值为:(8.3±2)Ω;测量B51-45和B51-30之间的电阻,标准值为:(16±4)Ω;测量B51-46和B51-31之间的电阻,标准值为:(16±4)Ω,如图3-85所示。若正常,更换前电机驱动控制器,若不正常,进行下一步。

3)拔掉驱动电机B52插接器,测量电机端B52-6和B52-2电阻是否为15~19Ω;B52-5和B52-1电阻是否为15~19Ω;B52-7和B52-3电阻是否为7~10Ω,若不正常,更换前驱动电机,若正常,更换线束。

图3-85 检查低压插接器

(6) P1BB600——前驱动电机控制器高压过高

1)检查动力电池电压。用VDS1000读取电池管理器电压,正常值约为400~820V。

2)若不正常,检查BMS、动力电池、高压配电箱。

3)若正常,检测高压母线。

① 整车上OK档。

② 用 VDS1000 读取电控母线电压，母线电压约为 400~820V。

4）检查高压配电盒及高压线路。

5）若以上均正常，更换前驱动电机控制器与 DC/DC 总成。

（7）P1BB800——前驱动电机控制器碰撞信号故障（硬件）

1）用 VDS1000 读取安全气囊 ECU 是否有故障，如果有，清除故障码。

2）若有故障，检查线束和安全气囊 ECU。

3）若正常，更换前驱电机控制器与 DC/DC 总成。

（8）P1BB900——前驱动电机控制器开盖保护

1）系统报"P1B0900：开盖保护"。先查询驱动电机控制器的程序版本信息，确认故障码是否能清除，然后再尝试上 OK 档电试车，看故障是否会重现。

2）检测控制器盖子是否打开。

3）若打开，重新装配。

4）若正常，更换驱动电机控制器与 DC/DC 总成。

（9）P1BC200、P1BC300、P1BC400——前驱动电机缺 A、B、C 相

1）检查 B51 插接器是否松动。

2）若松动，插紧或更换插接器。

3）检查电机三相线：

① 下电打至 OFF 档，取下维修开关。拔掉电机三相线高压插接器。

② 电机 A、B、C 三相高压线之间正常阻值为 （0.36±0.02）Ω，如图 3-86 所示。

③ 如果所测电阻异常，则检查插接器是否松动，如果没有，则为动力总成故障。

4）否则更换前驱动电机控制器与 DC/DC 总成。

图 3-86　检测电机 A、B、C 三相高压线之间阻值

（10）U021400——与 I-KEY 通信故障

1）检查低压插接器和线束。

2）若不正常，更换插接器或线束。

3）检测 I-KEY。

4）若不正常，I-KEY 故障。

5）若正常，更换前驱动电机控制器与 DC/DC 总成。

（11）P1B9F00——动力电池配置未写入

1）确认整车动力电池配置。

2）若不正确，更换整车电池配置。

3) 检查前驱电机与 DC/DC 总成。

4) 若不正常,前驱电机与 DC/DC 总成故障。

5) 更换前驱电机与 DC/DC 总成。

(12) P1BA000——巡航配置未写入

1) 确认巡航配置。

2) 检查前驱电机控制器与 DC/DC 总成,若异常,更换前驱电机与 DC/DC 总成。

(13) 驱动故障分析 电机控制器出现故障时,整车通常表现为无 EV 模式,仪表报"请检查动力系统",检测故障时,需用诊断仪进入"电机控制器"模块读取数据流,有两种情况,一种为"系统无应答",需要进行全面诊断;另一种能读取相应故障码,则根据相应故障码进行诊断。

1) 读取结果为"系统无应答"时的诊断流程。

检测低压插接器相关的端子,请按照表 3-15 操作进行检测。若有异常,可检查相应的低压回路,包括电源、接地、CAN 通信等。

表 3-15 低压插接器检测

B51-60/62—B51-61	VCC 外部 12V 电源	ON 档	10~14V
B51-36—B51-37	CAN_L CAN 信号低	OFF 档(断蓄电池)	54~69Ω

2) 先查询驱动电机控制器的程序版本信息,确认故障码是否能清除,然后再尝试多次上 OK 档电试车,查看故障是否会重现。

① 检测直流母线到三相线的管压降是否正常;若不正常,更换驱动电机控制器与 DC/DC 总成。

② 若管压降正常,确认是否还报其他故障码,根据其他故障码进行排查依旧无效,更换驱动电机控制器与 DC/DC 总成。

直流母线到三相线的管压降测量方法见表 3-16。

表 3-16 直流母线到三相线的管压降测量方法

端子	万用表连接	正常值
三相线 A/B/C—直流母线正极	正极—负极	0.32V 左右
直流母线负极—三相线 A/B/C	正极—负极	0.32V 左右
三相线 A/B/C—与车身地阻抗	正极—负极	10MΩ

(14) P1B0500——高压欠电压

故障码"P1B0500:高压欠电压":先查询驱动电机控制器的程序版本信息,确认故障码是否能清除,然后再尝试多次上 OK 档电试车,看故障是否会重现。

1) 读取动力电池电压,若小于 400V,则对动力电池、高压配电箱和高压线路进行检查。

2) 用诊断仪读取电机控制器直流母线电压(正常值约为 400~820V),同时对比 DC/DC 母线电压,若都不正常,则检查动力电池、高压配电箱和高压线路。

3) 若驱动电机控制器母线电压和 DC/DC 高压侧电压,一个正常,一个不正常,则更换驱动电机控制器与 DC/DC 总成。

(15) 无法切换 EV 模式

1) 故障现象：车辆在满电状态 EV 模式下行驶几分钟后，突然自动切换到 HEV 模式，人为也无法再切回 EV 模式；仪表没有故障提示。使用 ED400 或 VDS1000 读取到在车辆切换 HEV 瞬间，驱动电机控制器中的 IGBT 温度达到 100℃。

2) 原因分析：在驱动电机控制器及 DC/DC 总成内部，有三组单元在工作时会产生热量，分别为 IPM（控制器内部智能功率控制模块）、IGBT（电机驱动模块）、电感，因此，在驱动电机控制器及 DC/DC 总成内部有相应的水道对这三个部分进行冷却。导致 IGBT 高温报警的原因有：

① 电机冷却系统防冻液不足或有空气。

② 电机电动水泵不工作。

③ 电机散热器堵塞。

④ 驱动电机控制及 DC/DC 总成本身故障。

3) 维修步骤：

① 使用 ED400 或 VDS1000 读取驱动电机数据流，水泵工作不正常。

② 检查散热风扇，正常启动、运行。

③ 检查过程中发现电动水泵在 OK 电下不工作，致使 IGBT 温度迅速上升。

④ 仔细检查发现水泵搭铁出现断路故障，通过排查找到断路点。

⑤ 重新装配好试车，故障排除。

学习提示：温度报警、风扇工作条件

工作温度超过一定范围时，驱动电机控制器及 DC/DC 总成就会检测到，同时经过 CAN 网络传递给发动机 EMS，EMS 驱动冷却风扇继电器后，冷却风扇工作以快速冷却防冻液，以降低温度，以下为冷却风扇工作条件：

1) 电机冷却液温度：47～64℃ 低速请求；>64℃ 高速请求。

2) IPM：53～64℃ 低速请求；>64℃ 高速请求；>85℃ 报警。

3) IGBT：55～75℃ 低速请求；>75℃ 高速请求；>90℃ 限制功率输出；>100℃ 报警。

4) 电机温度：90～110℃ 低速请求；>110℃ 高速请求。

5) 正常数据流如图 3-87 所示。

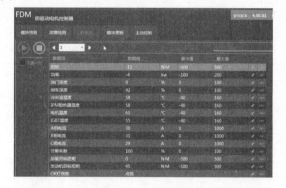

图 3-87 前驱电机控制器工作温度正常数据流

满足 3 个低速请求，电子风扇低速转；满足 1 个高速请求电子风扇高速转。

(16) 无法使用 EV 模式

1) 故障现象：上电 OK 灯点亮，SOC 为 83%，EV 模式行驶中自动切换到 HEV，发动机起动，无法使用 EV 模式，仪表提示"请检查动力系统"。

2) 故障排查及分析

① 用诊断仪读取整车各模块软、硬件版本号、整车故障码并记录。

② 清除整车故障码后对车辆重新上电。

③ 试车，故障再次出现，读取数据流，驱动电机控制器报：P1B1100 旋变故障－信号丢失、P1B1300 旋变故障—信号幅值减弱。

④ 在驱动电机控制器 62 针插接器线束端，分别测量电机旋变阻值，正常。

参考标准：正弦（16±4）Ω、余弦（16±4）Ω、励磁（8.3±2）Ω。

⑤ 检查驱动电机控制器 62 针插接器端子、旋变小线端子，正常。

⑥ 更换驱动电机控制器与 DC/DC 总成后，车辆恢复正常。

110 比亚迪唐 PHEV 更换前驱动电机控制器及 DC/DC 总成注意事项

1) 更换必须对旧控制器 ECM 密码进行清除，如图 3-88 所示。
2) 安装新控制器需对 ECM 编程，如图 3-89 所示。

图 3-88　清除旧控制器 ECM 密码

图 3-89　新控制器需 ECM 编程

3) ECM 编程完成下电 5s，重新上电。设置电机系统配置，如图 3-90 所示。

4) 读取倾角信息，如图 3-91 所示。

注：①在车辆处于水平时读取倾角数值，确认是否正常（坡道坡度正常值：0°）；②如有偏差，则进行倾角标定。

图 3-90　设置电机系统配置

5) 确认制动踏板信号是否正常。标定完毕后车辆下电，5s 后重新上电。读取数据流，确认制动踏板信号是否正常，不踩制动时信号为 0，如图 3-92 所示。

图 3-91　读取倾角信息

图 3-92　确认制动踏板信号是否正常

注：如果数据异常，则需进行制动踏板起点标定，标定方法：

① 整车上 ON 档电（特别注意不要上 OK 电，否则在进行第②步时会导致车辆向前冲）；不要踩制动踏板（有制动开关信号就无法标定）。

② 深踩加速踏板（50%~100%），持续 5s 以上，电控便可自动标定。

③ 正常下电一次延迟 5s 再上电。

111 比亚迪唐 PHEV 后驱动电机控制器总成安装位置、外观、系统框架及主要参数

后驱动电机控制器是控制动力电池与后驱动电机之间能量传输的装置。它负责后驱动电机的运行，与整车进行 CAN 通信信息数据交互，根据工况控制电机的正反转、功率、转矩、转速等。

硬件采集的外围信号有电机的旋变和温度、高压插接器互锁，内部采集的信号有直流侧母线电压、交流侧三相电流、IGBT 温度、IPM 温度等。

后驱动电机控制器的安装位置如图 3-93 所示。

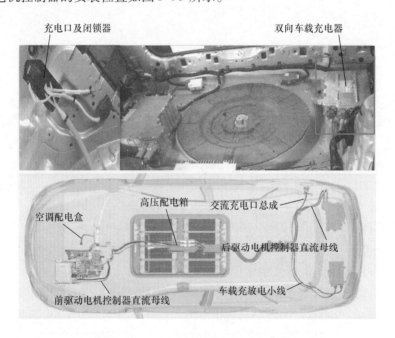

图 3-93　后驱动电机控制器的安装位置

后驱动电机控制器的主要参数见表 3-17。

表 3-17　后驱动电机控制器主要参数

项目		技术参数
驱动	电机最大功率	110kW
	电机的类型	永磁同步电机
	最大有效功率	≥97%
	最高电压输入范围	420~820V DC（额定电压 706V DC）

(续)

项目		技术参数
驱动	控制电源电压/V	9~16（12V 低压系统）
	绝缘电阻/MΩ	>20
	冷却方式	水冷
温度范围	下限工作/℃	-40
	上限工作/℃	105

后驱动电机控制器的系统框架如图 3-94 所示。

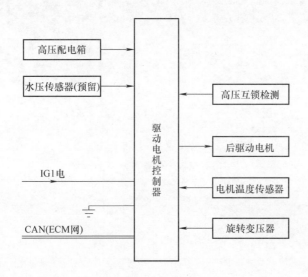

图 3-94 系统框架

后驱动电机控制器的外观如图 3-95 所示。

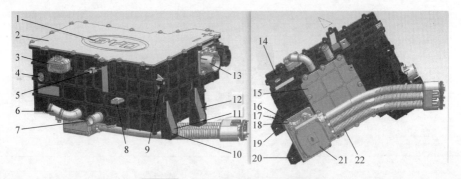

图 3-95 后驱动电机控制器的外观

1—LOGO 2—上盖 3—23 针低压插接器 4—箱体通气孔 5—低压线束固定点 6—进水管 φ10 7—出水管 φ10 8—搭铁点 9—高压线束固定点 10—箱体紧固件 11—支架 1φ10 12—支架 2φ10 13—直流母线插接器 14—箱体 15—水道盖板 16—箱体与车身密封凸台 17—箱体与车身密封条 18—箱体与三相线插接器密封凸台 19—支架 3φ10 20—支架 4φ10 21—三相线插接器（M6×10×4） 22—三线

112 比亚迪唐PHEV后驱动电机控制器插接器位置及定义

比亚迪唐PHEV后驱动电机控制器K176插接器（23PIN）及安装位置如图3-96所示。

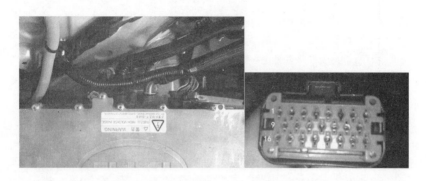

图3-96 电机控制器K176插接器及安装位置

电机控制器K176插接器端子的定义见表3-18。

表3-18 K176插接器端子的定义

端子号	定义	端子号	定义
1	12V（ON档）	13	电机温度地
2	CAN_H	14	余弦+
3	驱动互锁（BMS k157/7）	15	正弦+
4	—	16	接地
5	电机绕组温度	17	接地
6	—	18	CAN屏蔽地
7	余弦-	19	—
8	正弦-	20	—
9	12V（ON档）	21	旋变屏蔽地
10	CAN_L	22	励磁-
11	驱动互锁（前控b51/4）	23	励磁+

113 比亚迪唐PHEV后驱动电机控制器的控制电路及K176插接器端子测量值

比亚迪唐PHEV后驱动电机控制器的控制电路如图3-97所示。

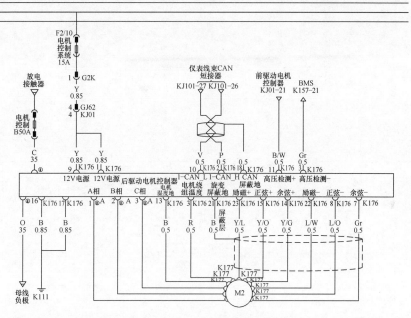

图 3-97 后驱动电机控制器的控制电路

比亚迪唐 PHEV 后驱动电机控制器 K176 插接器端子正常测量值见表 3-19。

表 3-19 K176 插接器端子正常测量值

连接端子	名称/功能	条件	正常值
K176-1—K176-9	sin-正弦-	OFF 档	15~19Ω
K176-2—K176-10	cos-余弦-	OFF 档	15~19Ω
K176-3—K176-车身地	WATER_T_IN 水温传感器	ON 档	0~5V 模拟信号
K176-4—K176-车身地	STATOR_T_TN 电机绕组温度	ON 档	0~5V 模拟信号
K176-5	CRASH-IN 碰撞信号	ON 档	PWM 信号
K176-6—K176-23	/HV-LOCK2 高压互锁输入 2	ON 档	PWM 信号
K176-7—K176-14	CAN_H CAN 信号高	OFF 档	54~69Ω
K176-8—K176-23	外部提供的 +12V 电源	ON 档	11~14V
K176-9—K176-1	sin+正弦+	OFF 档	15~19Ω
K176-10—K176-2	cos+余弦+	OFF 档	15~19Ω
K176-11—K176-车身地	GND 电机绕组温度	OFF 档	<1Ω
K176-13—K176-车身地	/HV-LOCK1 高压互锁输入 1	ON 档	PWM 信号
K176-14—K176-7	CAN_L CAN 信号低	OFF 档	54~69Ω

（续）

连接端子	名称/功能	条件	正常值
K176-15—K176-23	外部提供的+12V电源	ON档	11~14V
K176-16—K176-17	EXCOUT 励磁+	OFF档	
K176-17—K176-16	EXCOUT 磁磁-	OFF档	7~10Ω
K176-18—K176-车身地	GND 旋变屏蔽地	OFF档	<1Ω
K176-19—K176-车身地	GND 冷却液温度采样地	OFF档	<1Ω
K176-20	GND 碰撞信号地	ON档	PWM信号
K176-21—K176-车身地	GND GAN 屏蔽地	OFF档	<1Ω
K176-22—K176-车身地	GND 外部电源地	OFF档	<1Ω
K176-23—K176-车身地	GND 外部电源地	OFF档	<1Ω

114 比亚迪唐PHEV后驱动电机控制器的系统故障码及故障诊断

后驱动电机控制器系统故障码见表3-20所示。

表3-20　后驱动电机控制器系统故障码

序号	故障码	故障码含义	序号	故障码	故障码含义
1	P1C0000	后驱动电机过电流	13	P1C0C00	后驱动电机控制器主动泄放故障
2	P1C0100	后驱动电机控制器IPW故障	14	P1C0D00	后驱动电机旋变故障-信号丢失
3	P1C0200	后驱动电机过温警告	15	P1C0E00	后驱动电机旋变故障-角度异常
4	P1C0300	后驱动电机控制器IGBT过温警告	16	P1C0F00	后驱动电机旋变故障-信号幅值减弱
5	P1C0400	后驱动电机控制IPM散热器过温故障警告	17	P1C1000	后驱动电机缺A相
6	P1C0500	后驱动电机控制器高压欠电压	18	P1C1100	后驱动电机缺B相
7	P1C0600	后驱动电机控制器高压过电压	19	P1C1200	后驱动电机缺C相
8	P1C0700	后驱动电机控制器电压采样故障	20	P1C1300	后驱动电机控制器电流霍尔传感器A故障
9	P1C0800	后驱动电机控制器碰撞信号故障	21	P1C1400	后驱动电机控制器电流霍尔传感器B故障
10	P1C0900	后驱动电机控制器开盖保护	22	P1C1500	后驱动电机控制器电流霍尔传感器C故障
11	P1C0A00	后驱动电机控制器EEPROM错误	23	U01A500	与前驱动电机控制器通信故障
12	P1C0B00	后驱动电机控制器DSP复位故障			

故障诊断：

（1）P1C0000——后驱动电机过电流

检查电机是否正常，若电机正常，更换后驱动电机控制器。

（2）P1C0100——后驱动电机IPM故障

尝试清除故障码，若无法清除，则更换后驱动电机控制器。

（3）P1C0300——后驱动电机控制器IGBT过温警告、P1C0200——后驱动电机控制器冷却液温度过高警告、P1C0400——后驱动电机控制器IPM散热器过温故障

1）检查高压冷却回路及水泵。

2）若不正常，则为冷却回路故障、水泵故障。

3）若正常，更换后驱动电机控制器与 DC/DC 总成。

（4）P1C0D00——后驱动电机旋变故障－信号丢失、P1C0E00——后驱动电机旋变故障－角度异常、P1C0F00——后驱动电机旋变故障－信号幅值减弱

1）下电打至 OFF 档，拔掉电机控制器低压插接器。

2）测量 k176－22 和 k176－23（励磁）：（8.3±2）Ω；测量 k176－7 和 k176－14（余弦）：（16±4）Ω；测量 k176－8 和 k176－15（正弦）：（16±4）Ω，如图 3-98 所示。

图 3-98　测量旋变器阻值

3）如果测量电阻异常，则检查电机旋变插接器是否松动；如果没有，则为动力总成故障。

4）拔掉驱动电机 K177 插接器，测量电机端 K177－6 和 K177－2 电阻是否为 15~19Ω；K177－5 和 K177－1 电阻是否为 15~19Ω；K177－7 和 K177－3 电阻是否为 7~10Ω；若正常，更换线束；若不正常，更换后驱动电机。

（5）P1C0600——后驱动电机控制器高压过低

1）检查动力电池电压，用 VDS1000 读取电池管理器电压，正常值约为 400~820V。

2）检查 BMS、动力电池、高压配电箱。

3）若正常，检测高压母线。

① 整车上 OK 档电。

② 用 VDS1000 读取电控母线电压，母线电压约为 400~820V。

4）若不正常，检查高压配电盒及高压线路。

5）若正常，更换后驱动电机控制器与 DC/DC 总成。

（6）P1C0500——高压欠电压

1）先查询驱动电机控制器的程序版本信息，确认故障码是否能清除，然后再尝试多次上 OK 档电试车，查看故障是否会重现。

2）读取动力电池电压，若小于 400V，则对动力电池、高压配电箱和高压线路进行检查。

3）用诊断仪读取电机控制器直流母线电压（正常值约为 400~820V），同时对比 DC/DC 母线电压，若都不正常，则检查动力电池、高压配电箱和高压线路。

4）若驱动电机控制器母线电压和 DC/DC 高压侧电压，一个正常，一个不正常，则更换后驱动电机控制器与 DC/DC 总成。

(7) P1C0900——后驱动电机控制器开盖保护

1) 先查询驱动电机控制器的程序版本信息，确认故障码是否能清除，然后再尝试上OK档电试车，看故障是否会重现。

2) 检测控制器盖子是否打开。

3) 若已打开，则重新装配。

4) 若正常，更换后驱动电机控制器与DC/DC总成。

(8) P1C000、P1C1100、P1C1200——前驱动电机缺A、B、C相

1) 检查K176插接器是否松动。

2) 若松动，插紧或更换插接器。

3) 检查电机三相线：

① 下电打至OFF档，取下维修开关。拔掉电机三相线高压插接器。

② 电机A、B、C三相高压线之间阻值应为（0.36±0.02）Ω。

③ 如果所测电阻异常，则检查插接器是否松动；如果没有，则为动力总成故障。

4) 若以上正常，更换后驱动电机控制器与DC/DC总成。

(9) P1C0A00——后驱动电机控制器EEPROM错误

更换后驱动电机。

(10) 后驱动电机控制器CAN网络、电源检查

后驱动电机控制器CAN网络、电源端子定义见表3-21。

表3-21 后驱动电机控制器CAN网络、电源端子定义

端子	定义	端子	定义
1	12+（ON档）	17	接地
9	12+（ON档）	10	CAN_L
16	接地	2	CAN_H

测量后驱动电机控制器CAN网络端子K176-2与K176-10之间的阻值，如图3-99所示。

图3-99 测量CAN网络端子之间的阻值

测量后驱动电机控制器CAN网络端子K176-1与K176-16、K176-9与K176-17之间的电压，如图3-100所示。

比亚迪唐插电式混合动力汽车（PHEV） 第 3 章

图 3-100　后驱动电机控制器 CAN 网络电压测量

115　比亚迪唐 PHEV 空调系统结构

比亚迪唐 PHEV 空调系统组成如图 3-101 所示。

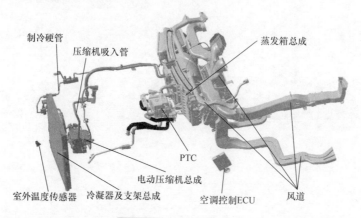

图 3-101　空调系统组成

空调箱体总成如图 3-102 所示。
蒸发器箱体组成如图 3-103 ~ 图 3-107 所示。

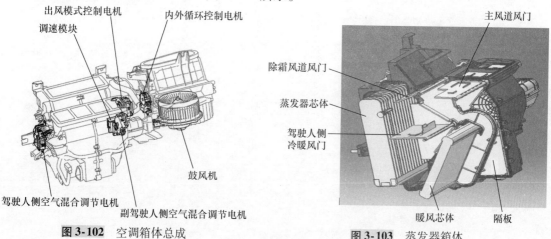

图 3-102　空调箱体总成　　　　图 3-103　蒸发器箱体

181

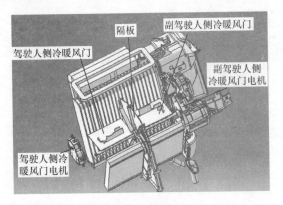

图 3-104 温区控制

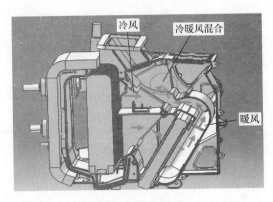

图 3-105 温调控制

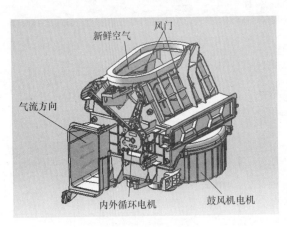

图 3-106 外循环

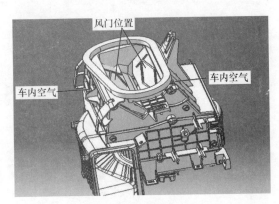

图 3-107 内循环

116 比亚迪唐 PHEV 制热、制冷工作原理

比亚迪唐 PHEV 制热工作原理如图 3-108 所示。

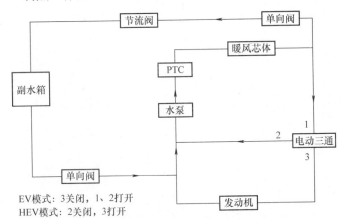

图 3-108 制热工作原理

空调系统的制热原理:

1) 供暖系统采用空调驱动器驱动 PTC 加热器, PTC 加热冷却液后供给暖风芯体, 如图 3-109 所示。

2) 条件不满足情况下, 起动发动机制热。

空调系统的制冷原理: 压缩机将蒸发器低温低压的气态制冷剂压缩成高温高压 (80~90℃, 1.5MPa) 的气态制冷剂, 送往冷凝器冷却。通过冷凝器与外部空气进行热交换, 制冷剂被冷凝成中温, 压力约为 1.0~1.2MPa 的液态工质, 冷凝后的液态制冷剂经膨胀阀进入蒸发器。从膨胀阀过来的低温低压的蒸气经蒸发器不断吸收车厢空气的热量, 变成低温低压 (0℃, 0.15MPa) 的气态制冷剂进入压缩机, 进行下一个循环, 如图 3-110 所示。

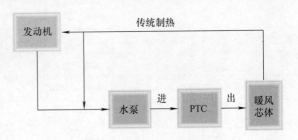

图 3-109 空调系统的制热原理

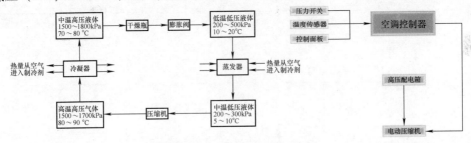

图 3-110 空调系统的制冷原理

117 比亚迪唐 PHEV 空调系统高压组件

比亚迪唐 PHEV PTC 加热器外观如图 3-111 所示。电气参数见表 3-22。

PHEV PTC 加热器正常数据流如图 3-112 所示。

换热原理: 冷水进入 PTC 流道内, 以 S 形流线先后被 9 个 PTC 模块所加热, 最终流出热水; 此过程水阻 <5kPa, 系统流量达 15L/min 左右为宜, 如图 3-113 所示。

图 3-111 PTC 加热器外观结构

表 3-22　电气参数

序号	技术性能	性能参数
1	额定电压/V	高压 691、低压 12
2	工作电压范围/V	600～850DC
3	功率/W	3000
4	PTC 加热器总成绝缘耐压	≥2200V AC（或 3500V DC）持续 1min，漏电流＜5mA
5	绝缘电阻	电压 1000V DC，持续 1min，阻抗＞100MΩ
6	峰值电流/A	≤30
7	工作温度/℃	-30～105
8	存储温度/℃	-40～120
9	自动保护水温/℃	105
10	破坏压力/bar	≥5
11	防护等级	IP67
12	使用寿命	10 年
13	系统舒适性，安全性控制	自带水温传感器、IGBT 温度传感器、电压采集、电流采集以及对应的自动保护程序
14	良好的节能性	水温升高之后，达到预定温度后 PTC 有自动低功率维持水温的特性

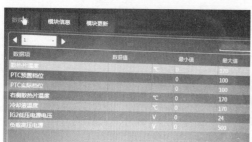

图 3-112　PTC 加热器正常数据流

图 3-113　换热原理

比亚迪唐 PHEV 电动压缩机结构如图 3-114 所示。

电动压缩机是否允许开启由 BMS 根据整车动力电池电量情况判断，并由空调控制器共同控制判断是否需要开启电动压缩机，当整车动力电池电量足够时，开启空调制冷，电动压缩机即可工作。

电动压缩机正常工作数据流如图 3-115 所示。

图3-114 电动压缩机　　　　图3-115 电动压缩机数据流

118 比亚迪唐PHEV空调绿净系统

比亚迪创新地将PM2.5的监控、过滤和净化集成于空调系统。这是一个高频高效智能系统，每5s检测并提示空气状况；具有超强高效净化能力，可在4min内将PM2.5值由500μg/m³降至12μg/m³以下，迅速让车内重获清新，告别都市污浊。

1）PM2.5按键位置如图3-116所示。

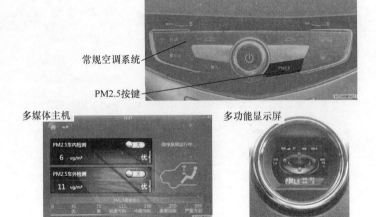

图3-116 比亚迪PM2.5按键

2）空调空气净化装置总成如图3-117所示。

将负离子层放置于高效过滤器和静电集尘器之间，这样可以充分发挥静电集尘器的静电吸附效果，如图3-118所示。

3）空调空气PM2.5检测仪安装位置在副驾驶杂物箱后边，其结构如图3-119所示。

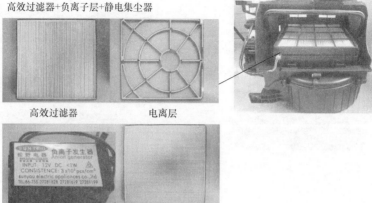

图 3-117　空调空气净化装置总成

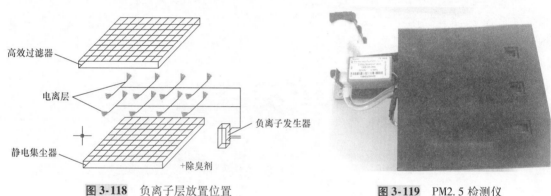

图 3-118　负离子层放置位置　　　　图 3-119　PM2.5 检测仪

4）空调 PM2.5 系统的使用

① 按动 PM2.5 按键后，DVD 进入 PM2.5 系统操作界面，如图 3-120 所示。注：一次只能检测一条通道。

② PM2.5 设置如图 3-121 所示。

图 3-120　进入 PM2.5 系统操作界面　　　　图 3-121　PM2.5 设置

5）空调工作原理

① PM2.5 显示的原理如图 3-122 所示。PM2.5 检测仪、电磁阀集成在一起。

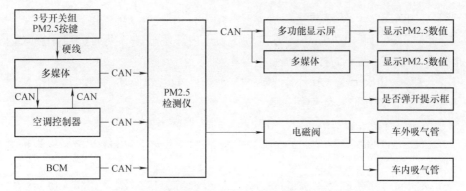

图 3-122　PM2.5 显示的原理

② 空气过滤顺序：先经过"高效过滤器"过滤，再经过"静电集尘器"过滤，如图 3-123 所示。

高效过滤器：高效精滤技术，采用高效低阻滤材，对直径 $0.3\mu m$ 以上的粉尘颗粒过滤超过 70%。

静电发生器：使空气中的颗粒带电。

静电集尘器（HAF）：该集尘器自身带静电，可有效吸附带电的颗粒，同时可进一步吸附 $0.3\mu m$ 以下的粉尘颗粒。

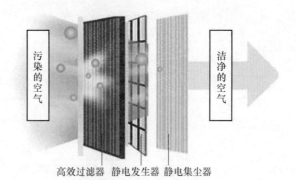

图 3-123　空气过滤顺序

119　比亚迪唐 PHEV 空调新增功能

比亚迪唐 PHEV 空调新增功能如图 3-124 所示。

（1）进隧道自动内循环

1）背景。当汽车进入隧道时，由于隧道内空气质量比较差，出于舒适性及安全性的考虑，用户通常会将外循环模式切换到内循环；当汽车出隧道时，用户可能又要切换至外循环，如果隧道比较多，频繁切换内外循环的话，驾驶人会比较累，而且也不安全。进隧道自动内循环能很好地解决这个问题。

图 3-124　空调新增功能

2）控制方案。在进隧道 150m 之前会发送进隧道的报文，出隧道 150m 之后会发送出隧道的报文；当收到进隧道报文之后，空调自动调整新风循环的状态至内循环，出隧道之后返回之前的循环状态；若隧道较短，则进隧道之后至少维持内循环状态 1min，以防循环风门频繁切换。

用户在隧道内手动调整循环状态，则至下一次进隧道之前，听从用户的输入，不再自动调整新风循环状态。

（2）驻车自动内循环（红绿灯、堵车内外循环控制）

1)背景。开车路遇红绿灯或堵车情况时,由于前方车辆停车,尾气浓度较大,空气质量较差,若此时仍启用新风外循环,则容易导致车内环境变差,此时应启用新风内循环模式;因此提出驻车内外循环的控制策略。

2)控制方案。初次上电车速小于10km/h 不作驻车内外循环的控制;初次采集得到车速大于20km/h 后,该功能才能使用。

① 行车途中,车速小于10km/h,自动调整新风循环方式至内循环。

② 至车速大于20km/h 之前,维持新风内循环;车速大于20km/h 之后,返回之前的循环状态。

③ 若缓速时间较短,则转至内循环之后,至少维持内循环状态1min,以防循环风门频繁切换。

④ 若用户在低速行驶时手动调整新风循环状态,则至下一次低速行驶之前,听从用户的输入,不再自动调整新风循环状态。

(3)自动模式 AC 设置

1)经济:车内温度小于设定温度,不开压缩机。

2)舒适:正常的 AC 控制策略。

3)智能:车外温度为 0~12℃ 时,1min 前除霜,3min 舒适。

120 比亚迪唐 PHEV 空调电路控制原理图

比亚迪唐 PHEV 空调电路控制原理图如图 3-125 所示。

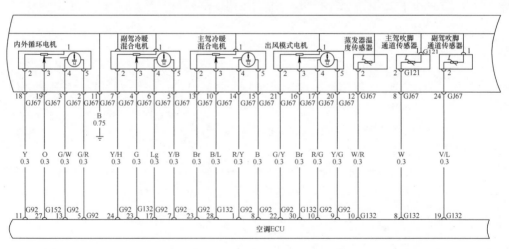

图 3-125 空调控制电路

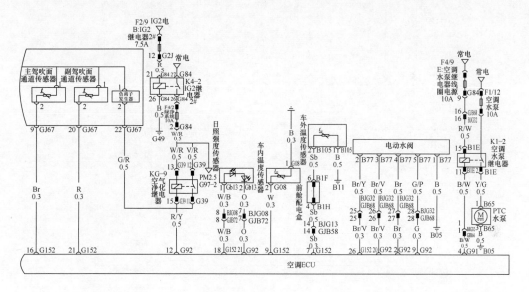

b)

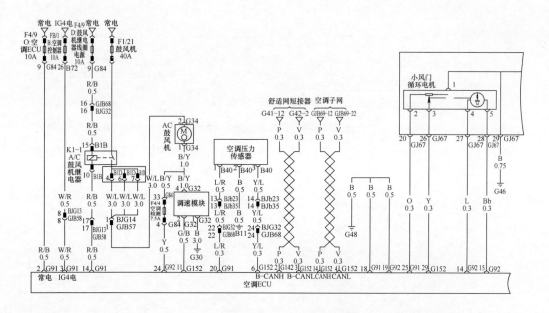

c)

图 3-125 空调控制电路（续）

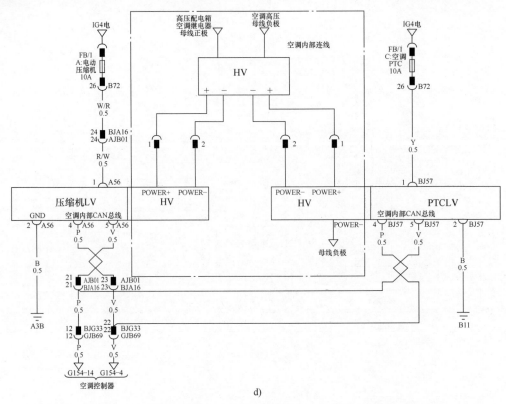

d)

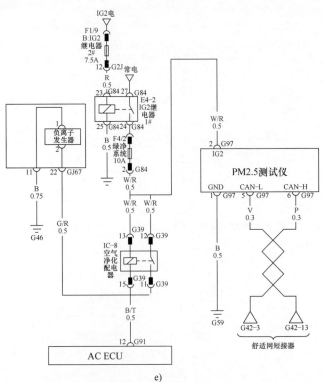

e)

图 3-125 空调控制电路（续）

第 3 章 比亚迪唐插电式混合动力汽车（PHEV）

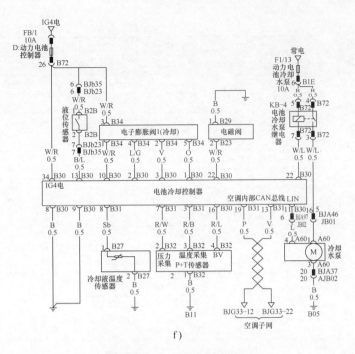

f)

图 3-125 空调控制电路（续）

121 比亚迪唐 PHEV 空调电路控制器线束插接器端子定义

比亚迪唐 PHEV 空调电路控制器线束插接器端子布局如图 3-126 所示，其定义见表 3-23。

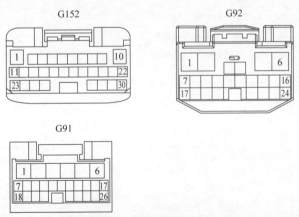

图 3-126 空调控制器线束插接器

表 3-23 空调控制器线束插接器端子定义

端子号	线色	端子描述	条件	正常值/V
G91-2—车身地	R/B	常电	—	11~14
G91-3—车身地	W/R	ON 档电	ON 档电	11~14
G91-14—车身地	R/B	鼓风机继电器驱动信号	—	—

（续）

端子号	线色	端子描述	条件	正常值/V
G91-20—车身地	L/R	压力传感器1电源（输出4.8V）	—	—
G91-18—车身地	B	搭铁	始终	<1
G91-25—车身地	O	小风门电机反馈电源	—	—
G91-24—车身地	Y/R	副驾冷暖电机反馈电源	—	—
G91-23—车身地	Br	主驾冷暖电机反馈电源	—	—
G91-22—车身地	G/Y	模式风门电机反馈电源	—	—
G91-12—车身地	R/Y	负离子高压包继电器控制脚	—	—
G91-4—车身地	B/W	水泵继电器驱动信号	—	—
G91-24—车身地	Y/R	副驾冷暖电机反馈电源	—	—
G92-24—车身地	Y	前鼓风机反馈信号	—	—
G92-19—车身地	B	搭铁	—	—
G92-11—车身地	Y	内外循环电机反馈电源	—	—
G92-13—车身地	G/W	内外循环电机控制电源二	—	—
G92-5—车身地	G/R	内外循环电机控制电源一	—	—
G92-14—车身地	L	小风门循环电机控制电源二	—	—
G92-15—车身地	Sb	小风门循环电机控制电源一	—	—
G92-7—车身地	Y/B	副驾驶冷暖电机控制电源一	—	—
G92-17—车身地	Lg	副驾驶冷暖电机控制电源二	—	—
G92-1—车身地	R/Y	主驾驶冷暖电机控制电源二	—	—
G92-8—车身地	B	主驾驶冷暖电机控制一	—	—
G92-10—车身地	R/G	模式电机控制电源二	—	—
G92-3—车身地	Y/G	模式电机控制电源一	—	—
G92-21—车身地	O	日光照射传感器电源	—	—
G92-20—车身地	Br/W	三通水阀电机反馈电源	—	—
G92-2—车身地	Br	三通水阀电机反馈电源一	—	—
G92-9—车身地	G/P	三通水阀电机反馈电源二	—	—
G152-11—车身地	G/B	前鼓风机PWM输出	始终	<1
G152-6—车身地	Y/L	压力传感器1采集信号	—	—
G152-2—车身地	P	CAN线端子（整车CAN_H）	始终	2.5~3.5
G152-3—车身地	V	CAN线端子（整车CAN_L）	始终	1.5~2.5
G152-4—车身地	V	CAN线端子（内部CAN_L）	始终	1.5~2.5
G152-14—车身地	P	CAN线端子（内部CAN_H）	始终	2.5~3.5
G152-29—车身地	Y	小风门电机反馈	—	—
G152-27—车身地	O	内外循环电机反馈输入	—	—
G152-23—车身地	G	副驾驶冷暖电机反馈输入	—	—
G152-7—车身地	Sb	车外温度采集信号	—	—
G152-8—车身地	W	主驾吹脚出风温度采集信号	—	—
G152-9—车身地	W	车内温度采集信号	始终	2.5~3.5
G152-10—车身地	W/R	蒸发器温度采集信号	始终	1.5~2.5
G152-25—车身地	B/L	主驾驶冷暖电机反馈输入	—	—

（续）

端子号	线色	端子描述	条件	正常值/V
G152－30—车身地	Br	模式风门电机反馈插入	—	—
G152－19—车身地	W/L	副驾吹脚出风温度采集信号	—	—
G152－16—车身地	Br	主驾吹面出风温度采集信号	—	—
G152－21—车身地	O	日光照射传感器信号	—	—
G152－18—车身地	W/B	日光照射传感器信号	—	—
G152－26—车身地	Br/Y	三通水阀电机反馈输入	—	—

 比亚迪唐 PHEV 空调故障码

比亚迪唐 PHEV 空调故障码见表 3-24 ~ 表 3-28。

表 3-24　空调 ECU 故障码

故障码（DTC）	故障描述	可疑部位
B2A2013	室内温度传感器断路	室内传感器回路
B2A2111	室内温度传感器短路	
B2A2213	室外温度传感器断路	室外传感器回路
B2A2311	室外温度传感器短路	
B2A2413	蒸发器温度传感器断路	蒸发器传感器回路
B2A2511	蒸发器温度传感器短路	
B2A5813	主驾吹面出风温度传感器开路	主驾吹面出风传感器回路
B2A5811	主驾吹面出风温度传感器对地短路	主驾吹面出风传感器回路
B2A5913	主驾吹脚出风温度传感器开路	主驾吹脚出风传感器回路
B2A5911	主驾吹脚出风温度传感器对地回路	主驾吹脚出风传感器回路
B2A5A13	副驾吹脚出风温度传感器开路	副驾吹面出风传感器回路
B2A5A11	副驾吹面出风温度传感器对地短路	副驾吹面出风传感器回路
B2A5B13	副驾吹脚出风温度传感器开路	副驾吹脚出风传感器回路
B2A5B11	副驾吹脚出风温度传感器对地短路	副驾吹脚出风传感器回路
B2A2712	阳光传感器对电源短路	阳光传感器回路
B2A4E13	高压管路的压力传感器断路	高压管路的压力传感器网络
B2A4F11	高压管路的压力传感器对电源短路	高压管路的压力传感器回路
B2A2F09	高压管路处于高压状态或低压状态	高压管路的压力传感器回路
B2A2A14	模式电机对地短路或开路	模式电机回路
B2A2A12	模式电机对电源短路	模式电机回路
B2A2A92	模式电机转不到位	模式电机回路
B2A4B14	循环电机对地短路或开路	循环电机回路
B2A4B12	循环电机对电源短路	循环电机回路
B2A4B92	循环电机转不到位	循环电机回路
B2A2B14	主驾冷暖电机对地短路或开路	主驾冷暖电机回路

(续)

故障码（DTC）	故障描述	可疑部位
B2A2B12	主驾冷暖电机对电源短路	主驾冷暖电机回路
B2A2B92	主驾冷暖电机转不到位	主驾冷暖电机回路
B2A2C14	副驾冷暖电机对地短路或开路	副驾冷暖电机回路
B2A2C12	副驾冷暖电机对电源短路	副驾冷暖电机回路
B2A2C92	副驾冷暖电机转不到位	副驾冷暖电机回路
B2A5C14	暖风芯体三通水阀电机对地短路或开路	暖风芯体三通水阀电机回路
B2A5C12	暖风芯体三通水阀电机对电源短路	暖风芯体三通水阀电机回路
B2A5C92	暖风芯体三通水阀电机转不到位	暖风芯体三通水阀电机回路
B2A3214	前排鼓风机对地短路或开路	鼓风机回路
B2A3314	前排鼓风机调整信号对地短路或开路	鼓风机回路
U014687	与网关失去通信	ECM 或网关或 ECM 网线束
U025487	与 PTC 失去通信	空调子网线束或 PTC
U025387	与压缩机失去通信	空调子网线束或压缩机
B2A0717	电源电压过压	ECU 工作电源
B2A0716	电源电压欠压（低于9V）	ECU 工作电源
B2A6600	不允许高压模块工作	BMS
B2A6700	电动压缩机多次起动失效	压缩机

表 3-25 空调压缩机故障码

故障码（DTC）	故障描述	可疑部位
B2AB0-49	电流采样电路故障	空调压缩机
B2AB1-49	电机缺相故障	空调压缩机
B2AB2-49	IPM/IGBT 故障	空调压缩机
B2AB3-49	内部温度传感器故障	空调压缩机
B2AB4-1D	内部电流过大故障	空调压缩机
B2AB5-73	起动失败故障	空调压缩机
B2AB6-4B	内部温度异常	空调压缩机
B2AB7-74	转速异常故障	空调压缩机
B2AB8-1C	相电压过高故障	空调压缩机
B2AB9-97	负载过大故障	空调压缩机
B2ABC-16	负载电压低压故障	动力电池
B2ABA-1C	内部低压电源故障	动力电池
B2ABB-17	负载电压过电压故障	空调压缩机、线束

表 3-26 空调 PTC 故障码

故障码（DTC）	故障描述	可疑部位
U106487	与空调控制器失去通信	线束、空调控制器
U025387	与空调压缩机失去通信	线束、空调压缩机
B121013	左侧散热片温度传感器断路	PTC
B121111	左侧散热片温度传感器短路	PTC
B121209	PTC 驱动组件故障	PTC
B121309	PTC 加热组件故障	PTC
B121619	PTC 回路电流过大	PTC
B12171C	控制器内部 +15V 电压异常	线束、电源
B1210809	IGBT 组件功能失效（一个或多个 IGBT 不受控，常开或常闭）	PTC
B121A09	1 号 IGBT 驱动芯片功能失效	PTC
B121B09	2 号 IGBT 驱动芯片功能失效	PTC
B121C09	3 号 IGBT 驱动芯片功能失效	PTC
B121D09	4 号 IGBT 驱动芯片功能失效	PTC
B122013	右侧散热片温度传感器断路	PTC
B122111	右侧散热片温度传感器短路	PTC
B122A13	冷却液温度传感器断路	PTC
B122B11	冷却液温度传感器短路	PTC
B123098	左侧散热片温度过热	PTC
B123398	右侧散热片温度过热	PTC
B123698	冷却液温度过热	PTC
B123917	IG2 电源过电压	线束，电源
B123A16	IG2 电源欠电压	线束，电源
B123B17	负载电源过电压	动力电池
B123C16	负载电源欠电压	动力电池

表 3-27 空调 PM2.5 故障码

故障码（DTC）	检测项目	故障部位
B110811	PM2.5 测试仪短路	PM2.5 测试仪
B110913	PM2.5 测试仪断路	PM2.5 测试仪
B110A02	PM2.5 测试仪 CAN 信号故障	CAN 网络
B110B07	PM2.5 测试仪气泵故障	PM2.5 测试仪
B110C09	PM2.5 测试仪激光二极管失效	PM2.5 测试仪
B110D09	PM2.5 测试仪光电接收模块失效	PM2.5 测试仪
B110E09	PM2.5 测试仪温湿模块失效（预留）	PM2.5 测试仪

表 3-28　电池冷却故障码

故障码（DTC）	检测项目	故障部位
B132013	冷却液温度传感器断路	电池冷却液温度传感器
B132012	冷却液温度传感器短路	电池冷却液温度传感器
B132113	板式换热器出口温度传感器断路	压力温度传感器
B132112	板式换热器出口温度传感器短路	压力温度传感器
B132213	板式换热器出口压力传感器断路	压力温度传感器
B132212	板式换热器出口压力传感器短路	压力温度传感器
B132316	工作电源欠电压（低于9V）	低压电源或线束
B132317	工作电源过电压（高于16V）	低压电源或线束
U011187	BCC 未接收到空调控制器转发 BMS 的 ID 为 44A 报文	BMS 管理器或整车网络线束或子网线束
U106487	BCC 未接收到空调控制器的 ID 为 1DB 报文（环境温度和软关断）或 3CF 报文（车厢内压缩机需求状态）	空调控制器或子网线束

第 4 章 Chapter 4

奇瑞插电式混合动力汽车（PHEV）

123 奇瑞 PHEV 整车检修操作时的断电操作规范

1. 目的

1）防止不规范操作，导致奇瑞 PHEV（M16）整车上电后报仪表功率受限。

2）维护中，操作人员有可能触及高压元件。为防止人员触电，必须断电。

2. 操作流程

注意事项：操作人员需持有电工证方可操作。操作前需穿戴好绝缘鞋和绝缘手套，使用绝缘的维修工具。

1）断电：断电操作如图 4-1 所示。将拆下的维修插销放在口袋中以防止其他人将它安装回车上去，并将裸露的维修塞槽使用绝缘胶布封住。

2）连接：确认拆卸的零件装好、维护的项目结束后，先安装手动维护开关，再连接低压蓄电池负极。

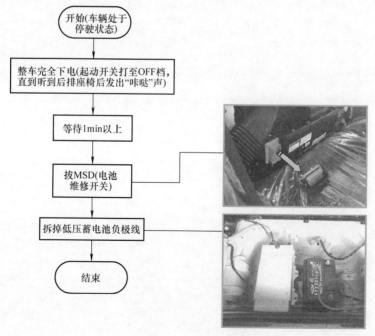

图 4-1　断电操作

124 奇瑞 PHEV HCU 的布置位置

车辆控制器（HCU）是整个混合动力汽车控制的中心，它能够识别驾驶人驾驶意图，实现前进、倒退、再生制动及停车，可以实现 EV/HEV/ENGINE/AUTO 动力模式切换和控制，能够对高压动力系统实施最优的能量管理，全面保护动力电池、驱动电机及其他子系统，如图 4-2 所示。车辆控制器还可实现 OBD 故障诊断、CAN 收发、下电数据保存、车身及附件管控、热管理等多种功能。车辆控制器作为整车的最顶层的控制单元，负责整车驾驶模式管理、总转矩分配、发动机管理、离合器控制、制动能量回收、高压电池电量平衡控制、CVT 目标速比控制等。

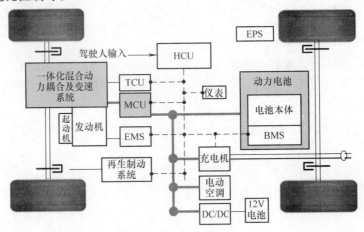

图 4-2 奇瑞 PHEV 结构

HCU—整车控制器 MCU—电机控制器 DC/DC—高低压变换器 TCU—变速器控制器
BMS—电池管理系统（CAN 总线） EMS—发动机控制器 EPS—电动转向（高压线束）

HCU（车辆控制器）在整车的布置位置如图 4-3 所示。

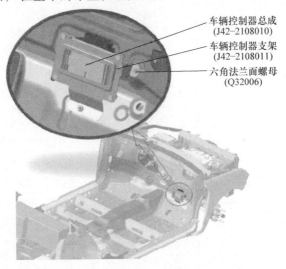

图 4-3 车辆控制器在整车的布置位置

125 奇瑞 PHEV 驾驶模式

1）根据插电混合动力汽车功能特点，从电池能量使用的角度，奇瑞 PHEV（M16）给驾驶人提供以下驾驶模式，供驾驶人在不同工况和条件下选择，如图 4-4 所示。

2）结合 PHEV 产品市场定位，整车重点突出经济性，故设计一种经济模式供驾驶人选择，如图 4-5 所示。

3）驾驶模式开关和经济模式开关在空调面板上，如图 4-6 所示。驾驶模式开关：EV/AUTO/HV 和经济模式开关：ECO。

图 4-4　驾驶模式

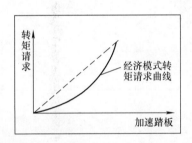

图 4-5　经济模式　　　图 4-6　模式开关

注：只有在整车 Ready 情况下，整车驾驶模式（含经济模式）切换才会有效，见表 4-1。

表 4-1　整车 Ready 情况模式切换

整车模式	功能描述	适用工况	目标 SOC	EV 最高车速 /(km/h)	ECO 模式
EV 模式	纯电动机驱动，发动机一直关闭，允许电池最大深度放电	城市工况即将到达目的地	目标 SOC 为 15%	100	纯电动最高车速 80km/h
HV 模式	发动机起动，整车进入混合驱动模式，电池电量维持在一定范围，车辆可获得最好的动力性能	高速工况	维持当前 SOC，即进入混动模式的 SOC 值	—	踏板响应有一定限制，加速更平缓
AUTO 模式	基于优先用电的原则，低速纯电动，当驾驶人大转矩需求时，自动起动发动机；当不需要发动机时，发动机自动停机	城郊工况	目标 SOC 为 20%	80	踏板响应有一定限制，加速更平缓

126 奇瑞 PHEV HCU 控制电路、插接器及端子定义

奇瑞 PHEV HCU 控制电路如图 4-7 所示。

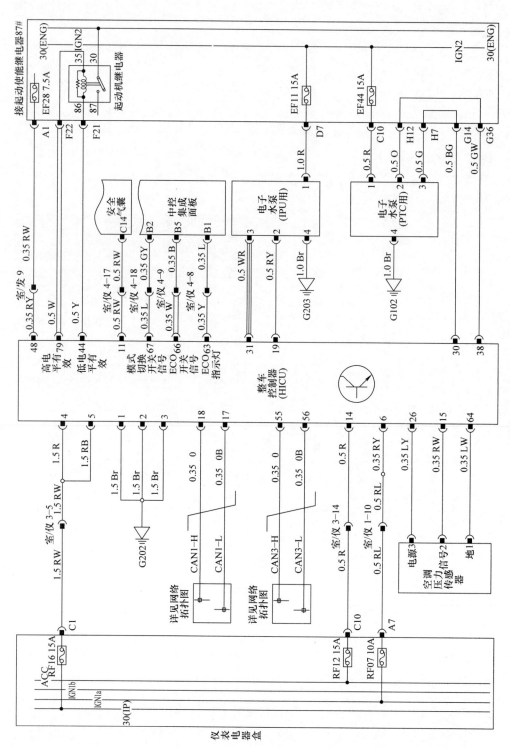

图 4-7 HCU 控制电路

奇瑞 PHEV HCU 插接器如图 4-8 所示。端子定义见表 4-2。

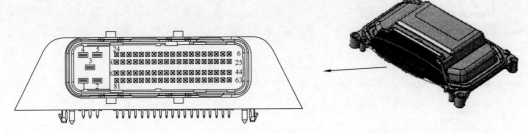

图 4-8　HCU 插接器

表 4-2　端子定义

端子号	功能	输入/输出
1	地（KL31）	—
2	地（KL31）	—
3	地（KL31）	—
4	电源（KL30）	—
5	电源（KL30）	—
26	5V 电源 1（正）	输出
64	5V 电源地（负）	输出
6	IGN（KL15）	输入
14	ACC/唤醒	输入
15	空调压力高压信号	输入
11	碰撞高压关闭	输入
30	PTC 水泵信号反馈	输入
31	IPU 水泵信号反馈	输入
48	起动使能继电器（高电平驱动）	输出
50	起动信号（预留）	输入
66	ECO 模式开关	输入
67	驾驶模式开关	输入
19	IPU 水泵 PWM 控制信号	输出
38	PTC 水泵 PWM 控制信号	输出
44	起动继电器（低电平驱动）	输出
17	CAN 低 1	—
18	CAN 高 1	—
56	CAN 低 3	—
55	CAN 高 3	—
79	起动继电器（高电平驱动）	输出
63	ECO 指示灯	输出
其他	无定义	

127 奇瑞 PHEV 故障灯说明及系统 HCU 故障确认方法

奇瑞 PHEV 故障灯说明见表 4-3。

表 4-3 故障灯说明

报警指示	符号	备注
动力系统故障	(红色)	绝缘故障共用
整车功率限制	(黄色)	

如疑似 HCU 问题，请按照图 4-9 流程检查。

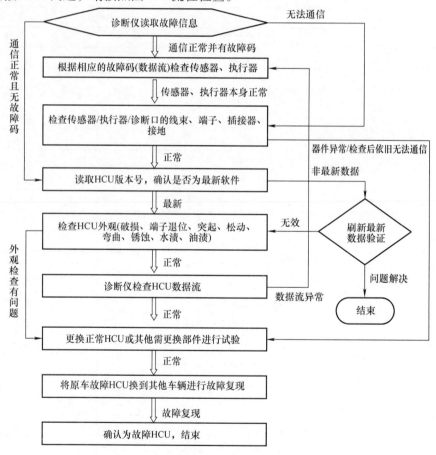

图 4-9 检查流程

流程说明：

（1）诊断仪读取故障信息　使用诊断仪后结果分两种情况，一种是可以通信，诊断仪有数据；另外一种是无法通信。通信正常的情况，可以用诊断仪读取故障码，根据故障码来进行处理。不能通信的请检查诊断口的接插情况，尝试重新拔插，保证连接质量。若经以上处理依旧不能通信，请更换 HCU 进行测试。

（2）根据故障码信息检查传感器、执行器　故障码信息可以指导故障排查。如果故障码对应的器件发现故障，则对相应的传感器、执行器进行维修或更换；若故障码指示的器件未发现故障，则需要检查该传感器、执行器的端子、插接器是否正常，是否正常连接 HCU，以及接地等情况。

（3）读取 HCU 版本号，确认是否为最新软件　对照最新的数据版本信息，检查 HCU 内软件是否为新版软件。若非最新版数据，请刷新数据，并对效果进行验证。刷新数据时请务必保证 HCU 和刷新工具处于比较平稳的环境，避免异常掉电，并按照刷新规范严格操作。

（4）检查 HCU 外观　主要查看 HCU 是否有破损、端子退位、突起、松动、弯曲、锈蚀、水渍、油渍等情况。

（5）检查 HCU 数据流　若流程图前几步都未发现问题，请检查诊断仪提供的数据流，如果某个数据异常，根据该数据找到对应的传感器或执行器，进行复查。

（6）更换正常 HCU 进行试验　若外观检查发现明显问题或者数据流查验及其他排查方式都已试过，仍未发现问题，请更换正常 HCU，查看是否故障依旧。如果换过正常 HCU 后故障消失，此时可以将故障 HCU 装于其他车核实故障是否由 HCU 引起。确认过后即可按照售后流程，完成 HCU 维修和质保。

128 奇瑞 PHEV 常见故障排除及典型故障码

HCU 硬件故障主要分单点故障和系统故障。

单点故障：整车如果出现以下故障，可能是 HCU 硬件故障。

1）IPU 冷却水泵无法正常工作。
2）PTC 冷却水泵无法正常工作。
3）起动机无法正常起动。
4）ECO 灯无法正常工作。
5）驾驶模式无法正常切换。

出现以上 5 种故障，请先检查被怀疑故障件、线束以及 HCU 是否正常。

系统故障：HCU 的单片机、电源、CAN 芯片出现故障时，会导致 HCU 系统故障，此时整车无法正常起动，请更换 HCU，看是否可以正常起动。

典型故障码见表 4-4。

表 4-4　典型故障码

序号	故障码	DTC 描述	故障归类	故障反应	报警提示	维修指导
1	P1A00 – 64	ESP 转矩介入无效（同时请求增矩和降矩）	ESP	无	无	检查 ESP 同时增矩和降矩的原因
2	P1A08 – 09	变速器故障	TCU	强制空档	红灯	查看变速器故障码
3	P1A09 – 09	变速器故障指示灯点亮	TCU	无	无	查看变速器故障码
4	P1A0A – 09	耦合机构离合器故障	TCU	功率受限	黄灯	查看变速器故障码
5	P1A0B – 09	耦合机构制动器故障	TCU	无	无	查看变速器故障码

(续)

序号	故障码	DTC 描述	故障归类	故障反应	报警报示	维修指导
6	P1A10-00	电机维修请求	IPU	无	无	查看 IPU 故障码
7	P1A11-92	电机降功率警告	IPU	无	无	查看 IPU 故障码
8	P1A12-92	电机禁止工作故障	IPU	强制空档	红灯	查看 IPU 故障码
9	P1A13-92	电机紧急断电	IPU	紧急断高压	红灯	查看 IPU 故障码
10	P1A14-62	电机转矩实际值与 HCU 请求值偏差大	HCU	强制空档	红灯	
11	P1A20-81	整车 Ready 时间超时	HCU	断高压	红灯	
12	P1A21-81	高压附件下电故障	HCU	紧急断高压	红灯	
13	P1A22-81	高压电池断电故障	HCU	紧急断高压	红灯	
14	P1A23-00	高压电池维修提示	HCU BMS	无	无	查看 BMS 故障码
15	P1A24-92	高压电池降功率警告	HCU BMS	无	无	查看 BMS 故障码
16	P1A25-92	高压电池禁止工作故障	HCU BMS	断高压	红灯	查看 BMS 故障码
17	P1A26-92	高压电池紧急断电	HCU BMS	紧急断高压	红灯	查看 BMS 故障码
18	P1A27-09	环路互锁故障	HCU BMS	紧急断高压	红灯闪烁	查看高压线束连接
19	P1A28-09	1 路绝缘检测故障	HCU BMS	无	黄灯	用绝缘表查看高压线束
20	P1A29-09	2 路绝缘检测故障	HCU BMS	断高压	红灯	用绝缘表查看高压线束
21	P1A30-17	DC/DC 低压输出值偏差	DC/DC	无	无	检查 DC/DC 或蓄电池
22	P1A31-00	DC/DC 维修提示	DC/DC	无	无	查看 DC/DC 故障码
23	P1A32-92	DC/DC 降功率警告	DC/DC	无	无	查看 DC/DC 故障码
24	P1A33-92	DC/DC 禁止工作	DC/DC	无	无	查看 DC/DC 故障码
25	P1A34-92	DC/DC 紧急断电	DC/DC	断高压	红灯	查看 DC/DC 故障码
26	P1A41-09	PTC 加热功率控制错误	PTC	无	无	检查 PTC
27	P1A42-92	PTC 加热系统报警	PTC	无	无	检查 PTC
28	P1A43-09	PTC 加热系统故障	PTC	无	无	检查 PTC
29	P1A49-29	PTC 控制信号无效	PTC	无	无	检查 PTC
30	P1A4A-A9	PTC 控制信号无效故障	PTC	无	无	检查 PTC
31	P1A53-09	空调系统高压传感器故障	HCU 冷却	无	无	检查空调
32	P1A54-09	空调系统高压电压值错误	HCU 冷却	无	无	检查空调
33	P1A55-09	空调系统压缩机功率错误	HCU 冷却	无	无	检查空调
34	P1A58-29	驾驶人的空调请求信号无效	HCU 冷却	无	无	检查 CLM 通信
35	P1A61-29	加速踏板信号无效	EMS	无	无	检查发动机
36	P1A69-29	档位信号无效	TCU	强制空档	红灯	检查变速器
37	P1A70-81	ACMH 制动力信号无效	ACMH	无	无	检查 ACMH
38	P1A71-29	EMS 制动踏板状态无效	ACMH&EMS	无	无	检查 ACMH 或者制动踏板是否有故障
39	P1A78-2F	整车对地车速信号错误报警	HCU 车速	无	无	检查发动机转速、电机转速和变速器档位

(续)

序号	故障码	DTC 描述	故障归类	故障反应	报警提示	维修指导
40	P1A79-2F	整车对地车速错误-无ASIL车速信号	HCU车速	无	无	检查ESP
41	P1A7A-29	无有效车速	HCU车速	强制空档	红灯	检查ESP、变速器
42	P1A78-2F	驱动轮速信号报警	HCU车速	无	无	检查ESP
43	P1A7C-2F	驱动轮速错误-无ASIL车速信号	HCU车速	无	无	检查ESP、变速器
44	P1A7D-29	无有效驱动轮速	HCU车速	强制空档	红灯	检查ESP
45	P1A80-00	发生碰撞	HCU碰撞	紧急断高压	红灯	
46	P1A81-62	假的碰撞信号	HCU碰撞	无	无	
47	P1A90-00	发动机报警	EMS	0	无	检查EMS故障码
48	P1A91-00	发动机禁止起动	EMS	限功率	黄灯	检查EMS故障码
49	P1A92-00	发动机降功率限制	EMS	0	无	检查EMS故障码
50	P1A93-00	发动机跛行回家故障	EMS	限功率	黄灯	检查EMS故障码
51	P1A94-00	发动机禁止工作	EMS	限功率	黄灯	检查EMS故障码
52	P1A95-00	发动机保护模式	EMS	限功率	黄灯	检查EMS故障码
53	P1A96-00	发动机倒转	HCU EMS	限功率	黄灯	
54	P1AB0-00	高压上电中,请求的电机状态没有响应	HCU IPU	紧急断高压	红灯	检查IPU或者通信
55	P1AB1-00	MindChange模式中,请求的电机状态没有响应	HCU IPU	紧急断高压	红灯	检查IPU或者通信
56	P1AB3-00	高压上电中,请求的电池状态没有响应	HCU高压	紧急断高压	红灯	检查BMS或者通信
57	P1AB4-00	MindChange模式中,请求的电池状态没有响应	HCU高压	紧急断高压	红灯	检查BMS或者通信
58	P1AB6-00	预充时间过长	HCU高压	紧急断高压	红灯	检查BMS或者通信
59	U2000-81	EMS_1通信故障	EMS通信丢失	限功率	黄灯	检查EMS通信
60	U2001-81	EMS_2通信故障	EMS通信丢失	无	无	检查EMS通信
61	U2002-81	EMS_3通信故障	EMS通信丢失	限功率	黄灯	检查EMC通信
62	U2003-81	EPS_1通信故障	TCU通信丢失	无	无	检查ESP通信
63	U2004-81	TCM_1通信故障	TCU通信丢失	强制空档	红灯	检查TCM通信
64	U2005-81	TCM_2通信故障	TCU通信丢失	无	无	检查TCM通信
65	U2006-81	TCM_3通信故障	TCU通信丢失	限功率	黄灯	检查TCM通信
66	U2007-81	TCM_4通信故障	TCU通信丢失	无	无	检查ESP通信
67	U2008-81	ESP_1通信故障	ESU通信丢失	无	无	检查ESP通信
68	U2009-81	ESP_2通信故障	ESU通信丢失	无	无	检查ESP通信

(续)

序号	故障码	DTC 描述	故障归类	故障反应	报警报示	维修指导
69	U200A-81	BCM_1 通信故障	BCM 通信丢失	无	无	检查 BCM 通信
70	U200B-81	BCM_4 通信故障	BCM 通信丢失	无	无	检查 BCM 通信
71	U200C-81	BCM_5 通信故障	BCM 通信丢失	无	无	检查 BCM 通信
72	U200D-81	POD 通信故障	POD 通信丢失	紧急断高压	红灯	检查 POD 通信
73	U200E-81	PEPS_1 通信故障	PEPS 通信丢失	无	无	检查 PEPS 通信
74	U2011-81	DC/DC_General 通信故障	DC/DC 通信丢失	无	DCDC 灯亮	检查 DC/DC_General 通信
75	U2012-81	EAC 通信故障	EAC 通信丢失	无	无	检查 EAC 通信
76	U2013-81	PPD 通信故障	PPD 通信丢失	无	无	检查 PPD 通信
77	U2014-81	ABM_2 通信故障	ABM_2 通信丢失	无	无	检查 ABM 通信
78	U2015-81	ESP_5 通信故障	ESP 通信丢失	无	无	检查 ESP 通信
79	U2016-81	ESP_ACMH 通信故障	ESP 通信丢失	无	无	检查 ESP 通信
80	U2017-81	ACMH_ESP 通信故障	ACMH 通信丢失	无	无	检查 ACMH 通信
81	U2018-81	ACMH_HCU 通信故障	ACMH 通信丢失	无	无	检查 ACMH 通信
82	U2019-81	IPU_General 通信故障	IPU 通信丢失	紧急断高压	红灯	检查 IPU 通信
83	U201A-81	IPU_VoltCurr 通信故障	IPU 通信丢失	紧急断高压	红灯	检查 IPU 通信
84	U201B-81	BMS_General 通信故障	BMS 通信丢失	紧急断高压	红灯	检查 BMS 通信
85	U201C-81	BMS_SocSoh 通信故障	BMS 通信丢失	紧急断高压	红灯	检查 BMS 通信
86	U201D-81	BMS_PwrLim 通信故障	BMS 通信丢失	无	无	检查 BMS 通信
87	U201E-81	ESP_6 通信故障	ESP 通信丢失	无	无	检查 ESP 通信
88	U201F-81	BCM_2 通信故障	BCM_2 通信丢失	无	无	检查 BCM 通信
89	U2020-81	BMS_2 通信故障	BMS 通信丢失	无	无	检查 BMS 通信
90	U2021-81	IMU_2 通信故障	IMU_2 通信丢失	无	无	检查 IMU 通信
91	U0029-88	CAN 1 通信中断	整车通信	紧急断高压	红灯	检查 CAN1 总线
92	U0047-88	CAN 3 通信中断	整车通信	紧急断高压	红灯	检查 CAN3 总线
93	P1AE0-00	禁止混动模式	HCU 转矩管理错误	—	—	—
94	P1AE1-00	禁止发动机停止	HCU 转矩管理错误	—	—	—
95	P1AE2-00	禁止纯电动机模式	HCU 转矩管理错误	—	—	—
96	P1AE3-00	发动机空档怠速停机	HCU 转矩管理错误	—	—	—
97	P1AE4-00	发动机并联停机	HCU 转矩管理错误	—	—	—

（续）

序号	故障码	DTC 描述	故障归类	故障反应	报警提示	维修指导
98	P1AE5-00	发动机 PGS 模式停机	HCU 转矩管理错误	—	—	—
99	P1AE6-00	发动机运转（Operation）模式停机	HCU 转矩管理错误	—	—	—
100	P1AEF-1C	12V 蓄电池短到高故障	HCU 输出	无	无	
101	P1AEE-1C	12V 蓄电池短到低故障	HCU 输出	无	无	
102	P1AF0-14	ECO 灯输出回路低电压故障/开路	硬件输出	无	无	检查对应线束是否对地短路或开路
103	P1AF1-12	ECO 灯输出回路高电压故障	硬件输出	无	无	检查对应线束是否对电源短路
104	P1AF2-14	起动机继电器输出回路低电压故障/开路	硬件输出	无	无	检查对应线束是否对地短路或开路
105	P1AF3-12	起动机继电器输出回路	硬件输出	无	无	检查对应线束是否对地短路电源
106	P0A05-14	LT 水泵输出回路低电压故障/开路	硬件输出	无	无	检查对应线束是否对地短路或开路
107	P0A07-12	LT 水泵输出回路高电压故障	硬件输出	无	无	检查对应线束是否对电源短路
108	P1AF4-14	Htr 水泵输出回路低电压故障/开路	硬件输出	无	无	检查对应线束是否对地短路或开路
109	P1AF5-12	Htr 水泵输出回路高电压故障/开路	硬件输出	无	无	检查对应线束是否对电源短路
110	P1AF6-11	LT 水泵反馈回路低电压故障	硬件输入	无	无	检查对应线束是否对地短路或开路
111	P1AF7-15	LT 水泵反馈回路高电压故障/开路	硬件输入	无	无	检查对应线束是否对电源短路
112	P1AF8-11	Htr 水泵反馈回路低电压故障	硬件输入	无	无	检查对应线束是否对地短路或开路
113	P1AF9-15	Htr 水泵反馈回路高电压故障/开路	硬件输入	无	无	检查对应线束是否对电源短路
114	P1AFC-15	碰撞检测输入电路高电压故障/开路	硬件输入	无	无	检查对应线束是否对地短路或开路
115	P1AFD-11	碰撞检测输入电路低电压故障	硬件输入	无	无	检查对应线束是否对电源短路
116	P0A1D-44	HCU RAM 故障	HCU 内部	紧急断高压	红灯	更换 HCU 硬件
117	P0A1D-45	HCU ROM 故障	HCU 内部	紧急断高压	红灯	更换 HCU 硬件

（续）

序号	故障码	DTC 描述	故障归类	故障反应	报警报示	维修指导
118	P0A1D-04	Mcore 自检错误	HCU 内部	紧急断高压	红灯	更换 HCU 硬件
119	P0A1D-47	看门狗硬件错误	HCU 内部	紧急断高压	红灯	更换 HCU 硬件
120	P0A1D-48	看门狗软件错误	HCU 内部	紧急断高压	红灯	更换 HCU 硬件
121	P0A1D-46	EEPROM 错误	HCU 内部	紧急断高压	红灯	更换 HCU 硬件
122	P1AA0-48	L2 - EPGS 离合器、制动器监测故障	HCU L2	紧急断高压	红灯	
123	P1AA1-48	L2 - 驾驶人轮边转矩监测故障	HCU L2	紧急断高压	红灯	
124	P1AA2-48	L2 - HCU 请求轮边转矩监测故障	HCU L2	紧急断高压	红灯	
125	P1AA3-48	L2 - 转矩梯度监测故障	HCU L2	紧急断高压	红灯	
126	P1AA4-48	L2 - 发动机起动监测故障	HCU L2	紧急断高压	红灯	
127	P1AA5-48	L2 - 输入合理性检测故障	HCU L2	紧急断高压	红灯	
128	P1AA6-48	L2 - 电机最大转矩监测故障	HCU L2	紧急断高压	红灯	
129	P1AA7-48	CVT 输入轴最大值监测故障	HCU L2	紧急断高压	红灯	
130	P1AA8-48	L2 - 发动机状态信号检测故障	HCU L2	紧急断高压	红灯	
131	P1AA9-48	L2 - 车速信号检测故障	HCU L2	紧急断高压	红灯	
132	P1AAA-48	L2 - 制动踏板信号检测故障	HCU L2	紧急断高压	红灯	
133	P1AAB-48	L2 - 加速踏板信号检测故障	HCU L2	紧急断高压	红灯	
134	P1AAC-48	L2 - PGS 状态检测故障	HCU L2	紧急断高压	红灯	
135	P1AAD-48	L2 - 从动轮轮速检测故障	HCU L2	紧急断高压	红灯	
136	P1AAE-48	L2 - ACMH 请求检测故障	HCU L2	紧急断高压	红灯	
137	P1AAF-48	L2 - ESP 请求检测故障	HCU L2	紧急断高压	红灯	
138	P1A37-48	L2 - ABS 请求检测故障	HCU L2	紧急断高压	红灯	
139	P1A38-48	L2 - CVT 速比请求检测故障	HCU L2	紧急断高压	红灯	
140	P1A39-48	L2 - CVT 输入轴最大值检测故障	HCU L2	紧急断高压	红灯	
141	P1A3A-48	L2 - EPGS 离合器检测故障	HCU L2	紧急断高压	红灯	
142	P1A3B-48	L2 - EPGS 制动器检测故障	HCU L2	紧急断高压	红灯	
143	P1A3C-48	L2 - 安全带检测故障	HCU L2	紧急断高压	红灯	
144	P1A3D-48	L2 - 前舱检测故障	HCU L2	紧急断高压	红灯	

(续)

序号	故障码	DTC 描述	故障归类	故障反应	报警提示	维修指导
145	P1A3E-48	L2-驾驶人车门检测故障	HCU L2	紧急断高压	红灯	
146	P1A3F-48	L2-紧急下电监控故障	HCU L2	紧急断高压	红灯	
147	P1A86-00	防盗认证失效	HCU 内部			
148	P1A87-00	认证不通过	HCU 内部			
149	P1A88-00	IMMO 认证信息未接受	HCU 内部			
150	P1A89-00	EOL 模式下防盗数据写入 EEPROM 失效	HCU 内部			
151	P1A8A-00	HCU 未编程	HCU 内部			
152	P1A03-29	ESP 增矩请求无效	HCU ESP 功能	无	无	检查 ESP 通信
153	P1A04-29	ESP 降矩请求无效	HCU ESP 功能	无	无	检查 ESP 通信
154	P1A72-09	再生制动发动机转速不为零	HCU 制动功能	无	黄灯	查看 EMS 故障码
155	P1A73-29	诊断到制动无效信号	HCU 制动功能	无	无	发动机转矩、档位，速比等信号是否合理
156	P1A4B-09	PTC 水泵低级别故障	HCU 气温功能	无	无	检查 PTC 水泵线束有无短路/开路
157	P1A4C-09	PTC 水泵无速度故障	HCU 气温功能	无	无	检查 PTC 水泵
158	P1A4D-09	PTC 水泵无速度故障	HCU 气温功能	无	无	检查 PTC 水泵
159	P1A4E-09	PTC 水泵失控故障	HCU 气温功能	无	无	检查 PTC 水泵
160	P1A4F-09	PTC 水泵硬件故障	HCU 气温功能	无	无	检查 PTC 水泵
161	P1AEA-09	低温水泵低级别故障	HCU 气温功能	无	无	检查 LT 水泵线束有无短路/开路
162	P1AEB-09	低温水泵输出范围超限故障	HCU 气温功能	无	无	检查 LT 水泵
163	P1AEC-09	低温水泵无速度故障	HCU 气温功能	无	无	检查 LT 水泵
164	P1AED-09	低温水泵失控故障	HCU 气温功能	无	无	检查 LT 水泵
165	P1AEE-09	低温水泵硬件故障	HCU 气温功能	无	无	检查 LT 水泵

（续）

序号	故障码	DTC 描述	故障归类	故障反应	报警提示	维修指导
166	P1A6A-09	POD 故障	HCU POD 功能	无	无	检查 POD
167	P1A2D-09	DC/DC 不工作故障	HCU DC/DC 功能	无	无	检查 DC/DC
168	P1A2E-09	DC/DC 不下电故障	HCU DC/DC 功能	无	无	检查 DC/DC
169	P1A2F-09	DC/DC 不进入紧急下电故障	HCU DC/DC 功能	无	无	检查 DC/DC
170	P1A97-21	Epgs 离合器热容量故障导致发动机 Impulse 起动失败	HCU ENG 脉冲起动功能	限功率	黄灯	检查 EPGS 离合器是否有故障
171	P1A98-22	电机超速导致发动机 Impulse 起动失败	HCU ENG 脉冲起动功能	限功率	黄灯	检查电机超速的原因
172	P1A99-09	Epgs 离合器、制动器故障导致发动机 Impulse 起动失败	HCU ENG 脉冲起动功能	限功率	黄灯	检查 EPGS 离合器和制动器是否有故障
173	P1A9A-63	起动超时导致发动机 Impulse 起动失败	HCU ENG 脉冲起动功能	限功率	黄灯	检查 EPGS 离合器和制动器是否有故障
174	P1A9B-63	起动超时导致发动机 idle 起动失败	HCU ENG 怠速起动功能	限功率	黄灯	检查 EPGS 离合器和制动器是否有故障
175	P1A9C-63	EPGS 离合器闭合超时导致发动机 idle 起动失败	HCU ENG 怠速起动功能	限功率	黄灯	检查 EPGS 离合器是否有故障
176	P1A9D-63	起动超时发动机 Crank 起动失败	HCU ENG 摇转起动功能	限功率	黄灯	检查 EPGS 离合器和制动器是否有故障
177	P1A6B-09	EPGS 离合器异常打开	HCU EPGS 离合器功能	无	无	检查 EPGS 离合器是否有故障
178	P1A6C-63	PGS 模式运行超时	HCU PGS 运行功能	限功率	黄灯	检查 EPGS 离合器和制动器是否有故障
179	P1A6D-09	PGS 起步失效	HCU PGS 运行功能	限功率	黄灯	检查 EPGS 离合器是否有故障
180	P1A8B-63	并联模式下发动机停机超时	HCU ENG 停机功能	限功率	黄灯	检查 EPGS 离合器和制动器是否有故障

(续)

序号	故障码	DTC 描述	故障归类	故障反应	报警提示	维修指导
181	P1A8C-63	PGS 模式下发动机停机超时	HCU ENG 停机功能	限功率	黄灯	检查 EPGS 离合器和制动器是否有故障
182	P1A8D-63	空档发动机停机超时	HCU ENG 停机功能	限功率	黄灯	检查 EPGS 离合器和制动器是否有故障
183	P1A8E-09	发动机停机 EPGS 离合器故障	HCU ENG 停机功能	限功率	黄灯	检查 EPGS 离合器和制动器是否有故障
184	P1A8F-09	停留在 Pt Oper 模式故障	HCU ENG 停机功能	限功率	黄灯	检查 EPGS 离合器和制动器是否有故障
185	P1AC0-29	加速踏板信号无效	HCU 通信	无	黄灯	检查 EMS 通信和加速踏板开度过大的原因
186	P1AC1-29	发动机转矩最大值无效	HCU 通信	限功率	黄灯	检查 EMS 通信和发动机最大转矩过大的原因
187	P1AC2-29	发动机转矩最小值无效	HCU 通信	限功率	黄灯	发动机最小转矩过大的原因
188	P1AC3-29	发动机转矩实际值无效	HCU 通信	无	黄灯	检查 EMS 通信和发动机实际转矩过大的原因
189	P1AC4-29	制动踏板状态无效	HCU 通信	无	无	检查 EMS 通信和制动踏板状态
190	P1AC5-29	发动机转速实际值无效	HCU 通信	限功率	黄灯	检查 EMS 通信和发动机转速过高的原因
191	P1AC6-29	EPGS 行星架转速无效	HCU 通信	强制空档	红灯	检查 TCM 通信和 EPGS 行星架转速过高的原因
192	P1AC7-29	CVT 输入轴转矩无效	HCU 通信	强制空档	红灯	检查 TCM 通信和 CVT 输入轴转矩过大的原因
193	P1AC8-29	实际档位无效	HCU 通信	强制空档	红灯	实际档位大于 2 的原因
194	P1AC9-29	目标档位无效	HCU 通信	强制空档	红灯	检查 TCM 通信和目标档位大于 2 的原因
195	P1ACA-29	CVT 实际速比无效	HCU 通信	无	黄灯	检查 TCM 故障和 CVT 速比过大的原因
196	P1ACB-29	EPGS 制动器状态无效	HCU 通信	限功率	黄灯	检查 TCM 通信和 EPGS 制动器故障
197	P1ACC-29	EPGS 离合器状态无效	HCU 通信	限功率	黄灯	检查 TCM 通信和 EPGS 离合器故障

（续）

序号	故障码	DTC 描述	故障归类	故障反应	报警报示	维修指导
198	P1ACD-29	EPGS 制动器转矩无效	HCU 通信	限功率	黄灯	检查 TCM 通信和 EPGS 制动转矩
199	P1ACE-29	EPGS 制动器转矩无效	HCU 通信	限功率	黄灯	检查 TCM 通信和 EPGS 制动转矩
200	P1ACE-29	车速信号无效	HCU 通信	无	无	检查 ESP 通信和车速
201	P1ACF-29	电源额定充电功率无效	HCU 通信	限功率	黄灯	检查 BMS 通信和 BMS 额定充电功率
202	P1AD0-29	电池峰值充电功率无效	HCU 通信	限功率	黄灯	检查 BMS 通信和 BMS 额定充电功率
203	P1AD1-29	电池额定放电功率无效	HCU 通信	限功率	黄灯	检查 BMS 通信和 BMS 额定放电功率
204	P1AD3-29	电池峰值放电功率无效	HCU 通信	限功率	黄灯	检查 BMS 通信和 BMS 额定放电功率
205	P1AD4-29	电机转速信号无效	HCU 通信	强制空档	红灯	检查 IPU 通信和电机转速
206	P1AD5-29	电机实际转矩无效	HCU 通信	无	黄灯	检查 IPU 通信和电机转矩
207	P1AD6-29	电机负向转矩无效	HCU 通信	强制空档	红灯	检查 IPU 通信和电机转矩
208	P1AD7-29	电机正向转矩无效	HCU 通信	强制空档	红灯	检查 IPU 通信和电机转矩
209	P1AD8-29	右后轮轮速无效	HCU 通信	无	无	检查 ESP 通信和右后轮速过大的原因
210	P1AD9-29	左后轮轮速无效	HCU 通信	无	无	检查 ESP 通信和左后轮速过大的原因
211	P1ADA-29	再生制动目标转矩无效	HCU 通信	无	无	检查 ESP 通信和快速降转矩请求
212	P1AD8-29	ESP 快速降矩请求无效	HCU 通信	无	无	检查 ESP 通信和快速降转矩请求
213	P1ADC-29	ESP 慢降矩请求无效	HCU 通信	无	无	检查 ESP 通信和慢速降转矩请求
214	P1ADD-29	ESP 增矩请求无效	HCU 通信	无	无	检查 ESP 通信和增矩请求
215	P1A5A-00	蓄电池电压过高	HCU BSW			检查蓄电池
216	P1A5B-00	检测到蓄电池电压有突变	HCU BSW			检查蓄电池
217	P1A5C-00	蓄电池电压过低	HCU BSW			检查蓄电池
218	P1A5D-00	蓄电池电压不合理	HCU BSW			检查蓄电池
219	P1A5E-00	HCU 内部芯片温度过高	HCU BSW			更换 HCU 硬件
220	P1A5F-00	HCU 内部芯片温度过高	HCU BSW			更换 HCU 硬件
221	P1A62-00	HCU 内部芯片温度信号不合理	HCU BSW			更换 HCU 硬件
222	P1A63-00	压力传感器信号故障	HCU BSW	无	无	检查高压传感器线束

(续)

序号	故障码	DTC 描述	故障归类	故障反应	报警报示	维修指导
223	P1A64-00	压力传感器信号短电源故障	HCU BSU	无	无	检查高压传感器线束是否短电源
224	P1A65-00	压力传感器信号短地故障	HCU BSU	无	无	检查高压传感器线束是否短地
225	P1A66-00	CCA2 输出故障	HCU BSU			更换 HCU 硬件
226	P1A67-00	CCA2 输出不合理故障	HCU BSU			更换 HCU 硬件
227	P1A6E-00	输出极故障	HCU BSU			更换 HCU 硬件
228	P1A6F-00	输出极对电源短路故障	HCU BSU			更换 HCU 硬件
229	P1A74-00	输出极对电源短电源故障	HCU BSU			更换 HCU 硬件
230	P1A75-00	输出极开路故障	HCU BSU			奇瑞 HCU 无此故障
231	P1A76-00	外围时钟过低故障	HCU BSW			奇瑞 HCU 无此故障
232	P1A77-00	外围时钟故障	HCU BSW			更换 HCU 硬件
233	P1A7E-00	传感器供电端短电源故障	HCU BSW			更换 HCU 硬件
234	P1A7F-00	传感器供电端短地故障	HCU BSW			更换 HCU 硬件
235	P1A82-44	Reset 故障	HCU BSW			更换 HCU 硬件
236	P1A83-00	DN-line 故障	HCU BSW			更换 HCU 硬件
237	P1A84-00	输出极电源开路故障	HCU BSW			更换 HCU 硬件
238	P1A9E-00	看门狗故障	HCU BSW			更换 HCU 硬件
239	P1AB8-00	HCU 关断路径测试点 1 自检故障	HCU BSW			更换 HCU 硬件
240	A1AB9-00	HCU 关断路径测试点 2 自检故障	HCU BSW			更换 HCU 硬件
241	P1ABA-00	HCU 关断路径测试点 3 自检故障	HCU BSW			更换 HCU 硬件
242	P1ABB-00	HCU 关断路径测试点 4 自检故障	HCU BSW			更换 HCU 硬件
243	P1ABC-00	HCU 关断路径测试点 5 自检故障	HCU BSW			更换 HCU 硬件
244	P1ABD-00	HCU 关断路径测试点 6 自检故障	HCU BSW			更换 HCU 硬件
245	P1ABE-00	HCU 关断路径测试点 7 自检故障	HCU BSW			更换 HCU 硬件
246	P1ABF-00	HCU 关断路径测试点 8 自检故障	HCU BSW			更换 HCU 硬件
247	P1A9F-00	HCU 安全管理故障	HCU BSW			更换 HCU 硬件

129 奇瑞 PHEV 连接诊断仪进行自诊断

1. 诊断仪连接

奇瑞 PHEV 的诊断接口位于转向盘下方的仪表板后方,如图 4-10 所示。连接诊断仪,点火开关处于 ON 位置,不起动,诊断仪选择"M16 7PHEV"车型(即艾瑞泽 7),然后选择各个系统,进行自诊断。

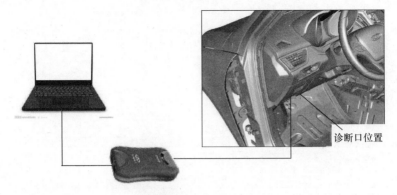

图 4-10　诊断仪连接

2. 诊断仪菜单和数据流

1）选择 HCU 系统，诊断仪界面如图 4-11 所示。

2）读取故障码，如图 4-12 所示，可以读取当前和历史故障码。

车型选择>>M16 PHEV>>手动选择>>HCU系统>>特

艾瑞泽 M7	读故障码
艾瑞泽5	清除故障码
M16 PHEV	读版本信息
控制器软件刷新	读数据流
发动机ECU VIN码读写	特殊操作

图 4-11　诊断仪界面

读取当前故障码

读取历史故障码

读取冻结帧

图 4-12　读取故障码

① 读取冻结帧菜单如图 4-13 所示。若有故障码，可以点击这些故障码，诊断仪可以显示该故障码的冻结帧。

② 例如，点击其中一个故障码，显示图 4-14 所示的冻结帧。

3）清除故障码，如图 4-15 所示。

4）读版本信息，如图 4-16 所示。

5）读取数据流界面如图 4-17 所示。

ID:[0xA9][0x1B][0x0E][0x1A][0x73][0x29]

P1A58-29 驾驶员的空调请求信号无效

P1ADA-29 再生制动目标扭矩无效

图 4-13　读取冻结帧菜单

车型选择>>M16 PHEV>>手动选择>汉冻结帧

名称	当前值	单位
车速	0.00	km/h
整车控制器扭矩管理状态	未激活	
整车系统故障等级	无再生制动	
12v 低压系统	13.90	V
高压	373	V
电池控制器状态	可操作模式	
电池管理系统错误层级	正常状态	
逆变器状态	可操作模式	
逆变器错误层级	正常状态	
逆变器控制模式	不使能	
DCDC变压器状态	可操作模式	
DCDC变压器错误层级	正常状态	

a)

车型选择>>M16 PHEV>>=取冻结帧

名称	当前值	单位
DCDC控制模式	不工作	
发动机控制器状态	停机	
发动机系统的错误层级	正常状态	
变速箱控制器错误层级	正常	
制动踏板状态	未踩制动	
驾驶员扭矩请求	0	Nm
HCU请求发动机快扭矩	160.00	Nm
HCU请求发动机慢扭矩	0.00	Nm
发动机实际扭矩	-44.50	Nm
HCU请求逆变器的扭矩设置值	0.00	Nm
逆变器的实际扭矩	-1.00	Nm
ABM在CAN上发送的碰撞信号	无碰撞	

b)

图 4-14　显示冻结帧

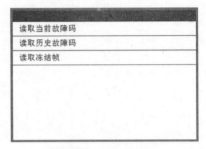

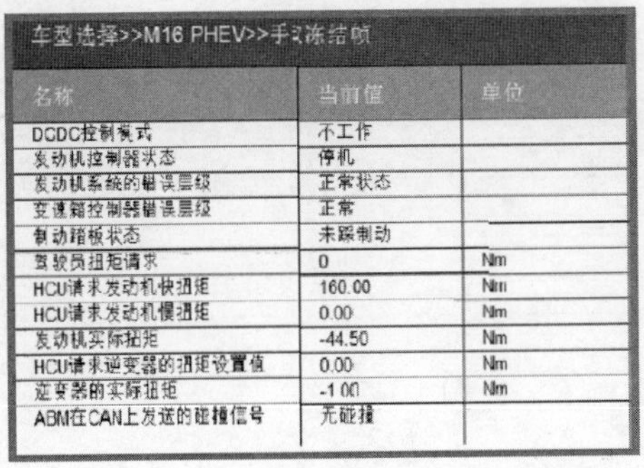

c)

图 4-14 显示冻结帧（续）

① 读取数据流 1 如图 4-18 所示。
② 读取数据流 2 如图 4-19 所示。
6）特殊操作菜单如图 4-20 所示。
① 小电机驱动菜单如图 4-21 所示。
② ECO 模式灯菜单如图 4-22 所示。

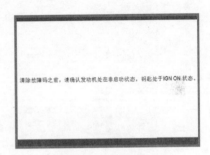

图 4-15 清除故障码

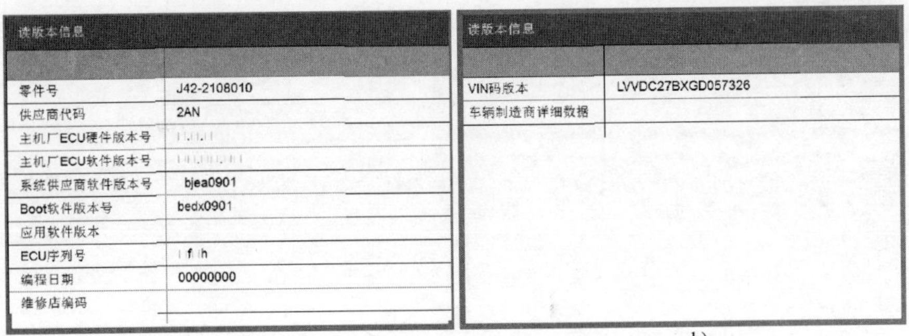

a)   b)

图 4-16 读版本信息

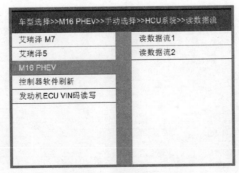

图 4-17 读取数据流界面

图 4-18 读取数据流 1

奇瑞插电式混合动力汽车（PHEV） 第4章

车型选择>>M16 PHEV>>手动数据流1		
名称	当前值	单位
空调压缩机温度	-38	DegC
空调压缩机相电流	0.00	A
HCU请求压缩机转速	0	rpm
HCU请求压缩机状态	电动压缩机关闭	
HCU限定压缩机功率	0.00	kW
压缩机高压压力	500.0	kPa
ESP降扭请求激活	扭矩下降未激活	
ESP增扭请求激活	扭矩增加未激活	
ESP增扭请求	32768	Nm
ESP缓慢降扭请求	32768	Nm
ESP快速降扭请求	32768	Nm
HCU发送给ESP的驾驶员扭矩需求	0	Nm
ESP变速箱输入轴扭矩	0	Nm
HCU打开ESP功能	准备就绪	
ESP车速	0.00	km/h
ESP禁止换挡	没有禁止换挡要求	
ESP牵引力控制激活	未激活	

车型选择>>M16 PHEV>>手动数据流1		
名称	当前值	单位
HCU防盗状态	防盗释放	
电机功率	-2	kW
PEPS启动继电器状态	12V启动继电器打开	
接收网络节点CAN消息的状态字节		

图 4-18 读取数据流1（续）

车型选择>>M16 P数据流2		
名称	当前值	单位
禁止发动机停机	发动机停机未被禁止	
传动系状态指示	无法切换到激活状态	
传动系连接状态指示	无法切换到驱动档	
发动机启动需求指示	无法切换到发动机工作状态	
传动系B状态指示	可以切换到禁止状态	
动总运行模式请求	退出激活状态	
扭矩管理模式	未激活	
扭矩管理故障等级	正常状态	
动总运行状态		
电机启动请求	无12V起动机启动需求	
状态钥匙	钥匙IGN档	
驾驶员侧门	关闭	
前舱盖	关闭	
舱内温度	22.00	DegC
驾驶员请求温度	19.00	DegC
空调模式	吹脸	
安全带	驾驶员安全带未锁止	

车型选择>>M16 PHEV>>数据流2		
名称	当前值	单位
手刹	手刹拉起	
燃箱油位	13	%
室外温度	21.50	DegC
空调打开请求	未打开	
请求压缩机转速	0	rpm

图 4-19 读取数据流2

特殊操作
小电机驱动
ECO模式灯
低温冷却水泵
PTC水泵
电机位置角度标定
高压系统下电测试
DCDC输出电压测试

图 4-20 特殊操作菜单

小电机驱动
启动禁止
启动使能

图 4-21 小电机驱动菜单

ECO模式灯
熄灭
点亮

图 4-22 ECO模式灯菜单

③ 低温冷却水泵、PTC 水泵转速数据测试分别如图 4-23 和图 4-24 所示。

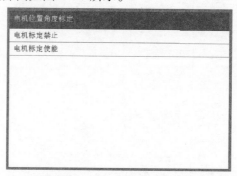

图 4-23　低温冷却水泵数据　　　　图 4-24　PTC 水泵数据

④ 电机位置角度标定界面如图 4-25 所示。

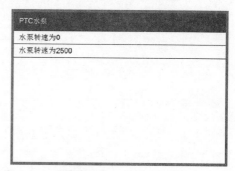

图 4-25　电机位置角度标定界面

⑤ 高压系统下电测试如图 4-26 所示。

⑥ DC/DC 输出电压测试如图 4-27 所示。

 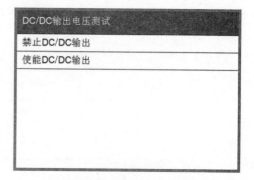

图 4-26　高压系统下电测试　　　　图 4-27　DC/DC 输出电压测试

 奇瑞 PHEV HCU 拆装

车辆控制器系统结构分解如图 4-28 所示。

1）点火开关打至 OFF 档。

2）掀开前排乘员脚下地毯，如图 4-29 所示。

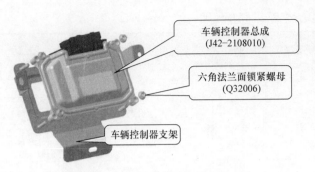
图 4-28 车辆控制器系统结构分解图

图 4-29 掀开前排乘员脚下地毯

3）拆卸步骤如下：
① 整车线束脱离。
② 用 10 号套筒或者扳手松掉 3 枚六角法兰面锁紧螺母（采用对角顺序原则）。
③ 沿垂直于支架凸焊螺栓方向，取下车辆控制器支架与车辆控制器总成。
④ 用套筒或者扳手松掉 4 枚车辆控制器总成锁紧螺母。
⑤ 将车辆控制器支架与车辆控制器总成拆卸分离。注：更换 HCU 需要进行防盗匹配。

4）安装步骤如下：
① 将车辆控制器总成的 4 个安装孔和车辆控制器支架总成的凸焊螺栓匹配。
② 用 4 枚六角法兰面锁紧螺母（Q32006）固定车辆控制器总成于支架上。
③ 用套筒或者扳手拧紧 4 枚六角法兰面锁紧螺母。
④ 将车辆控制器支架的 3 个安装孔和车身前围板上的 3 个凸焊螺栓匹配。
⑤ 用 3 枚六角法兰面锁紧螺母（Q32006）固定车辆控制器支架于车身上。
⑥ 用套筒或者扳手拧紧 3 枚六角法兰面锁紧螺母。
⑦ 将整车线束母端插接器与车辆控制器板端插接器对插好，并进行机械锁止。

131 奇瑞 PHEV 充电器结构

奇瑞 PHEV 充电器结构如图 4-30 所示。充电器图注定义见表 4-5。

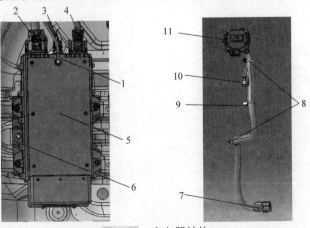
图 4-30 充电器结构

表4-5 充电器图注定义

序号	名称	数量	序号	名称	数量
1	充电器搭铁线	1	7	插接器4	1
2	插接器1	1	8	孔扎带	2
3	插接器2	1	9	钣金扎带	1
4	插接器3	1	10	插接器5	1
5	充电器	1	11	充电口	—
6	充电器支架	1			

注：

1) 插接器1：220V电源输入插接器，与充电器电源输入端连接。

2) 插接器2：充电控制信号插接器，与整车低压线缆连接。

3) 插接器3：高压输出插接器，与动力电池慢充输入线连接。

132 奇瑞PHEV充电口拆装

所需工具和辅料：10号套筒、棘轮扳手。

1. 拆卸

1) 拔出高压电池保险栓。

2) 断开低压蓄电池负极电缆。

3) 断开固定充电口总成的2个孔扎带和1个钣金扎带，如图4-31所示。

4) 断开充电口总成的两个线束插接器与整车对应的插接器的插接，如图4-32所示。

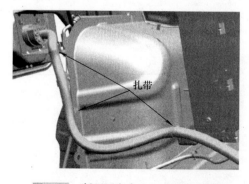

图4-31 断开固定充电口总成的扎带

图4-32 断开充电口总成的两个线束与整车的插接

5) 用10号套筒拆卸充电口的3个固定螺栓（紧固力矩：$(9±1.5)$ N·m），如图4-33所示。

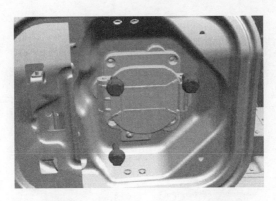

图 4-33　拆卸充电口的 3 个固定螺栓

2. 安装

安装步骤与拆卸步骤相反。

133　奇瑞 PHEV 充电器总成拆装

1. 拆卸

1) 拔出高压电池保险栓。

2) 断开低压蓄电池负极电缆。

3) 用 10 号套筒拆卸车载充电器搭铁线固定螺栓（紧固力矩：(9 ± 1.5) N·m），断开车载充电器与搭铁线的连接，如图 4-34 所示。

4) 断开车载充电器总成的三个插接器与整车对应的线束插接器的插接，如图 4-35 所示。

图 4-34　断开车载充电器与搭铁线的连接

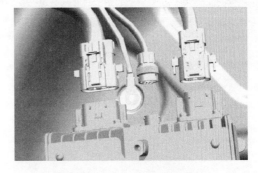

图 4-35　断开车载充电器总成的三个插接器与整车的插接

5) 用 10 号套筒拆卸车载充电器的 4 个固定螺母（紧固力矩：(9 ± 1.5) N·m），并取下车载充电器，如图 4-36 所示。

6) 用 10 号套筒拆卸充电器支架的 3 个固定螺栓（紧固力矩：(25 ± 2.5) N·m），并取下充电器支架，如图 4-37 所示。

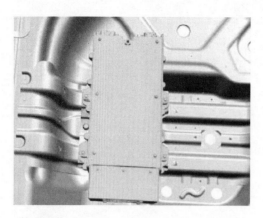

图 4-36 拆卸车载充电器的 4 个固定螺母

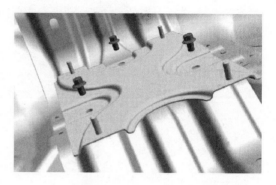

图 4-37 取下充电器支架

2. 安装

安装步骤与拆卸步骤相反。

注：

1）所有插接器要保证插接牢靠，遵照"一插二听三拔"的装配步骤。

2）充电器有插接端朝向车辆前方。

3）安装充电器支架时，需对齐安装孔位。

134 奇瑞 PHEV 充电指示灯位置及状态

奇瑞 PHEV 充电指示灯位置如图 4-38 所示。

各充电状态充电指示灯闪烁方式见表 4-6。

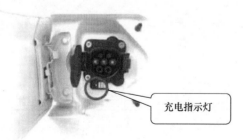

图 4-38 充电指示灯位置

表 4-6 各充电状态充电指示灯闪烁方式

序号	充电状态	指示灯状态
1	正在充电	红灯常亮
2	满电	绿灯常亮
3	充电暂停/加热	黄灯带亮
4	故障	不亮

135 奇瑞 PHEV 电机控制器技术参数及外观

电机控制器作为驱动系统的关键核心部件，其主要作用是在 EV 模式下实现驱动电机加速、减速,并响应 HCU 请求指令,实现电机正转和反转,从而实现控制整车前进和后退,同时在 PHEV 怠速或制动时实现再生制动和能量回收功能。

电机控制器与 DC/DC 和高压分线盒共同集成为 IPU(集成控制器)。冷却方式为水冷,直流输入,三相交流输出。

其主要功能有:

1)直流转化为交流:电动状态时将动力电池直流转化为电机三相交流。
2)交流转化为直流:制动发电状态,将交流转化为直流回馈动力电池。
3)控制电机工作并监控电机状态:接受整车指令,控制电机运行状态。
4)高压附件电源管理:空调压缩机、PTC 和 POD 高压电源分配和保护。
5)集成 DC/DC 功能:将直流高压转化成低压(14V)。
6)高压安全保护功能:高压环路互锁、安全接地保护。

电机控制器技术参数见表 4-7。

表 4-7 电机控制器技术参数

额定电压/V	345.6	质量/kg	17.5 ± 0.5
额定容量/kV·A	500	峰值容量/kV·A	75
DC/DC 输出电压范围/V	12~16	DC/DC 额定输出电压/V	14
DC/DC 额定输出功率/kW	2	DC/DC 峰值输出功率/kW	2.4
存储温度/℃	-40~125	防护等级	IP67

IPU 总成集成了电机控制器、DC/DC 和高压分线盒,如图 4-39 所示。电机控制器高压母线插座通过高压线缆与动力电池组总成连接,三相交流插座通过三相线缆连接,其中驱动电机集成在变速器内部;POD 插座通过线缆与 POD 连接,PTC/空调压缩机插座通过线缆分别与 PTC 和空调压缩机连接(高压部分连接参考高压电气部分维修手册),DC/DC 正极输出插座与电器盒连接,电器盒通过 200A 熔丝与低压蓄电池正极连接;IPU 接地点通过接地线与整车接地点连接,通过车身与低压蓄电池负极连接。

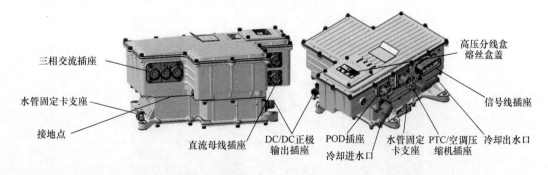

图 4-39 IPU 总成

136 奇瑞 PHEV 集成控制器电气原理图及信号线插座端子定义

奇瑞 PHEV 集成控制器电气原理如图 4-40 所示。信号线插座为 39 针插接器，如图 4-41 所示，其端子定义见表 4-8。

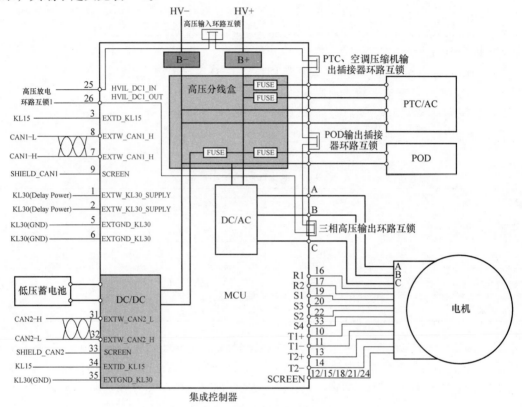

图 4-40　集成控制器电气原理

图 4-41　信号线插座

表 4-8　信号线插座端子定义

序号	功能	信号类型	序号	功能	信号类型
1	EXTW_KL30_SUPP LY	KL30 电源信号	18	SHIELD_GND_R12	旋变传感器信号屏蔽线
			19	EXTP_S1	旋变传感器信号
2	EXTW_KL30_SUPP LY	KL30 电源信号	20	EXTP_S3	旋变传感器信号
			21	SHIELD_GND_S13	旋变传感器信号屏蔽线
3	EXTID_KL15	KL15 电源信号	22	EXTP_S2	旋变传感器信号
4	VMS_INVERTER_ENABLE	VMS 使能控制信号	23	EXTP_S4	旋变传感器信号
			24	SHIELD_GND_S24	旋变传感器信号屏蔽线
5	EXTGND_KL30	电源地信号	25	HVIL_DC1_IN	环路互锁信号输入
6	EXTGND_KL30	电源地信号	26	HVIL_DC1_OUT	环路互锁信号输出
7	EXTC_CAN_HI	电机控制器 CAN（高）信号	27	HVIL_DC2_IN	环路互锁信号输入（预留）
			28	HVIL_DC2_OUT	环路互锁信号输入（预留）
8	EXTC_CAN_LO	电机控制器 CAN（低）信号	29	HVIL_DC2_IN	环路互锁信号输入（预留）
			30	HVIL_DC3_OUT	环路互锁信号输入
9	SHIELD_GND_CA N1	CAN 屏蔽线	31	CAN2_H	DC/DC CAN（高）信号
			32	CAN2_L	DC/DC CAN（低）信号
10	M1T +	电机温度传感器信号	33	SHIELD_GND_CA N2	CAN 屏蔽线
11	M1T −	电机温度传感器信号			
12	SHIELD_GND_M1T	温度传感器屏蔽线	34	EXTID_KL15	KL15 电源信号
13	M2T +	电机温度传感器信号	35	EXTGND_KL30	电源地信号
14	MT2 −	电机温度传感器信号	36	—	—
15	SHIELD_GND_M2T	温度传感器屏蔽线	37	—	—
16	EXTP_R1	旋变传感器信号	38	—	—
17	EXTP_R2	旋变传感器信号	39	—	—

奇瑞 PHEV IPU 和 DC/DC 故障码

IPU 故障码见表 4-9。

表 4-9　IPU 故障码

序号	DTC	DTC 字节（hex）			DTC 描述
		高	中	低	
1	U0594 − 81	C5	94	81	通信错误 − 从 HCU 接收的消息无效
2	U0293 − 87	C2	93	87	通信错误 − HCU 消息丢失
3	U0595 − 81	C5	95	81	CAN 通信错误 − 从 BMS 接收的消息无效
4	U0294 − 87	C2	94	87	通信错误 − BMS 消息丢失
5	U0599 − 81	C5	99	81	通信错误 − 从 DC/DC 接收的消息无效

（续）

序号	DTC	DTC 字节（hex）			DTC 描述
		高	中	低	
6	U0298-87	C2	98	87	通信错误-DC/DC 消息丢失
7	U0073-88	C0	75	88	BUS OFF 故障（预留）
8	P1C00-19	1C	00	19	相过流
9	P1C05-04	1C	05	04	控制器故障
10	P1C06-09	1C	06	09	IGBT 模块故障
11	P1C07-09	1C	07	09	MCU 传感器供电故障
12	P1C30-19	1C	30	19	直流母线过流
13	P1C08-09	1C	08	09	门极驱动故障（预留）
14	P1C09-09	1C	09	09	电机位置传感器故障（预留）
15	P1C31-17	1C	31	17	母线过压
16	P1C32-16	1C	32	16	母线欠压
17	P1C40-98	1C	40	98	电机过温警告
18	P0A2F-98	0A	2F	98	电机过温
19	P0A2A-09	0A	2A	09	电机温度传感器故障
20	P1C41-98	1C	41	98	控制器过温警告
21	P0A3C-98	0A	3C	98	控制器过温
22	P0AED-01	0A	ED	01	IGBT 温度传感器故障
23	P0A44-22	0A	44	22	电机超速
24	P1C50-22	1C	50	22	电机超速警告
25	P1C0B-09	1C	0B	09	MCU 模式错误
26	P1C0C-09	1C	0C	09	门极电压故障
27	P1C0D-09	1C	0D	09	故障等级 1（预留）
28	P1C0E-09	1C	0E	09	故障等级 2（预留）
29	P1C0F-09	1C	0F	09	故障等级 3（预留）
30	P1C51-97	1C	51	97	电机堵转
31	P1C10-09	1C	10	09	MCU 硬件互锁故障
32	P1C11-09	1C	11	09	电机冷却故障（预留）
33	P0A1B-04	0A	1B	04	MCU 自检故障（预留）
34	P1C12-09	1C	12	09	MCU 对位置超范围（预留）
35	P1C13-09	1C	13	09	旋变对位置错误
36	P1C14-09	1C	14	09	旋变对位置失败
37	P0A3F-01	0A	3F	01	电机位置传感器错误（短路或开路）
38	P1C01-09	1C	01	09	电机缺相故障
39	P1C60-16	1C	60	16	低压供电欠压故障
40	P1C61-17	1C	61	17	低电供电过压故障

(续)

序号	DTC	DTC 字节（hex）			DTC 描述
		高	中	低	
41	P1C62-1C	1C	62	1C	控制器低压供电故障-低压超量程（预留）
42	P0A51-09	0A	51	09	电流传感器电路失效-短路或开路
43	P0A17-09	0A	17	09	转矩误差较大
44	P1C02-99	1C	02	09	相电流传感器电路失效-短路或开路
45	P0A1D-44	0A	1D	44	RAM 错误（预留）
46	P0A1D-45	0A	1D	45	ROM 错误（预留）
47	P0A1D-47	0A	1D	47	硬件看门狗错误（预留）
48	P0A1D-48	0A	1D	48	软件看门狗错误（预留）
49	P0A1D-46	0A	1D	46	EEPROM 错误（预留）
50	P1C63-1C	1C	63	1C	控制器 5V 电源电压超限故障
51	P1C42-98	1C	42	09	控制器温度传感器电路短路或开路（预留）

DC/DC 故障码见表 4-10。

表 4-10 DC/DC 故障码

序号	DTC	DTC 字节（hex）			DTC 描述
		高	中	低	
1	U0594-81	C5	94	81	接收的 HCU 信号无效
2	U0293-87	C2	93	87	与 HCU 失去通信
3	U0595-81	C5	95	81	接收的 BMS 信号无效
4	U0294-87	C2	94	87	与 BMS 失去通信
5	U0593-81	C5	93	81	接收的 IPU 信号无效
6	U0292-87	C2	92	87	与 IPU 失去通信
7	U0075-88	C0	75	88	BUS OFF 故障（预留）
8	P1D10-98	1D	10	98	变换器过温警告
9	P0AF7-98	0A	F7	98	变换器过温故障
10	P1D11-09	1D	11	09	变换器温度传感器故障
11	P1D20-09	1D	20	09	输入电流传感器故障
12	P0A86-09	0A	86	09	输出电流传感器故障
13	P1D00-04	1D	00	04	DC/DC 自检故障
14	P1D21-21	1D	21	21	DC/DC 输入欠压
15	P1D22-22	1D	22	22	DC/DC 输入过压
16	P1D23-22	1D	23	22	DC/DC 输入过流
17	P0A8D-21	0A	8D	21	DC/DC 输出欠压
18	P0A8E-22	0A	8E	22	DC/DC 输出过压

138 奇瑞 PHEV IPU 故障的诊断流程

（1）U0594-81 通信错误-从 HCU 接收的消息无效　属于 HCU 故障，如上电复位不能清除，报告 HCU 排查故障。

（2）U0293-87 通信错误-HCU 消息丢失　同 U0594-81。

（3）U0595-81 CAN 通信错误-从 BMS 接收的消息无效　同 U0594-81。

（4）U0294-87 通信错误-BMS 消息丢失　同 U0594-81。

（5）U0599-81 通信错误-从 DC/DC 接收的消息无效　首先对整车上电复位3次，复位过程中应注意下电后要等动力电池放电完毕，再重新上电（后同）。如果复位后不能清除该故障，可先排查电机控制器低压信号插接器接触是否可靠，再检测该线束中的电源信号和CAN 终端电阻有无问题，如果排查后还不能清除故障，请更换电机控制器总成，具体流程如图 4-42 所示。

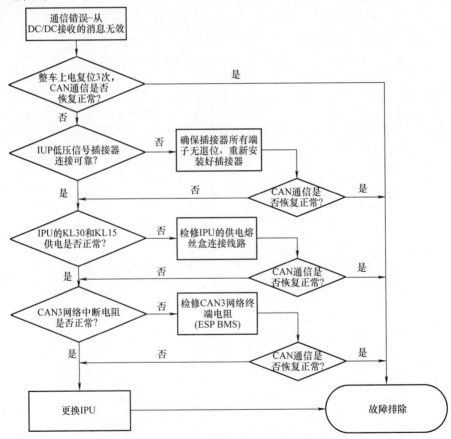

图 4-42　从 DC/DC 接收的消息无效诊断流程

（6）U0298-87 通信错误-DC/DC 消息丢失　具体流程同 U0599-81。

（7）P1C00-19 Phase_Overcurrent 相过流　具体流程如图 4-43 所示。

（8）P1C05-04 控制器故障　具体流程如图 4-44 所示。

（9）P1C06-09 IGBT 模块故障　具体流程如图 4-45 所示。

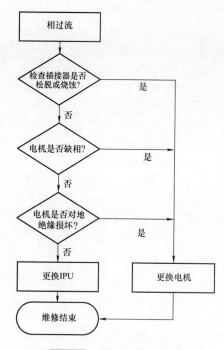

图 4-43 相过流诊断流程

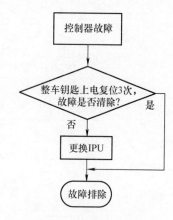

图 4-44 控制器故障诊断流程

（10）P1C07-09 MCU 传感器供电故障 具体流程如图 4-46 所示。

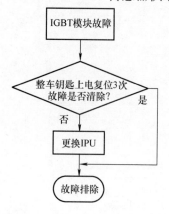

图 4-45 IGBT 模块故障诊断流程

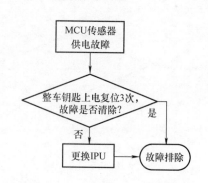

图 4-46 MCU 传感器供电故障诊断流程

（11）P1C30-19 直流母线过流 具体流程如图 4-47 所示。

（12）P1C31-17 母线过压、P1C32-16 母线欠压 具体流程如图 4-48 所示。

（13）P1C40-98 电机过温警告 具体流程请参照电机过温排查方法。

（14）P0A2F-98 电机过温 首先使用整车钥匙上电复位 3 次，复位过程中应注意下电后要等动力电池放电完毕，再重新上电。如果不能清除该故障请按图 4-49 所示逻辑判断。

（15）P0A2A-09 电机温度传感器故障 诊断流程如图 4-50 所示。

（16）P1C41-98 控制器过温警告 具体流程请参照控制器过温排查方法。

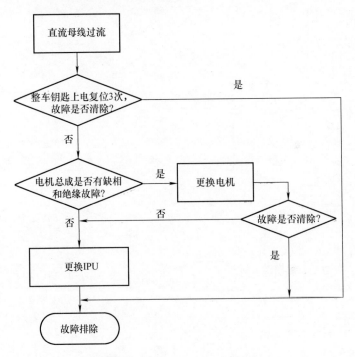

图 4-47 直流母线过流诊断流程

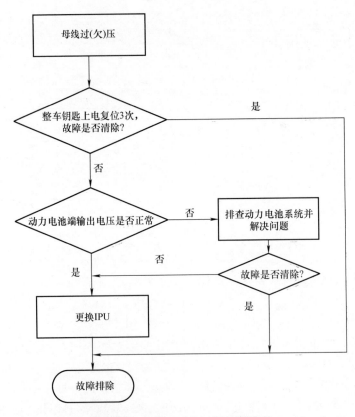

图 4-48 母线过（欠）压诊断流程

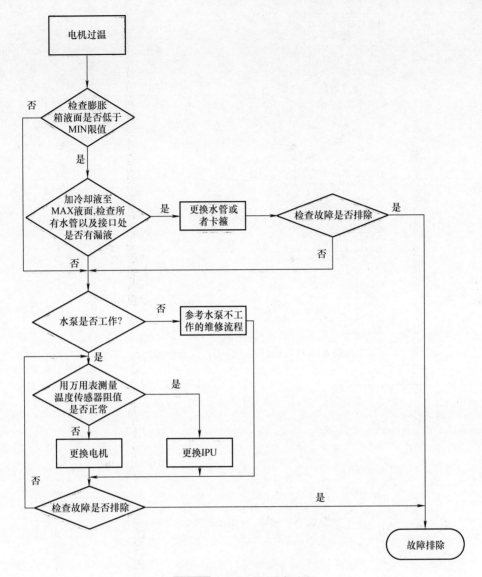

图 4-49 电机过温诊断流程

(17) P0A3C-98 控制器过温　具体流程如图 4-51 所示。

(18) P0AED-01 IGBT 温度传感器故障　诊断具体流程如图 4-52 所示。

(19) P0A44-22 电机超速　诊断具体流程如图 4-53 所示。

(20) P1C50-22 电机超速警告　具体操作流程同电机超速处理流程。

(21) P1C0B-09 MCU 模式错误　诊断具体流程如图 4-54 所示。

(22) P1C0C-09 门极电压故障　诊断具体流程如图 4-55 所示。

(23) P1C51-97 电机堵转　诊断具体流程如图 4-56 所示。

(24) P1C10-09 MCU 硬件互锁故障　诊断具体流程如图 4-57 所示。

(25) P1C13-09 旋变对位置错误　诊断具体流程如图 4-58 所示。

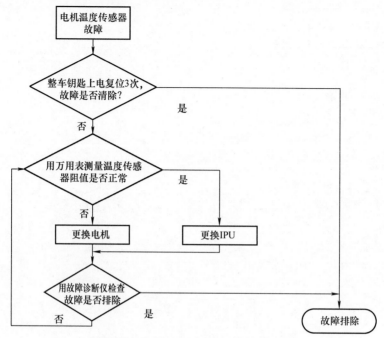

图 4-50　电机温度传感器故障诊断流程

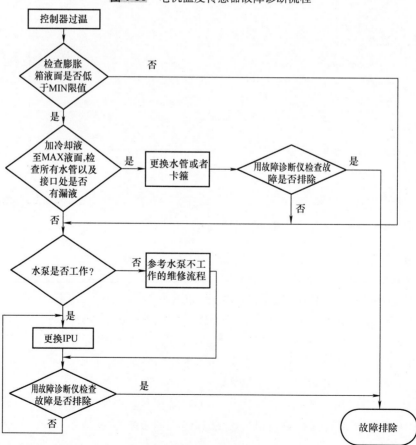

图 4-51　控制器过温诊断流程

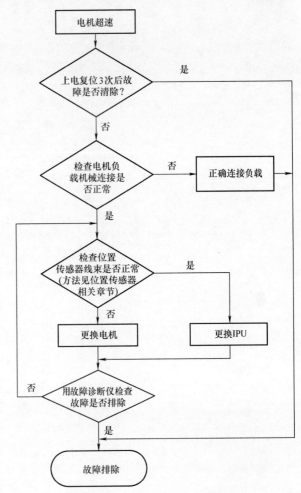

图 4-53 电机超速诊断具体流程

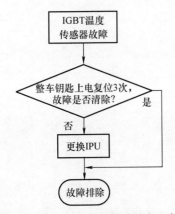

图 4-52 IGBT 温度传感器故障诊断具体流程

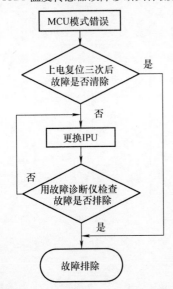

图 4-54 MCU 模式错误诊断具体流程

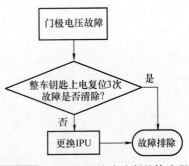

图 4-55 门极电压故障诊断具体流程

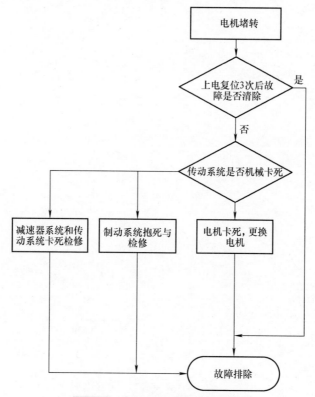

图 4-56 电机堵转诊断具体流程

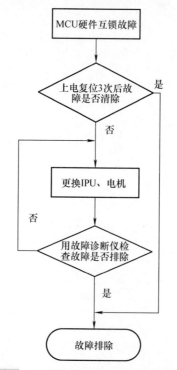

图 4-57 MCU 硬件互锁故障诊断具体流程

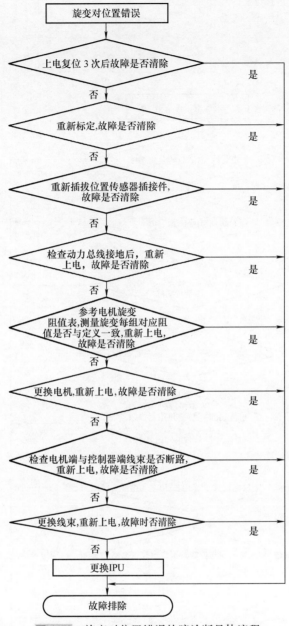

图 4-58 旋变对位置错误故障诊断具体流程

(26) P1C14-09 旋变对位失败　按图 4-59 所示步骤排查故障原因。

(27) P0A3F-01 电机位置传感器错误（短路或开路）　诊断具体流程如图 4-60 所示。

(28) P1C01-09 电机缺相故障　具体流程如图 4-61 所示。

(29) P1C60-16 低压供电欠电压故障　具体流程如图 4-62 所示。

(30) P1C61-17 低压供电过电压故障　具体流程如图 4-63 所示。

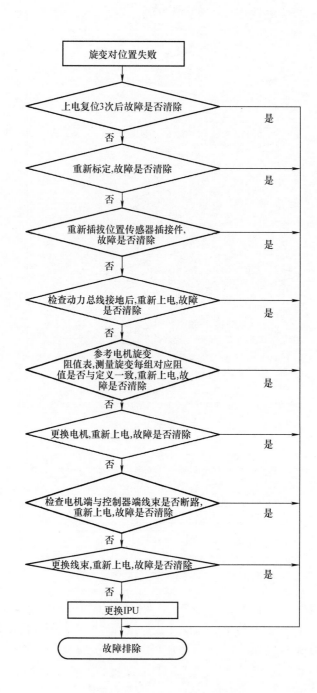

图 4-59 旋变对位置失败故障排查

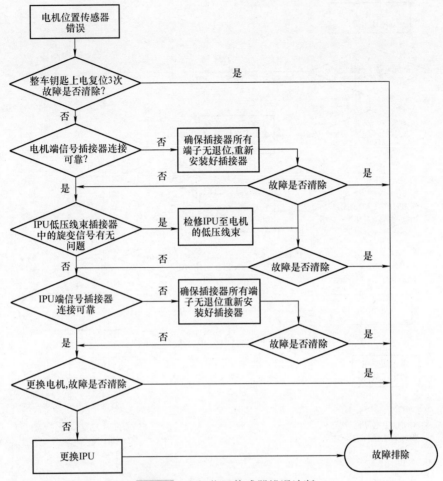

图 4-60 电机位置传感器错误诊断

(31) P0A51-09 电流传感器电路失效（短路或开路） 诊断具体流程如图 4-64 所示。

(32) P0A17-09 转矩误差较大 具体流程如图 4-65 所示。

(33) P1C02-09 相电流传感器电路失效（短路或开路） 具体流程如图 4-66 所示。

(34) P1C63-1C 控制器 5V 电源电压超限故障 具体流程如图 4-67 所示。

(35) Phase_overload_fault 相过载 具体流程如图 4-68 所示。

(36) Block 堵转降功率 按图 4-69 所示流程执行检修。

(37) system_disable 系统故障 具体流程如图 4-70 所示。

(38) realtime_error 实时故障 具体流程如图 4-71 所示。

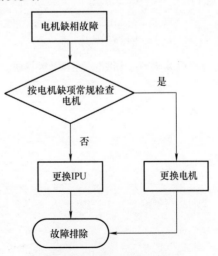

图 4-61 电机缺相故障诊断

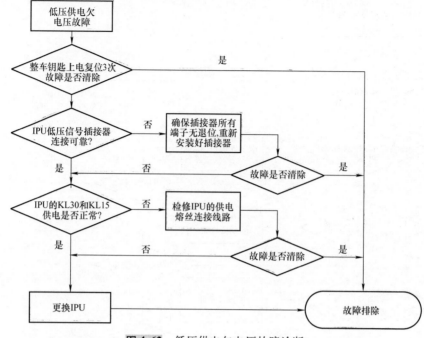

图 4-62　低压供电欠电压故障诊断

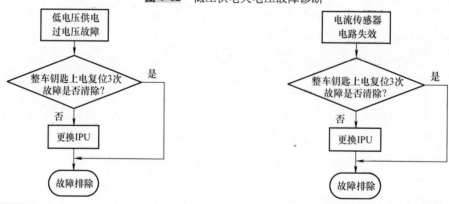

图 4-63　低压供电过电压故障诊断　　　　图 4-64　电流传感器电路失效诊断具体流程

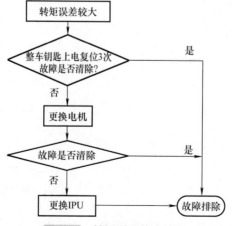

图 4-65　转矩误差较大诊断

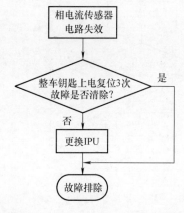
图 4-66　相电流传感器电路失效诊断

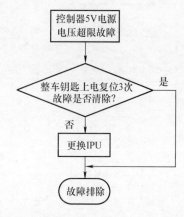
图 4-67　控制器 5V 电源电压超限故障诊断

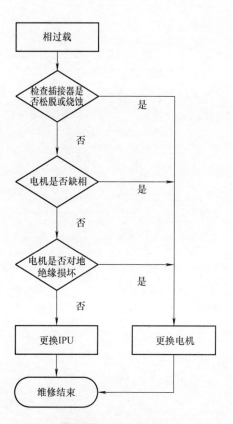
图 4-68　相过载诊断

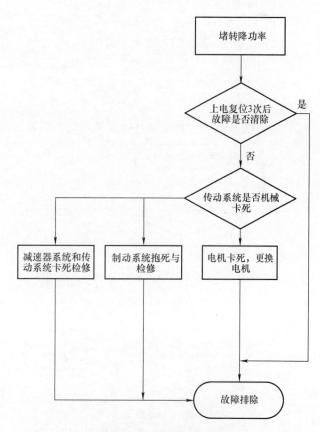
图 4-69　堵转降功率检修

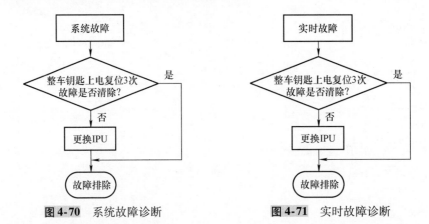

图 4-70 系统故障诊断　　图 4-71 实时故障诊断

139 奇瑞 PHEV IPU 及 DC/DC 诊断流程

（1）U0594-81 接收的 HCU 信号无效
（2）U0293-87 与 HCU 失去通信
（3）U0595-81 接收的 BMS 信号无效
（4）U0294-87 与 BMS 失去通信

以上 4 种属于 BMS 故障，如上电复位不能清除，报告 BMS 排查故障。

（5）U0593-81 接收的 IPU 信号无效　具体流程如图 4-72 所示。

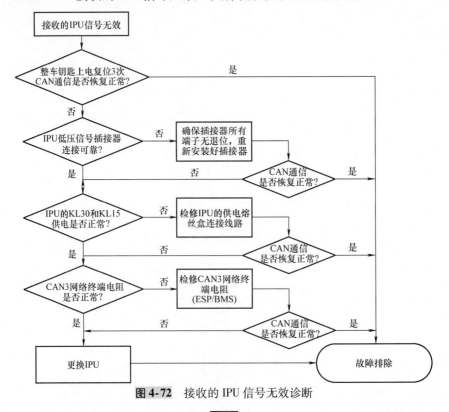

图 4-72 接收的 IPU 信号无效诊断

(6) U0292-87 与 IPU 失去通信 具体流程如图 4-73 所示。

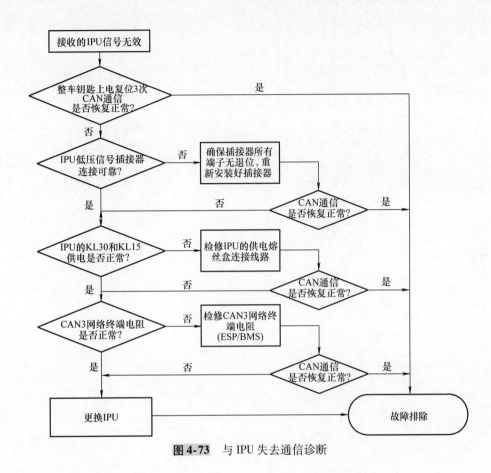

图 4-73 与 IPU 失去通信诊断

(7) P1D10-98 变换器过温警告 请先检查冷却系统是否正常工作,如正常请更换电机控制器总成,具体流程请参照控制器过温故障排查方法。

(8) P0AF7-98 变换器过温故障 参照如图 4-74 所示的流程诊断。

(9) P1D11-09 变换器温度传感器故障 参照如图 4-75 所示的流程诊断。

(10) P1D20-09 输入电流传感器故障 参照如图 4-76 所示的流程诊断。

(11) P0A86-09 输出电流传感器故障 参照如图 4-77 所示的流程诊断。

(12) P1D00-04 DC/DC 自检故障 参照图 4-78 所示的流程诊断。

(13) P1D21-21 DC/DC 输入欠电压 参照图 4-79 所示的流程诊断。

(14) P1D22-22 DC/DC 输入过电压 参照图 4-80 所示的流程诊断。

(15) P1D23-22 DC/DC 输入过电流 参照图 4-81 所示的流程诊断。

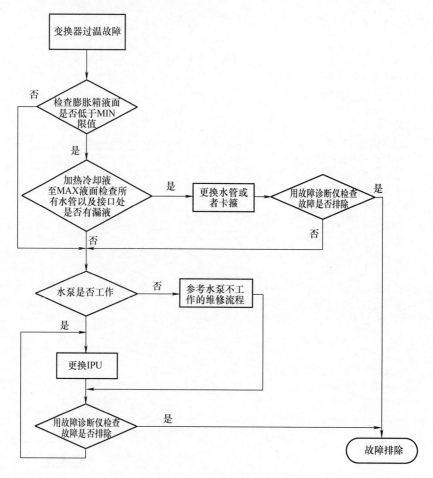

图 4-74　变换器过温故障诊断

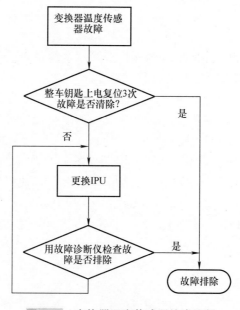

图 4-75　变换器温度传感器故障诊断

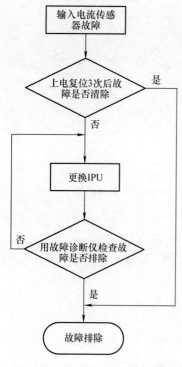

图 4-76 输入电流传感器故障诊断

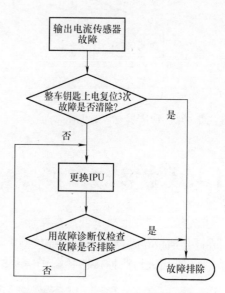

图 4-77 输出电流传感器故障诊断

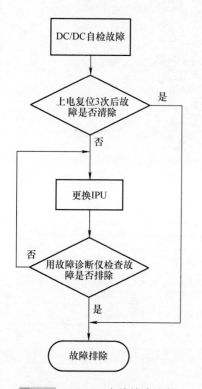

图 4-78 DC/DC 自检故障诊断

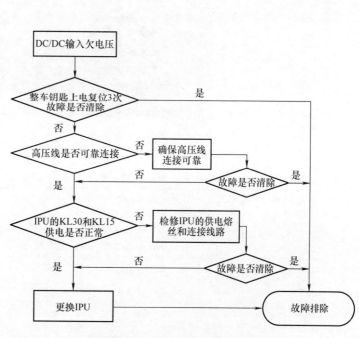

图 4-79 DC/DC 输入欠电压诊断

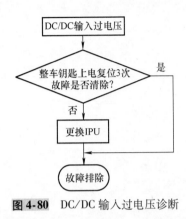

图 4-80 DC/DC 输入过电压诊断

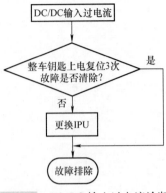

图 4-81 DC/DC 输入过电流诊断

140 奇瑞 PHEV 低压插接器信号检测方法

1)首先从控制器上拔下低压插接器,检查线束端插接器各端子有无退针现象,如发现退针,请打开插接器维修或更换该插接器。

2)使用万用表检测插接器各端子信号,如图 4-82 所示,测试参考值见表 4-11。

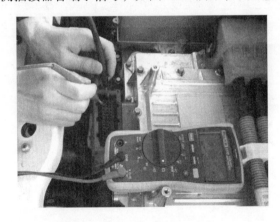

图 4-82 检测插接器各端子信号

表 4-11 线束插接器各端子信号检测方法及参考值

检测项目	测试端子(万用表正极表笔)	相对端子(万用表负极表笔)	万用表档位	测试条件	测试参考值
KL30 电源	1	5 或 6	直流电压档	整车起动按钮 ON 置档	9~16V
KL30 电源	2	5 或 6	直流电压档	整车起动按钮 ON 置档	9~16V
KL15 电源	3	5 或 6	直流电压档	整车起动按钮置点火档	9~16V
VMS 使能信号	4	—	—	—	—
KL30 电源地信号	5	1 或 2	直流电压档	整车起动按钮置 ON 档	-16~-9V
KL30 电源地信号	6	1 或 2	直流电压档	整车起动按钮置 ON 档	-16~-9V

(续)

检测项目	测试端子（万用表正极表笔）	相对端子（万用表负极表笔）	万用表档位	测试条件	测试参考值
CAN 终端电阻	7	8	电阻档	整车起动按钮置 OFF 档	(60±5) Ω
CAN 终端电阻	8	7	电阻档	整车起动按钮置 OFF 档	(60±5) Ω
CAN 屏蔽	9	—	—	—	—
电机温度传感器信号	10	11	电阻档	整车起动按钮置 OFF 档	见电机温度传感器阻值表（参考测试环境温度）
电机温度传感器信号	11	10	电阻档	整车起动按钮置 OFF 档	见电机温度传感器阻值表（参考测试环境温度）
温度传感器屏蔽线	12	—	—	—	—
电机温度传感器信号	13	14	电阻档	整车起动按钮置 OFF 档	见电机温度传感器阻值表（参考测试环境温度）
电机温度传感器信号	14	13	电阻档	整车起动按钮置 OFF 档	见电机温度传感器阻值表（参考测试环温度）
温度传感器屏蔽线	15	—	—	—	—
旋变传感器信号	16	17	电阻档	整车起动按钮置 OFF 档	见电机旋变阻值表
旋变传感器信号	17	16	电阻档	整车起动按钮置 OFF 档	见电机旋变阻值表
旋变传感器信号屏蔽线	18	—	—	—	—
旋变传感器信号	19	20	电阻档	整车起动按钮置 OFF 档	见电机旋变温度表
旋变传感器信号	20	19	电阻档	整车起动按钮置 OFF 档	见电机旋变温度表
旋变传感器信号屏蔽线	21	—	—	—	—
旋变传感器信号	22	23	电阻档	整车起动按钮置 OFF 档	见电机旋变阻值表
旋变传感器信号	23	22	电阻档	整车起动按钮置 OFF 档	见电机旋变阻值表
旋变传感器信号屏蔽线	24	—	—	—	—
环路互锁信号输入	25	26	电阻档	整车起动按钮置 OFF 档	0Ω
环路互锁信号输出	26	25	电阻档	整车起动按钮置 OFF 档	0Ω
DC/DC CAN（高）信号	27	28	电阻档	整车起动按钮置 OFF 档	(60±5) Ω
DC/DC CAN（低）信号	28	27	电阻档	整车起动按钮置 OFF 档	(60±5) Ω
CAN 屏蔽线	29	—	—	—	—
KL15 电源信号	30	5 或 6	直流电压档	整车起动按钮点火	9~16) V
电源地信号	31	1 或 2	直流电压档	整车起动按钮置 ON 档	−16~−9V

注：使用万用表测试时，不能直接将表针插入低压插接器端子中测试，以免使端子出现退针现象，需对表针做延长加细处理，如图 4-83 所示，然后再进行测试。

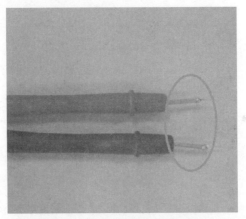

图 4-83 对表针做延长加细处理

141 奇瑞 PHEV 高压插接器端子定义及检测方法

MCU 的高压插接器端子信号定义如图 4-84 所示。

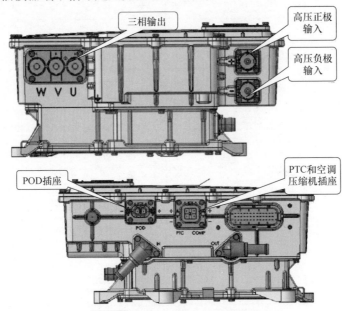

图 4-84 MCU 的高压插接器端子

如图 4-84 所示，IPU 壳体上均已标明端子定义和极性，测试时，先将整车起动按钮置 OFF 档，拔下高压正负极输入插头，等待 3min 后，使用万用表直流电压档测试，将黑表笔置于 POD 插座负极接线柱，红表笔置于 POD 插座正极接线柱，万用表测试参考值应小于 5V，测试时注意勿将表笔裸露部分与 POD 壳体接地金属片接触，如图 4-85 所示。

上一步之后，再用万用表测试高压负极输入插头和高压正极输入插头间的电压，使用万用表直流电压档测试，测试参考值为小于 5V，测试时仍需注意勿将表笔裸露部分与高压正负极壳体接地金属片接触。如有异常，请确认高压继电器是否断开，参照动力电池部分的确认方法。

奇瑞插电式混合动力汽车（PHEV） 第4章

PTC/空调压缩机插座检测方法与 POD 插座检测方法相同。
注意事项：保证无液体流入或溅入高压插接器或者低压插接器内部。

图 4-85　POD 高压插座测量

142 奇瑞 PHEV 高压绝缘故障检测

1. 测试说明

测试时，先将整车起动按钮置于 OFF 档，拔掉电机控制器端信号线插接器、高压直流母线输入插接器、三相高压电缆插接器、POD 插接器和 PTC/空调压缩机插接器。

注意事项：①保证无液体流入或溅入高压插件或者低压插件内部；②强调低压插件必须拔出。

2. 检测方法

1）调整好绝缘检测表，选择测试电压为 500V 档，如图 4-86 所示。

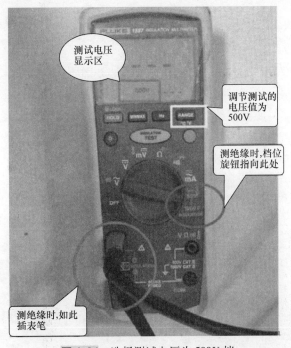

图 4-86　选择测试电压为 500V 档

2）将绝缘测试表负极表笔置于电机控制器壳体上，如图 4-87 所示位置即可。

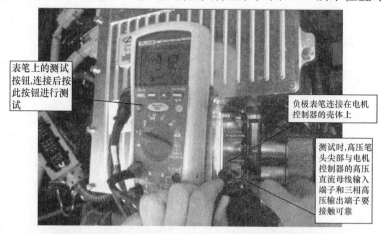

图 4-87 绝缘测试表负极表笔置于电机控制器壳体上

注意事项：绝缘测试表的接地线必须保证与电机控制器壳体接触可靠，且人体不要接触电机控制器壳体，测试时正极表笔裸露部分确勿与三相插座金属壳体接触。

3）将绝缘测试表的高压表笔连接在电机控制器的高压插接器上，按表笔上按钮起动绝缘检测，用同样的操作方法依次对电机控制器的高压直流母线输入端子和三相高压输出端子测试，并记录测试结果。

注意事项：使用高压绝缘表测试时，禁止直接将高压笔头接触人体，以防止电击。

4）判别标准：绝缘阻值 20MΩ。

143 奇瑞 PHEV IPU 环路互锁故障检测

此环路互锁检测仅针对确认 IPU 环路互锁存在问题时，按以下步骤进行检测。

1）检查 POD 插接器、PTC/空调压缩机插接器、高压母线插接器和三相插接器是否拔出，检测 POD、PTC/空调压缩机线缆插接器环路互锁端子是否有退针情况，检测无问题后，将以上插接器重新插拔一次，拔出时检测插接器内部环路互锁端子是否有偏移或扭曲等情况，用万用表电阻档检测 POD 插接器和 PTC/空调压缩机插接器内部环路互锁端子阻值是否为 0Ω，检测没有问题后将插接器插回锁紧。

2）检测高压分线盒熔丝盒盖位置是否装配正确，4 颗螺钉是否拧紧。

3）用万用表电阻档检测 IPU 低压插接器内的第 25、26 号端子，阻值是否为 0Ω，若是，则故障排除；若不是，则可用替换法将高压插接器更换，再检测一遍低压插接器内的第 25、26 号端子，阻值是否为 0Ω，若依旧不为 0Ω，则 IPU 内部环路互锁存在开路情况，需更换 IPU。

144 奇瑞 PHEV POD、PTC 和空调压缩机无高压检测

将 POD、PTC 和空调压缩机插接器拔出断开，用万用表电阻档分别检测 POD、PTC 和空

调压缩机插接器内部接线柱正负极与高压母线插接器内正负极接线柱电阻是否为 5Ω 以内，若是，则对应熔丝未烧毁；若不在范围内，则需将高压分线盒熔丝盒盖 4 颗螺钉松开。打开盒盖，内部共有 4 颗熔丝，如图 4-88 所示，从前舱往车尾方向看从左至右分别为 DC/DC 熔丝（15A）、POD 熔丝（15A）、PTC 熔丝（30A）和空调压缩机熔丝（30A），检查熔丝是否有烧毁，松脱等现象，用万用表检测内部各熔丝是否熔断，如熔丝熔断，则须将熔丝更换。安装时注意熔丝型号及安装力矩，标准件号为：Q2360516，标准力矩为 $(3.5±0.3)N·m$，更换后，将熔丝盒盖装回，安装螺栓。Q1460516 力矩：$(6±0.5)N·m$。

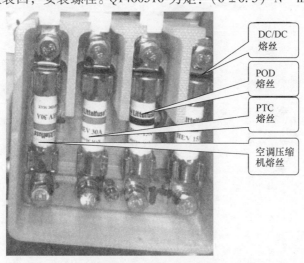

图 4-88　高压分线盒熔丝

145 奇瑞 PHEV 电机控制器总成拆卸与装配

（1）注意事项

1）请佩戴必要的劳保用品，以免发生意外事故。

2）拆装前请确认动力电池组继电器已断开。

3）控制器拆卸必须在确认断开高压电的情况下进行，先将整车起动按钮置 OFF 档，拔下高压负极输入插接器和高压正极输入插接器，等待 3min 后，使用万用表直流电压档测试，测试值为小于 5V 时，才允许进行后续的维修工作。

（2）拆卸步骤

1）点火开关置于 OFF 档，等待 3min。

2）断开 12V 低压蓄电池正极电缆。

3）断开整车高压手动维修开关（详见电池维修开关说明）。

4）拔掉 POD 线缆插接器，拔掉高压直流母线线缆插接器，如图 4-89 所示。

5）用万用表测量 POD 插接器电压。

6）拔掉高压母线线缆插接器，如图 4-90 所示。

7）拔掉 PTC 和空调压缩机线缆插接器，如图 4-91 所示。

8）拔掉三相交流插接器，如图 4-92 所示。

图 4-89 拔掉 POD 线缆插接器

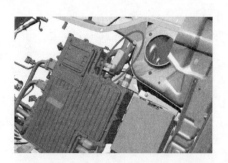

图 4-90 拔掉高压母线线缆插接器

图 4-91 拔掉 PTC 和空调压缩机线缆插接器

图 4-92 拔掉三相交流插接器

9)拔掉低压信号线插接器,如图 4-93 所示。

10)拔掉 DC/DC 输出正极插接器,如图 4-94 所示。

图 4-93 拔掉低压信号线插接器

图 4-94 拔掉 DC/DC 输出正极插接器

11)用 10# 套筒拆除搭铁线固定螺母,如图 4-95 所示。

12)排尽冷却液。

13)拆下 MCU 进出口水管卡箍并拆除水管,如图 4-96 所示。

14)拆除装配在 IPU 水管固定支座上的卡扣。

15)拆除装配在 IPU 冷却加注罐支架上的低压线束卡扣。

16)用 13# 套筒拆除两个 Q32008 固定螺母,如图 4-97 所示。

17)用 10# 套筒拆除两个 Q1860835 固定螺栓,如图 4-98 所示。

18）从前机舱搬出电机控制器总成。

图 4-95　拆除搭铁线固定螺母

图 4-96　拆除水管

图 4-97　拆除两个 Q32008 固定螺母

图 4-98　拆除两个 Q1860835 固定螺栓

（3）装配步骤

1）将更换 IPU 取出包装箱，去除防护套后，与 IPU 支架定位螺柱对准后轻轻落下，对准放好。

2）将冷却水管与进出水口对准插入，并用卡箍紧固，如图 4-99 所示。

3）用 10# 套筒安装两个 Q1860835 固定螺栓，如图 4-100 所示，紧固力矩（25±3）N·m。

图 4-99　将冷却水管与进出水口对准插入

图 4-100　安装两个 Q1860835 固定螺栓

4）用 13# 套筒安装两个 Q32008 固定螺母，如图 4-101 所示，紧固力矩为（25±3）N·m。

5）装配 IPU 冷却水管固定卡扣。

6）装配 IPU 冷却加注罐支架上的低压线束卡扣。

7）插入 PTC 和空调压缩机线缆插接器，如图 4-102 所示。

图 4-101 安装两个 Q32008 固定螺母

图 4-102 插入 PTC 和空调压缩机线缆插接器

8）插入 POD 线缆插接器，如图 4-103 所示。

9）插入三相交流插接器，如图 4-104 所示。

图 4-103 插入 POD 线缆插接器

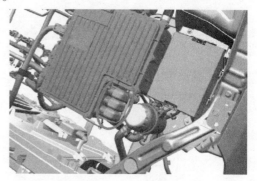

图 4-104 插入三相交流插接器

10）插入 DC/DC 输出正极插接器，如图 4-105 所示。

11）用 10# 套筒安装搭铁线固定螺母，如图 4-106 所示。

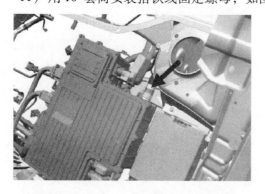

图 4-105 插入 DC/DC 输出正极插接器

图 4-106 安装搭铁线固定螺母

12）插入低压信号线插接器，如图 4-107 所示。

13）插入高压母线线缆插接器，如图 4-108 所示。

14）加注冷却液。

15）恢复整车高压手动维修开关。

16）连接 12V 低压蓄电池正极电缆。

17）起动按钮置 ON，检测高压是否可正常上电。
18）电机角度零位标定。
19）检查整车功能是否正常。

图 4-107　插入低压信号线插接器

图 4-108　插入高压母线线缆插接器

146 奇瑞 PHEV 电机零位标定

在更新过 IPU 程序、更换过电机控制器总成（IPU）或变速器后，需要重新把零位偏差值补偿到 IPU 中，即需要进行电机零位标定。

IPU 零位标定之前车辆需满足以下条件：

1）车辆静止，不能起动。

2）整车 IGN ON 3s 后。

3）离合器处于未踩下状态，制动器处于未踩下状态，档位为 P 位。

4）电池电量 SOC 大于 30%。

5）一次高压上电只能标定一次，如需再次标定需高压断电，再上电后才能执行。

用诊断仪（431）进行零位标定流程如图 4-109 所示。

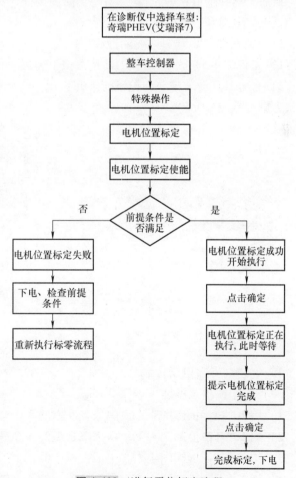
图 4-109　进行零位标定流程

147　奇瑞 PHEV IPU 动力电缆总成及拆装

奇瑞 PHEV IPU 动力电缆总成示意图如图 4-110 所示。

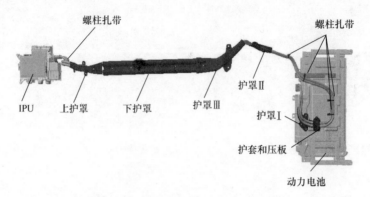

图 4-110　IPU 动力电缆总成示意图

所需工具和辅料：棘轮扳手、10#套筒、接杆、10#扳手。

低工位电缆和护罩拆装：

（1）前后舱 IPU 动力电缆的拆卸

1）先将图 4-111 中 1 位置的插接器拔下，然后再将 2 位置的插接器拔下。

2）右舱 IPU 动力电缆和护罩的拆卸：用 10#扳手拆卸图 4-112 中护罩 3 位置的 3 个螺母，力矩：（4.5±0.5）N·m。

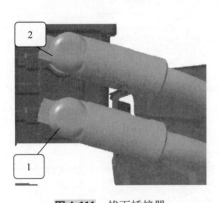

图 4-111　拔下插接器

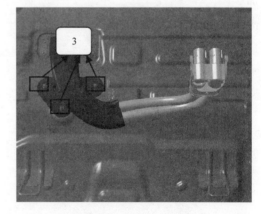

图 4-112　拆卸 3 个螺母

3）安装与拆卸相反。

（2）高工位护罩拆装

1）用 10#扳手拆卸图 4-113 中护罩Ⅱ上的 3 个螺母，力矩：（4.5±0.5）N·m。

2）用 10#套筒拆卸图 4-114 中护罩Ⅲ上的 3 个螺母，力矩：（4.5±0.5）N·m。

3）用 10#套筒拆卸图 4-115 中下护罩上的 3 个螺母，力矩：（4.5±0.5）N·m。

4）用 10#扳手拆卸图 4-116 中上护罩上的 3 个螺母，力矩：（4.5±0.5）N·m。

5)安装与拆卸相反。

图4-113 拆卸护罩Ⅱ上的3个螺母

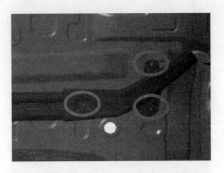

图4-114 拆卸护罩Ⅲ上的3个螺母

图4-115 拆卸下护罩上的3个螺母

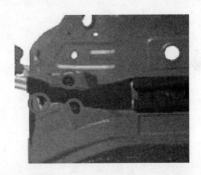

图4-116 拆卸上护罩上的3个螺母

(3) 高工位电缆拆装

1)将图4-117中的螺柱扎带从电子水泵支架的凸焊螺柱上取出来。

2)用$10^\#$套筒将线束辅助安装支架依次从对应的凸焊螺柱上取下来,如图4-118所示。

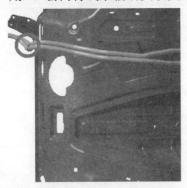

图4-117 将扎带从电子水泵支架的凸焊螺柱上取出来

图4-118 将线束辅助安装支架取下来

3)用$10^\#$套筒将动力电池端的护套和压板从对应的两个凸焊螺柱上取下,如图4-119所示,力矩:$(9±1)$ N·m。

4)用$10^\#$套筒和$10^\#$扳手将线束上四个扎带依次从对应的螺柱上取下,如图4-120所示,力矩:$(4.5±0.5)$ N·m。

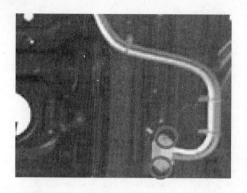

图 4-119 将动力电池端的护套取下

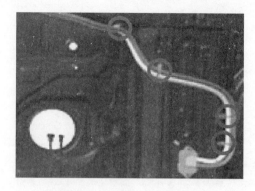

图 4-120 将线束上扎带依次取下

（4）IPU 动力电缆总成绝缘电阻检测

注意事项：

前舱 IPU 动力电缆与 IPU 对接的两个单芯插接器说明如下：1）插接器标号 X 对应 IPU 插接器标号"＋"；2）插接器标号 Y 对应 IPU 插接器标号"－"；3）正负两个插接器有机械防错插功能，不可互换。

1）确认 IPU 动力电缆两端插接器均与其他部件断开，接线头不与其他任何部件接触，如图 4-121 所示。

2）使用绝缘电阻表依次测量端子 1 与端子 2 之间，端子 1、2 与金属外壳之间，端子 1、2 与车身之间的阻值，测量电压选用 500V，绝缘电阻要求 ≥20MΩ，如图 4-122 和图 4-123 所示。

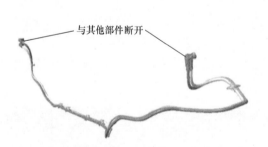

图 4-121 IPU 动力电缆两端连接器均与其他部件断开

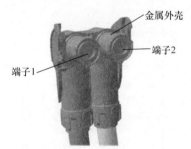

图 4-122 测量端子 1 与端子 2 之间阻值

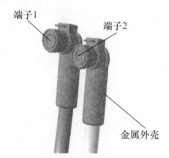

图 4-123 测量端子 1、2 与金属外壳之间的阻值

148 奇瑞 PHEV 接线盒动力电缆总成拆装、检修

奇瑞 PHEV 接线盒动力电缆总成如图 4-124 所示。

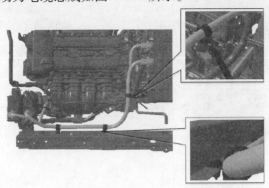

图 4-124 接线盒动力电缆总成

（1）车上维修

1）拔下动力电缆与 IPU、空调压缩机、POD 控制器及 PTC 连接的插接器，如图 4-125 所示。

2）将固定于发动机机油标尺外管上圆孔扎带和卡接在空调管路上管夹扎带取下来，如图 4-126 所示。

图 4-125 拔下动力电缆

图 4-126 将管夹扎带取下来

3）用十字螺钉旋具将固定在水箱上横梁螺钉座上的两个金属支架取下来，如图 4-127 所示。

4）用六角法兰面 M8 套筒，将固定于 IPU 固定孔上的支架拆下，如图 4-128 所示，力矩：(25 ± 3) N·m。

（2）接线盒动力电缆总成绝缘电阻检测

1）确认线束各插接器均与其他部件断开，接线头不与其他任何部件接触，如图 4-129 所示。

2）使用绝缘电阻表依次测量 IPU、空调压缩机、POD 控制器及 PTC 插接器的端子 1 与

端子2之间，端子1、2与车身之间，端子1、2与屏蔽层之间的阻值，如图4-130所示，测量电压选用500V，绝缘电阻要求≥20MΩ。

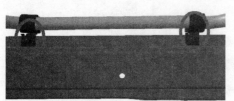

图4-127 将固定支架取下来　　图4-128 将IPU固定孔上的支架拆下

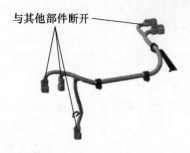
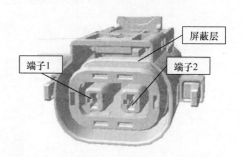

图4-129 接线头均与其他部件断开　　图4-130 测量插接器的端子1与端子2阻值

第5章 Chapter 5

红旗H7插电式混合动力汽车（PHEV）

149 红旗 H7 PHEV 结构特点

红旗 H7 PHEV 结构上属于并联强混插电式混合动力汽车，其结构如图 5-1 所示，各项参数见表 5-1。

图 5-1　红旗 H7 PHEV 结构

表 5-1　红旗 H7 PHEV 各项参数

项目		参数
整车	长×宽×高/mm×mm×mm	5095×1875×1485
	轴距/mm	2970
	装备质量/kg	2010
总成	发动机	CA4GC20TD
	变速器	7DCT-350R
	电机系统	永磁同步，280N·m/55kW
	电池系统	锂离子
性能	最高车速/（km/h）	215
	0-100km/h 加速时间/s	8.4
	NEDC 综合油耗/（L/100km）	2.4
	纯电动里程/km	50

结构特点：
1) 整车与传统车共平台开发。
2) 整车为纵置后驱形式，采用国际先进的 P2 强混构型。

3）发动机和变速器混合动力化设计。
4）离合器耦合式电机高度集成化设计,实现平台化应用。
5）动力性、经济性优于传统车,排放满足欧 6b 法规要求。
6）总续驶里程达 1000km,实现超长续驶里程。

150 红旗 H7 PHEV 安全知识

1. 高压标识

通过各种标识标记高压部件,先阅读使用说明再操作带高压标识的部件,减小触电危险性,如图 5-2 所示。

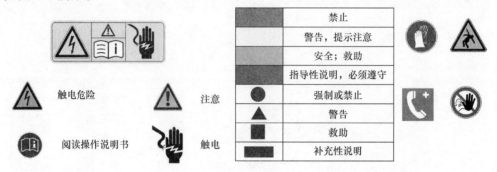

图 5-2　高压标识

2. 高低压隔离设计

高低压隔离设计如图 5-3 所示。

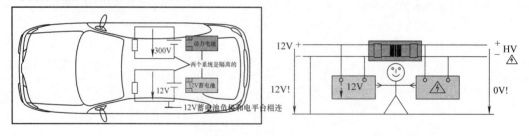

图 5-3　高低压隔离设计

3. 防护保护

通过遮挡或外壳保证带电部件不被直接接触到,防护保护如图 5-4 所示。

4. 高压互锁

尽可能地保障在人碰触到裸露的带电部件时,确认带电部件已不带有高压电。所有高压互锁开关串联,当任一个高压互锁开关被断开,低压控制器检测端子的电压值会发生非常明显的变化,可判断出高压互锁故障已发生,如图 5-5 所示。

图 5-4　防护保护

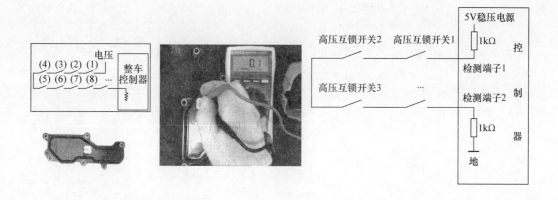

图 5-5 高压互锁

5. 绝缘监测

车辆上设计有绝缘监测仪，时刻对车辆上的高压用电器进行绝缘监测，如果监测到高压系统绝缘失效后，整车高压系统会根据不同的失效结果进行相应的处理，如图 5-6 所示。

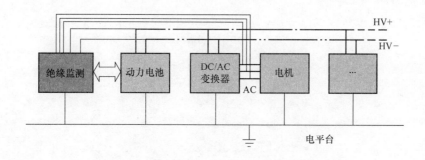

图 5-6 绝缘监测

6. 等电位均衡设计

通过使高压部件外壳和车身等电位，保证触电电流流过车身而非人体，如图 5-7 所示。

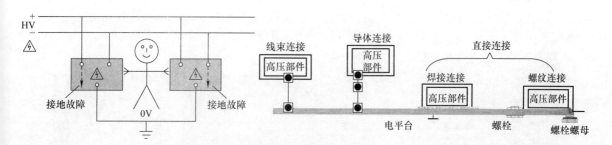

图 5-7 等电位均衡设计

7. 主动放电、被动放电

通过主动放电和被动放电可消除功率电子装置内电容器上的残余电能，如图 5-8 所示。

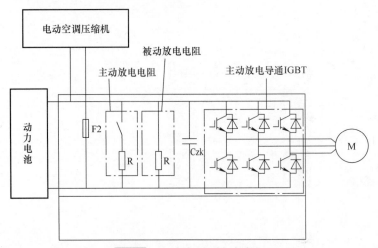

图 5-8　主动放电、被动放电

151 红旗 H7 PHEV 断电安全作业流程

1. 蓄电池断电

低压系统由两块蓄电池供电,作业时两块蓄电池的负极同时拆下,如图 5-9 所示。

图 5-9　拆下两块蓄电池的负极

2. 动力电池断电

高压系统维修时必须断电后作业,断电方法是拆解高压维修开关,如图 5-10 所示。注:高压维修开关采用双重保险卡扣控制需要按下 2 次才能完成打开。

图 5-10　拆解高压维修开关

3. 验电

完成前面两步操作后，在对高压系统维修时还要进行验电作业，如图 5-11 所示。

注：拆开 DC/AC 变换器端盖，使用万用表测量相电压确认低于 60V，才可进行高压系统维修作业。

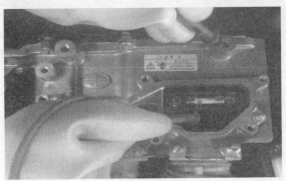

图 5-11 验电

152 红旗 H7 PHEV 电气控制

1. 低压电源控制

红旗 H7PHEV 轿车电气控制分为两部分，一部分和传统车一致，即低压电气控制也就是 12V 电源供电部分，另一部分是高压动力电池控制的高压电气控制。

2. 电源网络图

H7 PHEV 混合动力电源系统由两块蓄电池供电，无发电机，采用 DC/DC 模块为低压蓄电池充电，如图 5-12 所示。

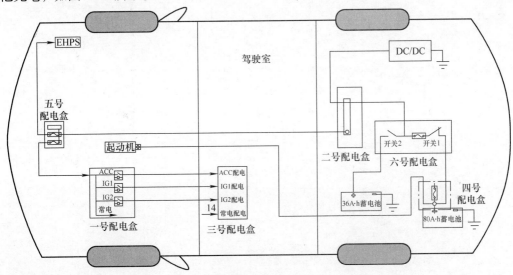

图 5-12 电源网络

两块蓄电池位于行李舱左侧,定义为蓄电池1(75A)和蓄电池2(36A),如图5-13所示。

图5-13 两块蓄电池位于行李舱左侧

3. 低压控制原理

低压供电不同工况下两组蓄电池分别工作,由两个继电器按不同工况实现不同工作模式,控制逻辑如图5-14所示。

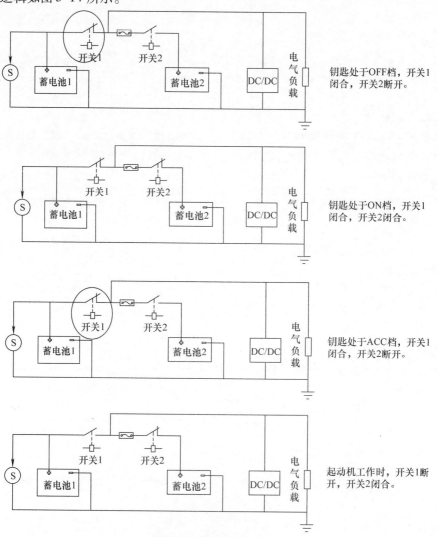

图5-14 低压控制原理

4. 低压辅助油泵控制

变速器辅助油泵系统是红旗 H7 PHEV 车型动力总成中的重要部件。作用是为 DCT 变速器液压系统提供或补充提供液压油,并在高压系统出现故障时,能够建立油压使 C0 离合器接合,保障发动机动力的传递,实现跛行回家功能。

(1) 工作原理及安装位置　辅助油泵系统由辅助油泵电机带泵总成、电机控制器总成组成,工作原理如图 5-15 所示。

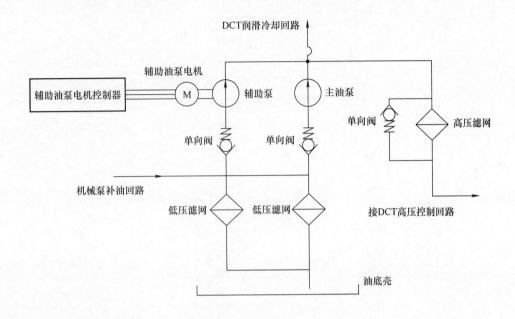

图 5-15　电机控制工作原理

(2) 电机控制器总成

电机控制器总成根据 TCU 的 CAN 指令,进行辅助油泵电机总成的驱动,并将当前的工作状态通过 CAN 传输给 TCU。电机控制器通过 PWM 脉冲控制器控制电机转速。控制器输出端用于功率输出的电路部分如图 5-16 所示。

H 桥中的功率管按一定的逻辑时序导通,可控制 BLDC 电机三相绕组的导通、关断时序,并与 PWM 调制方式联合控制,实现 BLDC 电机的驱动。

图中 A1、A2、B1、B2、C1、C2 组成三相 H 桥电路,U、V、W 为 H 桥的输出端,分别连接电机端子。

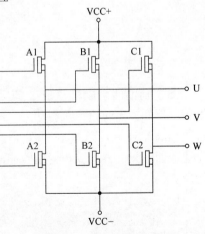

图 5-16　控制器输出电路

对无转子相位传感器的 BLDC 电机,控制器为确定换相相位,通过检测关断相反电动势的过零点来获得永磁转子的关键位置信号,从而可以控制绕组电流的切换,实现电机的运转。

控制器接线原理如图 5-17 所示。

控制器安装位置:电机控制器安装在前机舱中的电机逆变器下方支架上,如图 5-18

所示。

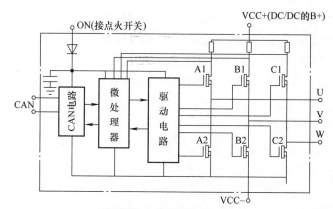

图 5-17　控制器接线原理

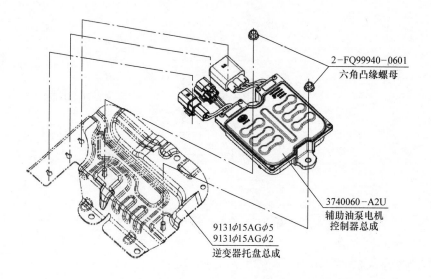

图 5-18　控制器安装位置

（3）辅助油泵电机总成　辅助油泵电机将电机控制器的输出转化成机械功率，驱动辅助油泵运行。辅助油泵电机总成安装在 DCT 变速器内部，变速器油底壳上方，浸在变速器油液中，如图5-19所示。

1）电机作用和控制逻辑

① 给变速器液压系统注油：为能使车辆迅速起步，在变速器操纵杆离开 P 位时，辅助油泵工作给系统注油。充油的主油路油压应不大于4bar。

图 5-19　辅助油泵电机总成

② 低速电爬：在车辆以 EV 模式低速运行时（同时满足发动机不工作，车速低于5km，驱动电机转速低于700r/min），辅助油泵系统工作，给变速器补充液压油。电爬时的主油路油压应不大于7bar。

③跛行功能：在高压系统出现故障时，起动发动机后，将变速器操作手柄从P位置于D位，辅助油泵工作，使C0离合器接合，保证发动机动力传送给变速器。

2）故障类型：辅助油泵电机控制器的故障分为4个等级：0、1、2、3，其中0表示"No Error"，说明系统各项功能都正常；1表示"Warning"，表示该故障不影响控制器正常运行并响应指令；2表示"Error"，表示当前故障清除后，无需重新上电起动，控制器可恢复正常运行并响应指令；3表示"Critical Error"，表示需要给控制器重新上电且故障清除后，控制器才可恢复正常运行并响应指令。

①液压系统故障：辅助油泵电机控制器上报液压系统故障后，考虑是由于控制器输出过流、主油路压力过大造成，建议等待一定时间后尝试给控制器重新上电。

②CAN通信故障：辅助油泵电机控制器会对接收的CAN报文进行周期校验、"Checksum"校验、"Livecounter"校验。辅助油泵电机控制器上报CAN通信故障后，建议检查CAN总线连接线束、供电电源，最后考虑控制器CAN模块失效原因。

3）通信方式：辅助油泵控制器与其他控制单元通过CAN总线进行通信，网络拓扑如图5-20所示。

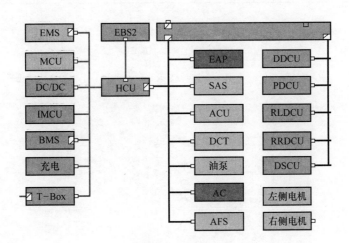

图5-20 网络拓扑

更换辅助油泵电机：更换辅助油泵电机前，确认整车起动按钮处于OFF状态。断开插接器，放净变速器油液后，拆卸变速器油底壳，先拆插接器，再拆辅助油泵电机。

更换辅助油泵电机控制器：更换辅助油泵电机前，确认整车起动按钮处于OFF状态。拆除整车逆变器，断开辅助油泵电机控制器的3个与整车线束对接的插接器后，再拆辅助油泵电机控制器。

153 红旗H7 PHEV高压控制部件安装位置

红旗H7 PHEV高压控制网络拓扑图如图5-21所示。

高压部件在车辆上分部位置如图5-22所示。

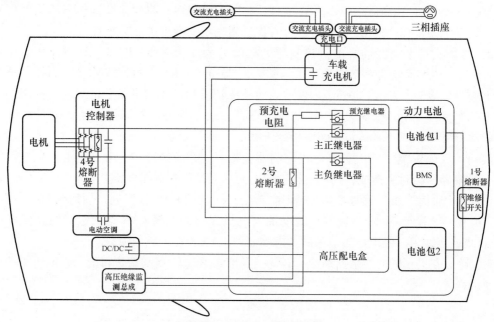

图 5-21 高压控制网络拓扑

图 5-22 高压部件在车辆上分部位置

154 红旗 H7 PHEV 动力电池安装位置及内部结构

1. 动力电池安装位置

动力电池总成由电池模块、电池管理系统、高压配电盒、高压插接器等部件组成，具备化学能和电能相互转换功能，能为整车高压用电装置提供电能，而且能通过充电机、电机等装置存储电能。

动力电池位于行李舱内，由 96 个单体电池分成 8 组合并而成，设有高压端口和低压端口，如图 5-23 所示。

图 5-23　动力电池安装位置

2. 动力电池技术参数

动力电池技术参数见表 5-2 所示。

表 5-2　动力电池技术参数

序号	项目	参数
1	电池类型	锂离子电池
2	标称电压/V	350
3	工作电压范围/V	268.8~403.2
4	电池容量/A·h	44
5	冷却方式	强制风冷
6	冷起动功率/kW	≥4.5
7	工作温度/℃	-30~55
8	存储温度/℃	-40~65
9	绝缘电阻/MΩ	≥2.5
10	设计寿命	10 年/24 万 km

3. 内部结构

　　动力电池包括电池组、维修开关、高压配电盒、继电器、BMS 等部件，如图 5-24 所示。

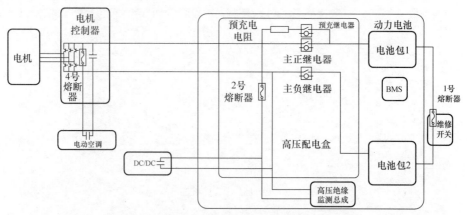

图 5-24 动力电池内部结构

155 红旗 H7 PHEV 动力电池控制及内部部件主要功能

1. 动力电池控制功能

动力电池控制功能：信号采样精度和范围（总电压、电流、温度）、CAN 通信（信号内容是否正确、是否有终端电阻）、充电、接触器控制（包括正常情况和非正常情况下接触器控制）、风机控制、工作电压、初始化时间、休眠功能、暗电流、硬线检测（CAN 失效硬线、碰撞硬线）、独立诊断、程序刷写。

2. 内部部件主要功能

动力电池内部部件位置如图 5-25 所示。

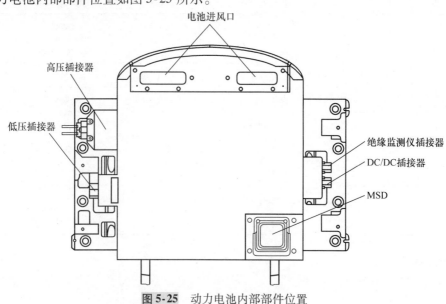

图 5-25 动力电池内部部件位置

1）动力电池总成通过内部化学反应和电气控制，完成能量储存，向整车电驱动系统和其他耗电系统提供驱动能源。

2）维修开关用于发生高压故障、紧急情况或车辆维修时，主动切断高压回路。

3）高压配电盒主要应用于高压电池的动力分配，具有高压回路关断与闭合的功能，也是实现高压系统整车上下电、充电策略、高低压能量转换的载体。

4）继电器用于上下电动作指令的执行。

5）BMS 用于监测各组蓄电池的电压、电流、温度等信息并计算和对接其他接口的指令接收和执行。

156 红旗 H7 PHEV 动力电池电气原理图及端子定义

红旗 H7 PHEV 汽车动力电池电气原理图如图 5-26 所示。

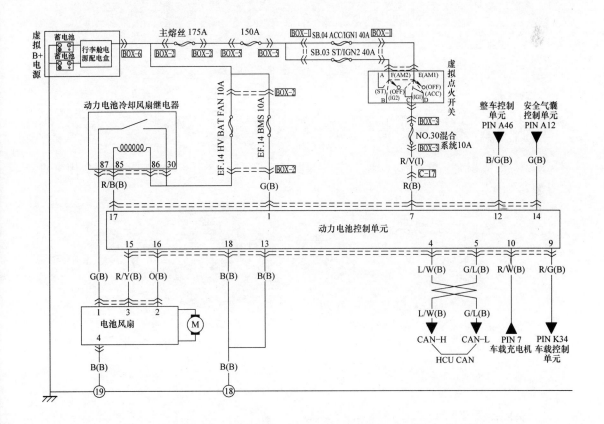

图 5-26 动力电池电气原理

红旗 H7 PHEV 汽车动力电池端子功能如图 5-27 所示。

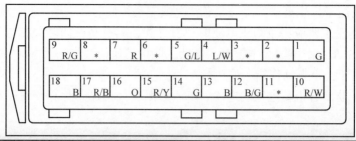

端子	功能说明	端子	功能说明
1	蓄电池电源	13	接地线
4	CAN_H	14	安全气囊信号线
5	CAN_L	15	冷却风扇PWM
9	高压互锁OUT	16	冷却风扇反馈
10	高压互锁IN	17	风扇继电器线圈控制
12	电池紧急控制信息	18	接地线

图 5-27 动力电池端子功能

157 红旗 H7 PHEV 动力电池更换

动力电池体积大、重量重，拆卸时按标准拆装步骤进行作业，同时应该使用专用工具，如图 5-28 所示。

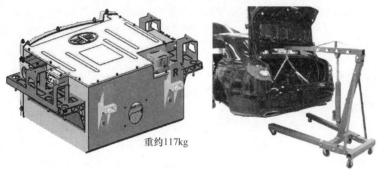

图 5-28 专用工具

1）关闭点火开关。
2）5s 后断开低压蓄电池负极。
3）等待 5min 后拆下高压维修开关。
4）断开低压插接器和高压插接器。
5）验电确认高压输出端口电压低于 60V。
6）拆下 8 颗 M10 螺栓。
7）使用专用工具小心地取出动力电池，如图 5-29 所示。

图 5-29　取出动力电池

158　红旗 H7 PHEV 车载充电器安装位置及功能

车载充电器是整车交流充电系统中的重要组成部件，专用于整车动力电池充电，其结构如图 5-30 所示。技术参数见表 5-3。

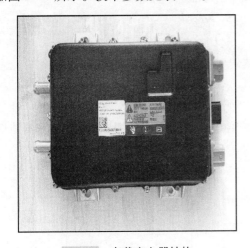

图 5-30　车载充电器结构

表 5-3　车载充电器技术参数

项　目	技术参数
输出功率/kW	3.3
输入电压/V	AC 180～260
输入频率/Hz	45～70
输入电流/A	≤16
输出电压/V	DC 240～430，连续可调
功率因数	≥99%

车载充电器位于行李舱内动力电池右侧，如图 5-31 所示。

车载充电器总成是 H7 PHEV 车型高压总成中的重要部件。具体功能如下：

1）充电功能：将公共电网交流电转换为高压直流电，为整车动力电池充电。

2）CAN 通信及故障诊断功能：通过 CAN 与整车进行通信，在发生故障时能够诊断并存储故障。

3）输出电流补偿：补偿为动力电池

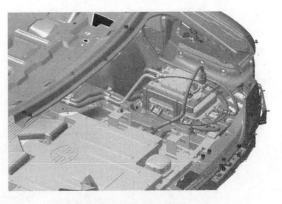

图 5-31　车载充电器安装位置

充电过程中DC/DC消耗的电流,使车载充电器总成输出电流与BMS的电流请求值一致。

4) CP唤醒及CAN唤醒:通过充电桩或控制盒发送的CP信号唤醒车载充电器总成,同时具备CAN唤醒功能。

5) 输入电流控制功能:能够在GB/T 20234.2规定的不同充电模式下,通过自身软件调节,控制不同最大输入电流(充电模式1:≤8A;充电模式2:≤13A;充电模式3:≤63A)进行工作。

6) 过温保护:工作温度超过(85±5)℃时,应能自动保护并停止工作。当温度恢复至正常范围内时,应能重新恢复正常工作状态。

7) 低温保护:工作温度低于(-40±5)℃时,应能自动保护并停止工作。当温度恢复至正常范围内时,能重新恢复正常工作状态。

8) 交流输入端过电压及欠电压保护:交流输入端发生过电压或者欠电压时,能自动保护并停止工作。当电压恢复至正常范围内时,能重新恢复正常工作状态。

9) 高压输出端过电压及欠电压保护:高压输出端发生过电压或者欠电压时,能自动保护并停止工作。当电压恢复至正常范围内时,能恢复正常工作状态。

10) 过电流保护功能:交流输入端或高压输出端发生过电流时,能自动保护并停止工作。当电流恢复至正常范围内时,能重新恢复正常工作状态。

159 红旗H7 PHEV车载充电器工作原理图、电气原理图及端子功能

1. 工作原理

红旗H7 PHEV车载充电器工作原理如图5-32所示。

车载充电器实质是一个大功率的智能充电器,通过监测PWM占空比调节输出功率适应车辆不同的充电要求。

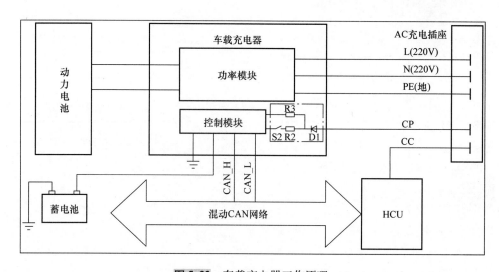

图5-32 车载充电器工作原理

2. 工作模式

1)工作模式：车载充电器接收到使能工作指令后，对外输出为动力电池充电。此时高压输入端带高压电。

2)待机模式：车载充电器从睡眠模式被唤醒，但不对外输出。此时高压输入端带高压电。

3)故障模式：车载充电器检测到故障后，上报故障，停止输出。

4)睡眠模式：车载充电器接收到睡眠指令后进入睡眠模式。

3. 电气原理图

红旗 H7 PHEV 车载充电器电气原理如图 5-33 所示。

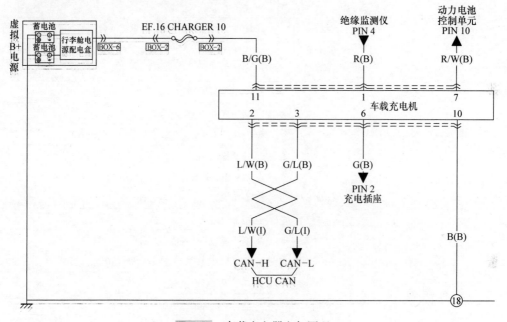

图 5-33 车载充电器电气原理

4. 端子功能

红旗 H7 PHEV 车载充电器端子功能如图 5-34 所示。

1.低压控制端	端子	功能说明	输入电压/V		
			Max	Typ	Min
	1	高压互锁1	5.5	5	4.5
	2	混动CAN_H	3.5	—	2.5
	3	混动CAN_L	2.5	—	1.5
	6	CP通信	12	—	0
	7	高压互锁2	5.5	5	4.5
	10	PE(接地)	0	0	0
	11	低压12V+	18	14.5	9

2.交流输入端	端子	功能说明	输入电源/V		
			Max	Typ	Min
	1	PE(地)	0	0	0
	2	N(220V AC)	265	220	85
	3	L(220V AC)	265	220	85

3.高压输出端	端子	功能说明	输出电压/V		
			Max	Typ	Min
	1	高压-	0	0	0
	2	高压+	430	350	240
	3	高压互锁1	5.5	5	4.5
	4	高压互锁2	5.5	5	4.5

图 5-34 车载充电器端子功能

车载充电器总成故障检查表见表5-4。

表5-4 车载充电器总成基本检查表

端口阻抗	定义	正常阻抗范围	总成故障原因分析
交流输入端子	2—3	>30kΩ，<3MΩ	a. 端子受到外部过电压、过电流或者过大的涌
			b. 壳体破损（有水汽或其他导电异物进入）
			c. 端子损坏
	2—1	>100MΩ	a. 端子受到外部过电压、过电流或者过大的涌
			b. 壳体损坏（有水汽或其他导电异物进入）
			c. 端子损坏
	3—1	>100MΩ	a. 端子受到外部过电压、过电流或者过大的涌
			b. 壳体损坏（有水汽或其他导电异物进入）
			c. 端子损坏
直流输出端子	1—2	>10kΩ，<1MΩ	a. 高压输入电池反接
			b. 高压直流母线过电压
			c. 壳体损坏（有水汽或其他导电异物进入）
			d. 端子损坏
低压信号端子	1—机壳	>100MΩ	a. 端子受到外部过电压、过电流
			b. 壳体损坏（有水汽或其他导电异物进入）
			c. 端子损坏
	2—机壳	>10MΩ，<1GΩ	a. 端子受到外部过电压、过电流
			b. 壳体损坏（有水汽或其他导电异物进入）
			c. 端子损坏
	3—机壳	>10MΩ，<1GΩ	a. 端子受到外部过电压、过电流
			b. 壳体损坏（有水汽或其他导电异物进入）
			c. 端子损坏
	6—机壳	>20kΩ，<1MΩ	a. 端子受到外部过电压、过电流
			b. 壳体损坏（有水汽或其他导电异物进入）
			c. 端子损坏
	7—机壳	>100MΩ	a. 端子受到外部过电压、过电流
			b. 壳体损坏（有水汽或其他导电异物进入）
			c. 端子损坏
	11—机壳	>20kΩ、<1MΩ	a. 低压电池反接
			b. 低压直流母线过压
			c. 壳体损坏（有水汽或其他导电异物进入）
			d. 端子损坏

160 红旗 H7 PHEV 直流变换器结构及安装位置

直流变换器（DC/DC）是整车电源管理系统中的重要组成部件，替代传统发电机，将动力电池的高压直流电转化为 14V 低压系统所需的低压直流电，为整车低压负载供电及低压蓄电池充电，是一个降压电源。直流变换器通过 CAN 实现与车辆通信，具备故障诊断及存储功能，其结构如图 5-35 所示，技术参数见表 5-5。

表 5-5 直流变换器（DC/DC）技术参数

额定输出功率/kW	2.2
效率	满负荷≥93%
输入电压/V	DC 240～450
额定输出电压/V	14.5±0.2
额定输出电流/A	150
工作温度范围/℃	-40～85
储存温度范围/℃	-40～105

图 5-35 直流变换器 DC/DC 结构

直流变换器位于行李舱右后侧，安装于车载充电器上方，如图 5-36 所示，使用水冷方式冷却。

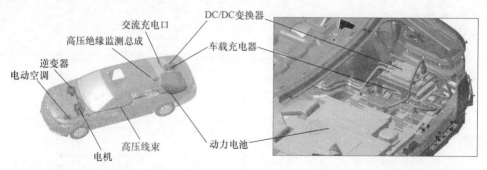

图 5-36 直流变换器安装位置

161 红旗 H7 PHEV 直流变换器工作原理、功能及工作模式

1. 工作原理

DC/DC 总成通过 HCU 的 CAN 指令进行休眠唤醒及输出，同时 DC/DC 总成上报工作状

态、工作温度、输出电压及输出电流等信息。工作原理如图5-37所示。

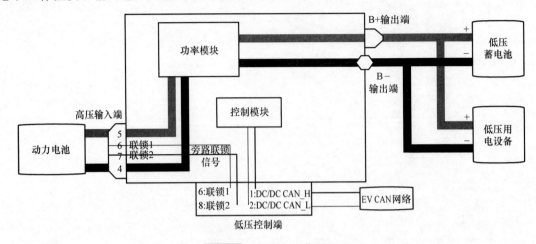

图5-37 DC/DC工作原理

工作特性曲线：负载在0%~100%之间变化时DC/DC输出的电压在$(9±0.2)V~(16±0.2)V$持续输出，输出特性曲线如图5-38所示。

2. 工作模式

DC/DC承载着车辆高低压转换工作，其原理如图5-39所示，具有四种工作模式。

直流转换器DC/DC工作模式如下：

1）待机模式：DC/DC唤醒后未接收到使能工作指令前的状态。此时高压输入端带高压电。

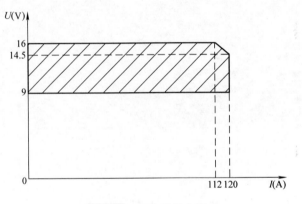

图5-38 工作特性曲线

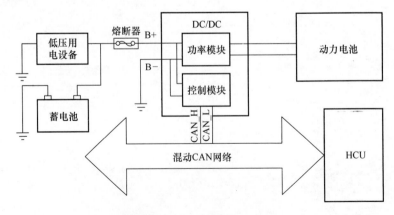

图5-39 高低压转换工作原理

2）工作模式：DC/DC进入工作模式，为整车低压负载供电及低压蓄电池充电。此时高压输入端带高压电。

3) 故障模式：DC/DC 检测到故障后，上报故障，停止输出。

4) 睡眠模式：DC/DC 接收到睡眠指令后进入该模式。

3. DC/DC 功能

DC/DC 具有以下功能：

1) 唤醒功能，车载充电器接收到 CAN 网络中任意报文即被唤醒。

2) 抛负载功能，DC/DC 总成负载突然大幅降低的情况下，仍可正常输出电压。

3) 温度补偿功能，DC/DC 总成输出会随温度的变化而调整工作电压和电流。

4) 过温防护功能，DC/DC 工作温度超过（85±5）℃时，能自动防护并停止工作。当温度恢复至正常范围内时，重新恢复正常工作状态。

5) 高压输入端过电压及欠电压防护功能，高压输入端发生过电压或者欠电压时，DC/DC 自动防护并停止工作。当电压恢复至正常范围内时，重新恢复正常工作状态。

6) 低压输出端短路防护功能，低压输出端短路时，DC/DC 自动防护并停止工作，当短路故障消除后，再次上电时重新正常工作。

7) 被动放电功能，对于高压输入端电容器储存能量 > 0.2J 的情况，DC/DC 对该电容器执行被动放电。

162 红旗 H7 PHEV 直流变换器电气原理图及端子功能

红旗 H7 PHEV 直流变换器电气原理如图 5-40 所示。

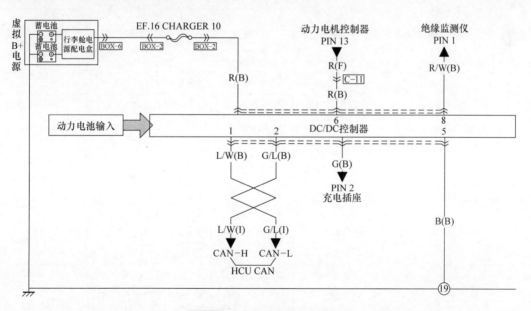

图 5-40 直流变换器电气原理

红旗 H7 PHEV 直流变换器端子功能如图 5-41 所示。DC/DC 总成基本检查见表 5-6。

端子	功能说明	输入电压/V		
		Max	Typ	Min
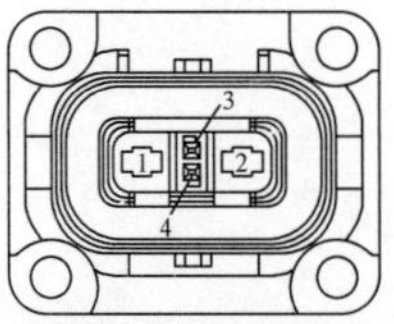 1	高压-	0	0	0
2	高压+	430	350	240
3	高压互锁1	5.5	5	4.5
4	高压互锁2	5.5	5	4.5

1.高压输入端

端子	功能说明	输入电压/V		
		Max	Typ	Min
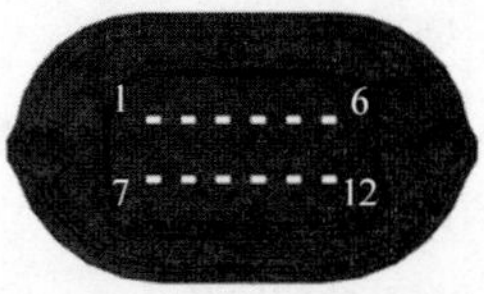 1	混动CAN_H	3.5	—	2.5
2	混动CAN_L	2.5	—	1.5
6	高压互锁1	5.5	5	4.5
8	高压互锁2	5.5	5	4.5

2.低压控制端

图 5-41　直流变换器端子功能

表 5-6　DC/DC 总成基本检查

端口	定义	正常阻抗范围	总成故障原因分析
高压输入端	1—2	>10kΩ，<1MΩ	a. 高压输入电池反接
			b. 高压直流母线过压
			c. 壳体破损（有水汽或其他导电异物进入）
			d. 端子损坏
B+输出端	输出正线—机壳	>5kΩ	a. 低压电池反接
			b. 低压直流母线过压
			c. 壳体损坏（有水汽或其他导电异物进入）
			d. 端子损坏
低压控制端	1—机壳	>1MΩ，<100MΩ	a. 端子受到外部过电压、过电流
			b. 壳体损坏（有水汽或其他导电异物进入）
			c. 端子损坏
	2—机壳	>1MΩ，<100MΩ	a. 端子受到外部过电压、过电流
			b. 壳体损坏（有水汽或其他导电异物进入）
			c. 端子损坏
	6—机壳	>100MΩ	a. 端子受到外部过电压、过电流
			b. 壳体损坏（有水汽或其他导电异物进入）
			c. 端子损坏
	8—机壳	>100MΩ	a. 端子受到外部过电压、过电流
			b. 壳体损坏（有水汽或其他导电异物进入）
			c. 端子损坏

故障排查流程如图 5-42 所示。

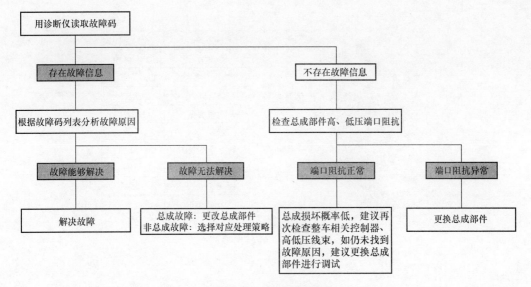

图 5-42 故障排查流程

163 红旗 H7 PHEV 离合器耦合电机（CCM）结构及特点

1. 结构、技术参数

离合器耦合电机（CCM）模块构型如图 5-43 所示，结构紧凑，装配方便，零部件通用化和系列化高，成本低，可靠性高。耦合电机包括电机、分离离合器、阀块控制盒等部件组成。

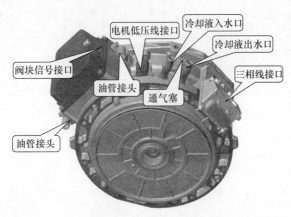

图 5-43 CCM 模块构型

技术参数如图 5-44 所示。

2. 离合器技术创新点

1）离合器与电机平行布置缩短轴向尺寸：小直径多片结构，新型纸基摩擦材料，降低拖曳转矩。

2）耐高温、抗滑磨、可吸收振动：湿式更适用于中国工况；同时通过增减摩擦片，可

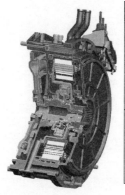

部件	指标	数据
机型/结构	型号	CAM290PT1
	分离离合器类型	湿式，常开
	总质量/kg	45
	电机类型	三相永磁同步
	冷却方式	水冷
性能	转矩容量/N·m	350
	允许滑磨差/rpm	3100
	电机系统最大转矩/N·m	280
	电机系统峰值功率/kW	55

图 5-44 CCM 技术参数

实现平台化，如图 5-45 所示。

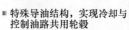

- 新型纸基摩擦材料和特殊沟槽设计，显著降低拖曳转矩
- 温度及传扭特性稳定，易于控制

- 特殊导油结构，实现冷却与控制油路共用轮毂

- 高度集成结构，便于总体布置
- 高精度电磁阀，满足冷却与控制续需求

- 通用化壳体设计，通过增减摩擦片时间实现200~400N·m的转矩覆盖，满足A级到C级的整车需求

- 高稳态油缸结构，保证高速旋转下油压稳定
- 高密封性油缸，减少用油需求和泄漏

- 紧凑化设计，小直径多片结构
- 微动滑磨吸收振动，提高整车舒适性

图 5-45 离合器技术创新

3. 结构特点

CCM 由双质量飞轮（DMF）、分离离合器及动力电机三大部分组成。

1）分离离合器耦合在电机转子内部。

2）分离离合器控制发动机与电机动力的接合与断开。

3）双质量飞轮用于减小发动机输出动力的扭振，减小对分离离合器的冲击及降低整车的舒适性。

4）CCM 前端与发动机缸体后端连接，后端与变速器前法兰连接。

5）分离离合器控制阀块布置在电机壳体上，控制及冷却油路从 DCT 油底壳取油，通过钢管连接。

4. 内部结构

电机的内部结构如图 5-46 所示。

第 5 章 红旗H7插电式混合动力汽车（PHEV）

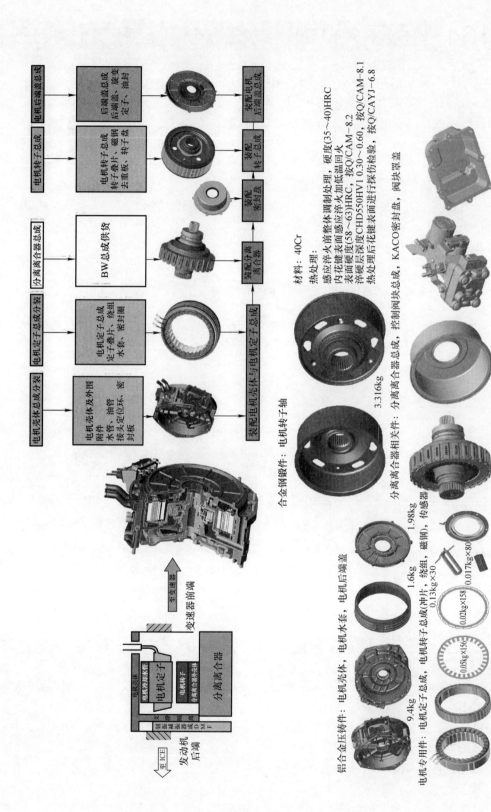

图 5-46 电机的内部结构

164 红旗 H7 PHEV 电机控制功能及工作原理

CCM 包括双质量飞轮（DMF）、动力电机和分离离合器三部分，位于发动机和变速器中间，如图 5-47 所示，耦合电机主要用于电能与机械能的转化，传递发动机转矩。

图 5-47　CCM 位置

1. 功能

分离离合器的作用：传递发动机起机转矩。

分离离合器控制：按照温度模型控制冷却流量和传递转矩控制。

离合器片冷却：按照温度模型控制冷却流量。

离合器传递转矩控制：微滑磨。

2. 工作原理

CCM 通过逆变器控制输出不同转速和不同转矩，工作原理如图 5-48 所示。

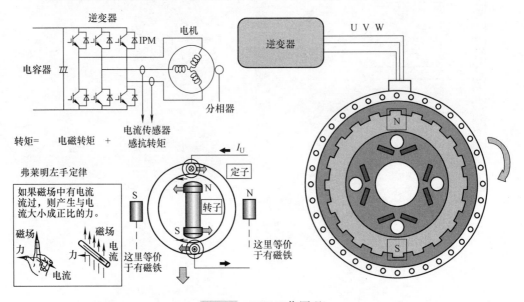

图 5-48　CCM 工作原理

165 红旗 H7 PHEV 电机控制器（MCU）外观结构及安装位置

1. 结构

电机控制器也称逆变器，将功率模块、驱动模块、电容、冷却回路集成为一体，小型轻量化，如图 5-49 所示。

电机控制器（MCU）技术参数见表 5-7。

2. 安装位置

电机控制器位于发动机舱的右后部，内置 50A 专用熔丝，如图 5-50 所示。

红旗H7插电式混合动力汽车（PHEV） 第5章

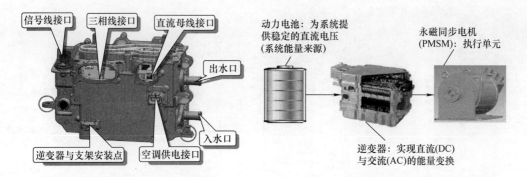

图 5-49　电机控制器（MCU）结构

表 5-7　电机控制器（MCU）技术参数

峰值电流/A_{rms}	340
额定电压/V	330
最高电压/V	420
最大输出电流/A	370
功率密度/(kW/L)	18.5
最高转速/(r/min)	7000
绝缘电阻/MΩ（500V）	1.8

图 5-50　电机控制器安装位置

166　红旗 H7 PHEV 电机控制器内部结构

电机控制器主要由上壳体、控制单元、驱动单元、母线电容、冷却器、IGBT 等部件组成，内部结构如图 5-51 所示。

1. 直流母线电容

直流母线电容规格耐压 450V、容量 550μF，直流母线电容的主要作用是保持直流母线电压的稳定，为系统提供瞬时的大电流，如图 5-52 所示。

2. 控制板

控制电路为逆变器与整车控制器（HCU）和负载的通信接口，控制软件需实现一定的保护功能，如短路保护、过流保护、过欠电压保护、IGBT 与电机的过热保护等，如图 5-53 所示。

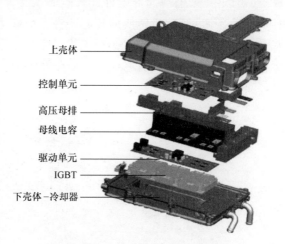

图 5-51　电机控制器内部结构

图 5-52 直流母线电容

图 5-53 控制板

3. 驱动板

驱动板也称 IGBT 门极驱动板，将 CPU 给出的 PWM 指令进行功率放大，以保证 IGBT 能够可靠开通和关断，为 IGBT 提供硬件的短路保护、门极电压钳位保护等，如图 5-54 所示。

4. IGBT 模块组

IGBT 即绝缘栅双极型晶体管，本质上是一个场效应晶体管，只是在漏极和漏区之间多了一个 P 型层，它是由 MOSFET（输入级）和 PNP 晶体管（输出级）复合而成的一种器件，既有 MOSFET 器件驱动功率小和开关速度快的特点（控制和响应），又有双极型器件饱和压降低而容量大的特点（功率级较为耐用），频率特性介于 MOSFET 与功率晶体管之间，可正常工作于几十 kHz 频率范围内，电路如图 5-55 所示。

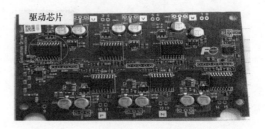

图 5-54 驱动板

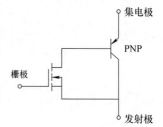

图 5-55 IGBT 驱动电路

IGBT 模块具有单向导电性并且能够承受大电压与大电流。它是逆变器中实现能量转换的核心部件，由许多个小的功率卡并联而成，在 H 平台混合动力单电机逆变器中采用了双面层组冷却方式，该方式能灵活地选择并联功率卡及冷却器的数量，极容易实现逆变器容量的扩展，如图 5-56 所示。

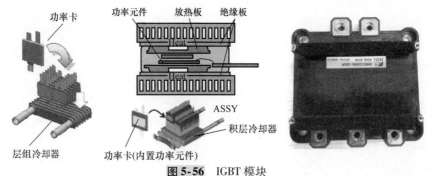

图 5-56 IGBT 模块

5. 电流传感器

电流传感器用于检测三相电的电流，通过电流传感器采集逆变器输出的电流，并将其转化为与其成线性关系便于 CPU 处理的电压信号，实现电流的闭环控制，控制原理如图 5-57 所示。

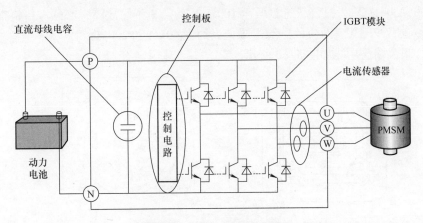

图 5-57　电流传感器控制原理

167 红旗 H7 PHEV 绝缘监测仪安装位置及工作原理

1. 安装位置

绝缘监测仪位于行李舱内动力电池前端。用于检测高压系统的绝缘电阻及整车高压系统与车身地之间的电阻值，是整车高压安全的一项重要指标，如图 5-58 所示。

1) 实时监测整车高压系统的绝缘电阻。

2) 具有报警功能，可以进行两级报警。

一级报警：整车绝缘电阻 $<51\text{k}\Omega$；二级报警：整车绝缘电阻 $<232\text{k}\Omega$。

图 5-58　绝缘监测仪安装位置

3) 具有 CAN 通信功能：可监测到自身部分故障、接地断路故障、内部电源故障等。

2. 工作原理

低频注入法：由总成内部产生一个正负对称的方波信号，通过高压系统和车身地之间的绝缘电阻构成测量回路，测量回路中的电流 I_m，在取样电阻 R_m 上会产生一个取样电压 U_m，这个电压信号被内置微处理器采集，通过运算得出高压系统的绝缘电阻的大小，绝缘监测仪控制原理如图 5-59 所示。

绝缘电阻要求：

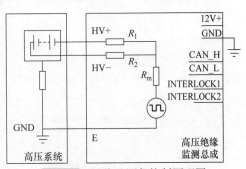

图 5-59　绝缘监测仪控制原理图

1）根据国标要求，绝缘电阻参考值为100Ω/V 和500Ω/V。
2）正常状态下要求绝缘电阻大于500Ω/V。
3）100~500Ω/V 为报警状态，低于100Ω/V 为严重绝缘故障，必须进行检查维修。
4）针对 H7 PHEV，对应的绝缘电阻值大约为40kΩ 和200kΩ。

绝缘监测仪端子功能如图 5-60 所示。

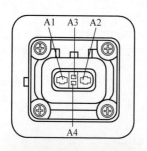
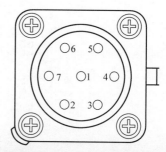

端子	功能
A1	动力电池+
A2	动力电池-
A3	与端子1内部短接
A4	与端子4内部短接

端子	功能	端子	功能
1	高压互锁1	5	地
2	+12V	6	CAN_L
3	地	7	CAN_H
4	高压互锁2		

图 5-60　绝缘监测仪端子功能

168　红旗 H7 PHEV 绝缘电阻检测方法

在一般条件下，先根据仪表提示配合诊断仪对绝缘电阻进行初步检查。

一般故障时，绝缘报警指示灯点亮，可配合诊断仪进行确认；严重故障时，绝缘报警指示灯闪烁，必须进行检修，如图 5-61 所示。

根据整车高压系统拓扑结构以及高压系统有源和无源的特点，将绝缘电阻检测分为四个部分：交流充电口、动力电机直流输入、动力电机交流输出、动力电池输出。

注：前三个使用绝缘表直接测量，动力电池按照 GB/T 18384.1 方法进行测量。

图 5-61　绝缘报警指示灯点亮

（1）交流充电口检测　分别测量 L、N 对车身地的绝缘电阻，使用 DC 250V 电压档，如图 5-62 所示。

（2）动力电机直流输入端检测　分别测量直流正、直流负对车身地的绝缘电阻，使用

DC 500V 电压档，如图 5-63 所示。

图 5-62　交流充电口检测　　　　　图 5-63　动力电机直流输入端检测

（3）动力电机直流输出端检测　分别测量 U、V、W 对车身地的绝缘电阻，使用 DC 500V 电压档，如图 5-64 所示。

图 5-64　动力电机直流输出端检测

（4）动力电池绝缘电阻的检测　启动高压系统，测量动力电池电压 U_b、正极对地电压 U_1、负极对地电压 U_2。

关闭高压系统，如果 $U_1 \geq U_2$，在高压正极与车身地之间插入一个标准的已知电阻 R_0，重新启动高压系统，测量 U_1。

根据公式 $R_i = R_0(U_b/U_1 - U_b/U_1)$ 计算得出绝缘阻值。

绝缘阻值 R_i 除以 U_b 得到以 Ω/V 为单位的绝缘电阻，选取所有测量值的最小值作为高压系统绝缘电阻。

169　红旗 H7 PHEV 整车控制单元 HCU 安装位置及控制功能

1. HCU 安装位置

HCU 通过 CAN 通信接口与整车其他系统通信，起到连接混动系统与整车的网关作用，协调控制各总成的工作。HCU 位于副驾驶座椅地板下方，如图 5-65 所示。

图 5-65　HCU 安装位置

2. HCU 控制功能

（1）低压电源管理功能　HCU 通过驱动低压电源管理继电器吸合，接通自身供电；并唤醒 DC/DC，以及给绝缘监测仪供电，另外通过一个输出插接器模拟 MCU 的 IG 信号；用于控制 MCU 的睡眠和唤醒。

（2）行驶模式高压系统启动/关闭功能

1）车辆接收到一键起动信号时，高压系统根据控制命令吸合高压继电器，并通过 Ready 灯的状态提示驾驶人高压系统启动完成或故障。

2）整车接收到一键起动状态处于 ACC 或 IG OFF 时，高压系统根据控制命令断开高压继电器，并通过 Ready 灯的状态提示驾驶人高压系统关闭完成或故障。

（3）行驶中高压系统开启　当驾驶人踩下制动踏板且按下一键起动按钮，此时档位位于 P 位或 N 位，则高压系统启动功能激活，同时满足如下条件：

1）踩制动且按下一键起动按钮，PEPS_HCU_OneKeyStartRequest = Request。

2）手柄位置为 N/P 位（LeverInfo = N 或 P）。

3）HCU 自检无故障（如 CAN 通信失效）。

（4）高压系统无故障

1）任一高压互锁开关未断开。

2）BMS 无影响高压上电的故障（BMS 故障值为 BatteryStatus = 6 /7 /8）。

3）HCU 无一级绝缘故障记录（Insulation Monitor Warning 不为 2）。

4）CC 连接无效。

5）HCU 与 BMS 之间的 CAN 通信失效，且 BMS 接收到的硬线紧急控制信号无效。

6）整车碰撞报警信号无效。

7）防盗验证通过，高压上电完成，显示在仪表上。

（5）行驶模式高压系统关闭　当行驶模式高压系统启动时，以下任何一种情况可使高压系统关闭：

1）PEPS_IgnKeyPos 转变为 ACC 或 IG OFF。

2）高压系统接收到车辆碰撞报警信号（CrashIntensity = Airbag come out）。

3）高压系统出现故障后，根据故障等级处理如下（故障值：BatteryStatus = 6、7、8）：HCU 监测高压互锁功能激活，且车速低于 5km/h。

4）HCU 与 BMS 之间的 CAN 通信失效，且 HCU 发给 BMS 的硬线紧急控制信号为高有效，BMS 需切断所有高压继电器。

5）防盗验证未通过。

6）高压上电成功后，5s（待测试）未收（PEPS_ESCLSt = ESCLUnlock 且 PEPS_ESCLErrorSt = Inactive）。

7）预充电超时未完成或控制继电器命令发出后继电器一直未吸合。

8）HCU 自身严重故障。HCU 按照高压下电流程完成高压系统关闭功能，仪表 Ready 熄灭。

(6) 交流充电功能　车辆 IG OFF 状态下，操作人员使用充电线缆将供电设施与车辆充电插座连接可靠，交流 220V 经过车载充电机转化为高压直流电，为动力电池充电。

带有 T-BOX 远程控制功能的充电模式有两种，即时充电和定时充电。HCU 通过判断远程充电模式和远程充电启动命令进入相应充电状态。

(7) 即时充电功能　满足下面任一条件，即时充电功能被激活

1) 当一键起动按钮 IG OFF 且 HCU 判断 CC 连接正常。

2) 当使用 GB/T 20234.2-2011 中充电模式 2 的连接方式 B 进行交流充电时，供电设施由 AC 220V 断电到恢复供电，充电机可由 CP 信号唤醒，发送"Recharge"报文。

进入条件：整车满足充电激活条件后，HCU 判断下列条件同时满足，即时交流充电功能开启。

1) 整车电源状态处于 OFF。

2) HCU 判断 CC 有效且 CP 有效。

3) HCU 监测高压系统无故障。

(8) 睡眠唤醒功能　HCU 支持以下三种唤醒源。如果这三种唤醒源都没有被激活，HCU 将处于休眠状态。

点火钥匙唤醒：点火钥匙唤醒上电。

充电唤醒：点火开关 OFF 档整车充电时，当充电枪与整车连接完好时，HCU 需被硬线唤醒；充电完成后，无论充电接口是否断开，HCU 应具备休眠能力。

CAN 线休眠唤醒：HCU 可以通过任意报文被唤醒，具体要求与网络休眠唤醒技术要求相同。

(9) 故障诊断及失效处理功能　电机急停控制功能：当 MCU 与 HCU 之间 CAN 通信故障时，需要 HCU 输出急停信号，负载端接收高电平信号，作为急停使能，禁止电机驱动输出。

电池紧急控制功能：当 CAN 通信故障时，需要 HCU 输出紧急控制信号时，HCU 停止对下拉的控制，BMS 接收高电平信号，作为紧急使能，通知电池断开相关高压继电器。

失效处理：根据当前故障，选择适合的功率限制或跛行模式。

(10) 高压互锁功能　高压互锁功能是为了设备安全与人身安全而设计的功能。HCU 工作时，如果高压互锁回路中任何开关断开，高压互锁功能即被激活，由 HCU 做相应处理。

高压互锁激活后，仪表报警鸣响 0.9s，同时在液晶屏"中央信息显示区"提示："高压互锁故障，请在安全地带停车！"5s，之后可按"CHECK"开关调出提示信息。

1) 此时如果满足车速≤5km/h，车辆将停止动力输出。

2) 此时如果车辆处于充电状态，车辆将停止充电。

3) 此时如果车辆处于高压系统启功功能进行阶段，则禁止高压系统启动。

(11) 绝缘故障处理功能　HCU 接收 IMCU 发出的总成状态信息、绝缘阻值和绝缘报警值，并将总成状态信息和绝缘报警值发送给仪表。

一级报警时，仪表高压系统故障报警指示灯以频率 1Hz 闪烁，发出声音报警，持续鸣

响 5s，同时在液晶屏"中央信息显示区"有文字提示。HCU 令高压系统下电后不能再次上电，并存储报警信息。

二级报警时，仪表高压系统故障报警指示灯点亮，并发声音报警鸣响 0.9s，同时在液晶屏"中央信息显示区"文字提示 5s。HCU 只存储报警信息。

（12）碰撞安全管理功能　当车辆发生碰撞后，HCU 监测 CAN 总线碰撞信号，BMS 监测硬线碰撞信号。若发生碰撞，BMS 直接断开高压继电器，并反馈高压继电器状态，MCU 接到 HCU 发送的碰撞信号后完成主动放电。

（13）滑行能量回收　满足下列条件时，进入滑行能量回收功能：

1）车辆在某一档（LeverInfo = D/S/M/R）。

2）ABS/ESP 工作标志位为 0（ABSIntervention = 0 及 ESPIntervention = 0）。

3）ESP 系统无故障（SystemState = 1 及 ABSErrorStatus = 0 及 ESPErrorStatus = 0）。

4）松开加速踏板且未踩下制动踏板，且加速/制动踏板均无故障。

5）车速大于 10km/h。

6）电池持续充电允许功率大于 0（BatteryChargePowerAvailable_10 > 0）。

7）驱动电机具有发电能力（TM Maximum Available Generating Torque > 0）。

170 红旗 H7 PHEV 整车控制单元 HCU 端子功能

HCU 输入输出插接器分两组，一组以 A 定义，一组以 K 定义，如图 5-66 所示。插接器 A、K 的端子功能见表 5-8、5-9。

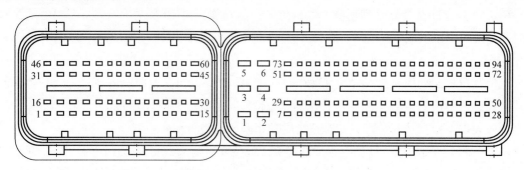

图 5-66　HCU 输入输出插接器 A、K

表 5-8　插接器 A 的功能

端子	功能名称	端子	功能名称
A1	150 型常开继电器驱动信号	A19	比例流量阀驱动输出
A2	比例压力阀反馈输入	A37	发动机暖风水泵驱动信号
A4	比例压力阀驱动输入	A43	IG 信号输入
A5	200 型常闭继电器驱动信号	A46	电池紧急控制信号
A7	低温冷却水泵驱动信号	A53	低压电源管理继电器
A17	比例流量阀反馈输入	A58	慢充连接确认

表5-9 插接器K的功能

端子	功能名称	端子	功能名称
K6	地	K48	CAN2_H
K7	12V 常电	K49	CAN2_L
K8	冷却液温度传感器插接器 C	K50	CAN2_S
K9	加速踏板传感器地 1	K51	加速踏板传感器地 2
K10	加速踏板传感器供电 1	K52	加速踏板传感器供电 2
K11	加速踏板传感器信号 1	K55	加速踏板传感器信号 2
K12	高压互锁输出	K56	主油路压力传感器信号
K19	MCU 模拟 IG 信输出	K70	CAN3_H
K21	电机急停控制信号	K71	CAN3_L
K23	START 输入	K72	CAN3_S
K26	CAN1_H	K73	主油路压力传感器地/前离合器压力传感器地
K27	CAN1_L	K74	主油路压力传感器供电/前离合器压力传感器供电
K28	CAN1_S	K78	前离合器压力传感器信号
K29	12V 常电	K80	冷却液温度传感器插接器 A
K34	高压互锁信号回采	K92	LIN
K45	EMS 故障反馈	—	—

171 红旗 H7 PHEV 仪表及量表

红旗 H7 PHEV 车型组合仪表在原车型仪表基础上增加了 PHEV 相关指示警告灯，在原本安装转速表之处安装了（驱动）功率表，综合反映电机或发动机或电机及发动机当时的运行状态，以百分制显示。发动机是否工作通过瞬时油耗数值是否为 0 来判断。TFT 显示屏会显示相对应能量流，如图 5-67 所示。

图 5-67 红旗 H7 PHEV 车型组合仪表

1. 功率表

功率表为电子式功率表，指针指示，由步进电机驱动。显示范围分三个区域：0~100% 区、Charge 区、Boost 区，如图 5-68 所示。

当来自 CAN 上的功率值为 -50%~0 时，指针指示在 Charge 区；当来自 CAN 上的功率值为 0~100% 时，指针指示在 0~100% 区；当来自 CAN 上的功率值为 100%~150% 时，指针指示在 Boost 区；当来自 CAN 上的功率值超出最大值（150%）且非无效值时，指针指示位置为 MAX。

当来自 CAN 上的功率值为无效值或丢失时，指针指示位置为 0%。

图 5-68　功率表

1—车辆为准备就绪（OFF）　2—制动能量回收（CHARGE）　3—电机或发动机经济行驶　4—部分负荷时经济　5—运行准备就绪（REDAY）　6—全负荷行驶动力性优先　7—功率 100%　8—全加速，电机为发动机提供支持（BOOST）

2. 警告灯和指示灯

警告灯和指示灯如图 5-69 所示。

高压系统故障警告灯：高压绝缘、高压继电器、高压互锁机构故障

主报警指示灯

低压故障报警指示灯

运行准备就绪指示灯

充电枪状态指示灯

充电状态指示灯

混动系统故障警告灯：辅助油泵、动力电池、DC/DC、电机、HCU 故障

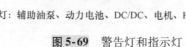

图 5-69　警告灯和指示灯

（1）高压系统故障警告灯（红色）

1）高压绝缘故障时，红色警告灯点亮，发声音报警，鸣响 0.9s，同时在液晶屏"中央信息显示区"提示："高压绝缘故障！" 5s，之后可按"CHECK"开关调出提示信息。

2）高压绝缘严重故障时，红色警告灯以频率 1Hz 闪烁，发声音报警，持续鸣响 5s，同时在液晶屏"中央信息显示区"提示："高压绝缘严重故障，请去维修站！" 5s，之后可按"CHECK"开关调出提示信息。

3）高压继电器故障时，该指示灯点亮，发声音报警，鸣响 0.9s，同时在液晶屏"中央信息显示区"提示："高压继电器故障！" 5s，之后可按"CHECK"开关调出提示信息。

4）高压互锁故障时，该指示灯点亮，发声音报警，鸣响0.9s，同时在液晶屏"中央信息显示区"提示："高压互锁故障！"5s，之后可按"CHECK"开关调出提示信息。

（2）主报警指示灯（红色） 组合仪表中的安全气囊故障指示灯、ABS故障警告灯、ESP/TCS指示灯及制动系统故障警告灯四个指示灯，任何一个指示灯失效时，主报警指示灯点亮，按5.1声道报警，液晶屏提示："仪表故障！"5s，之后可按"CHECK"开关调出提示信息。主警告灯直到故障排除后消失。

低压故障报警指示灯（红色）：当充电电压小于13.5V时，该指示灯点亮。

运行准备就绪指示灯（绿色）：点火开关打到"START"档，高压完成上电，且无其他相关故障时（HEV Ready=2），该指示灯点亮。

（3）充电状态指示灯（红色）

1）当动力电池充电故障时，该指示灯点亮，指示灯以频率2Hz闪烁。

2）当动力电池充电时，该指示灯以频率1Hz闪烁。

3）当动力电池充电完成时，该指示灯点亮15min。

注意：行车过程中该指示灯不亮。

（4）混动系统故障警告灯

1）混动系统故障时，红色警告灯点亮，发声音报警，鸣响0.9s，同时在液晶屏"中央信息显示区"提示："混动系统故障，请去维修站"5s，之后可按"CHECK"开关调出提示信息。

2）混动系统严重故障时，红色警告灯点亮，发声音报警，持续鸣响5s，同时在液晶屏"中央信息显示区"提示："混动系统严重故障，请在安全地带停车"5s，之后可按"CHECK"开关调出提示信息。

注意：混动系统故障包括油泵故障、动力电池故障、DC/DC故障、电机故障、HCU故障。

（5）起机和停机

1）前提条件：将档位置于P或N位。

2）具体操作：踩下制动踏板的同时按下一键起动按钮。

3）整车反馈：仪表上方绿色"Ready"灯常亮，如图5-70所示。

4）结束Ready状态：停车驻车后，按下一键起动按钮。

图5-70 仪表上方绿色"Ready"灯常亮

172 红旗 H7 PHEV 车辆起动后熄火，仪表显示混动系统严重故障

1. 故障描述

车辆之前在行驶过程中无法充电，之后仪表显示混动系统严重故障，故障灯报警，最后车辆无法正常使用，起动之后会自动熄火。电脑检测车辆，HCU 整车控制器报故障码，P198272：总正继电器断开故障；P198D16：单体电压过低；P19C000：单体压差过大。初步怀疑是电池系统的故障，如图 5-71 所示。

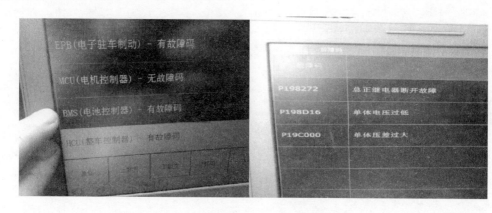

图 5-71 读取故障码

2. 故障原因

对电池进行数据流读取，96 个单体电池中最低的电压为 2.18V，如图 5-72 所示，最高的为 3.39V，根据电池压差最大只能有 100mV，可以判断故障原因为电池内部故障。经电池厂家拆解分析：电池组中有一个单体电池电压过小，导致电池控制器进入保护状态，无法继续给低压电池充电，车辆的正常供电无法得到保障，所以车辆起动后会自动熄火。

图 5-72 对电池电压进行测量

3. 处理方式

更换动力电池组总成。

173 红旗 H7 PHEV 仪表显示混动系统严重故障,车辆起动后几秒钟自动熄火

1. 故障描述

冷机行驶正常,行驶十几公里后仪表显示混动系统严重故障,车辆最高时速 60km 左右,可以正常行驶。熄火后重新起动,几秒钟后发动机自动熄火,同时仪表车身电器全部断电,用诊断仪读取故障码,很多模块存在故障,HCU(整车控制器)内有三个故障无法清除,P198D16:单体电压过低;P19C000:单体压差过大;P196400:电压采样线故障,如图 5-73 所示。

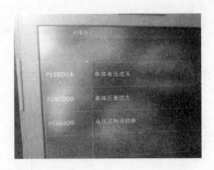

图 5-73 使用诊断仪读取故障码

2. 故障原因

动力电池总成内部电池采样线线束故障,由于线束插接器内单根线束退针接触不良导致发热,插接器塑料壳已烧熔化,冷车时可以工作,工作时间长后故障点发热,故障就会体现出来,如图 5-74 所示。

图 5-74 电池采样线线束

3. 处理方式

更换动力电池总成内部电池采样线线束(由电池厂家实施更换操作)。

174 红旗 H7 PHEV 动力不能从电动驱动切换到发动机动力驱动故障

1. 故障描述

用户在使用过程中车辆动力不能从电动驱动切换到发动机动力驱动，此时仪表显示混合动力系统故障。档位不能从 N 位退到 P 位，点火开关不能关闭，行李舱有刺鼻异味。进店检查，车辆两块蓄电池电量严重不足，仪表显示"混合动力系统故障"，档位不能从 N 位退到 P 位。对车辆两块蓄电池充足电后，档位机械解锁移动到 P 位，可起动车辆纯电怠速驱动，档位不能正常移动，仪表电池警告灯亮，仪表显示"高压互锁状态"及"请确认档位在 P 位"。再次读取仪表故障显示区域，"混合动力系统故障"已不显示，同时，车辆发动机舱内高速风扇常转，档位机械从 P 位切换到任何档位，车辆纯电系统马上停止工作，仪表处于关闭状态。

2. 故障原因

DC/DC 线缆接头紧固螺栓松动，引起充电线缆高温熔化，与之接触的高压互锁及 CAN 线均被熔化，引起高压互锁故障和通信故障，导致动力电池无法给蓄电池充电，如图 5-75 所示。

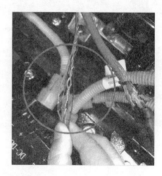

图 5-75　高压互锁及 CAN 线均被熔化

3. 处理方式

更换 DC/DC 和相关线束。

175 红旗 H7 PHEV 发动机自动熄火故障

1. 故障描述

车辆在行驶中，动力不能切换到发动机驱动状态，一直在用纯电驱动，车速到 100km/h 时还是纯电驱动。车辆行驶一段时间后，踩加速踏板没反应，车速逐渐慢了下来，有熄火的迹象。此时发动机故障灯点亮，仪表显示"发动机控制系统故障"和"废气监控系统故障"。过一段时间后再着车，车辆状况未改善。继续行驶一段时间后，发动机驱动恢复正常。进店检查，进行 F‑ADS 检测，发动机有关于节气门故障码，P0638：ETC‑1 位置控制器输出信号不合理；P0121：节气门位置传感器 1 信号不合理；P0221：节气门位置传感器 2 信号不合理；P2135：节气门位置传感器1/2电压相关性不合理。BCM1故障码，B1006：左近光灯电流过大故障；B1008：左近光灯线路开路故障。后经过试车发现，每次点亮远光灯的时候，会发生发动机熄火的故障，如图5-76所示。

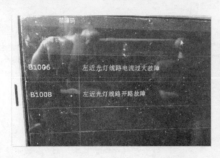

图5-76 读取故障码

2. 故障原因

分析可能原因为左前照灯瞬间的大电流造成的电磁干扰，影响电子节气门传导发射，进而发动机电脑判断为电子节气门故障，HCU根据其控制策略，禁止发动机起停。

3. 处理方式

更换左前照灯。

第6章 Chapter 6

丰田普锐斯混合动力汽车

176 丰田普锐斯混合动力汽车结构

丰田普锐斯混合动力汽车采用混联式混合动力，包括一台电机和一台发电机，其中电机的最大功率为53kW（72hp），最大转矩为163N·m；发动机则采用1.8L的自然吸气汽油发动机，最大功率72kW（98hp），最大转矩142N·m。电机、发电机和发动机三者之间通过一个行星齿轮机构协调配合，其结构如图6-1～图6-3所示。

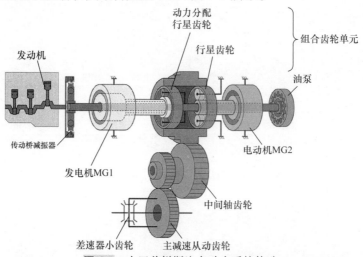

图6-1 丰田普锐斯汽车动力系统构造

图6-2 丰田普锐斯 EVCT 结构

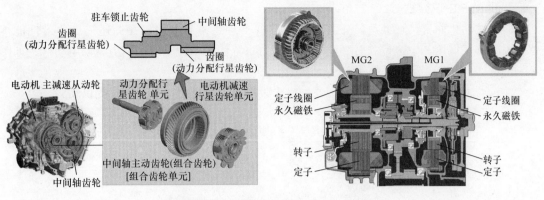

图 6-2 丰田普锐斯 EVCT 结构（续）

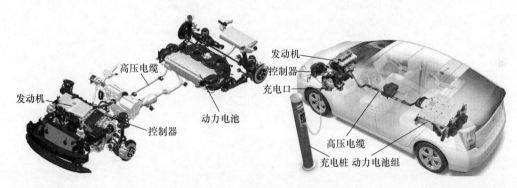

图 6-3 丰田普锐斯整车构造

177 丰田普锐斯混合动力汽车工作原理

1. 起步、起动时

起步时电机参与工作，发动机不起动。因为发动机不能在低转速时输出较大转矩，而电机可以低速时输出较大的转矩，保证车辆平顺起步。

充分利用电动机起动时的低速转矩。当汽车起动时，丰田油电混合动力系统仅使用由动力电池提供能量的电动机的动力起动，这时发动机并不运转，如图 6-4 所示。因为发动机不能在低旋转带输出大转矩，而电动机可以灵敏、顺畅、高效地进行起动。

注：点火起动时，发动机将进行运转，直至充分预热。

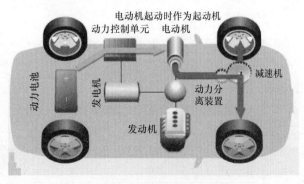

图 6-4 丰田普锐斯起动时

2. 低速-中速行驶时

对于发动机而言，在低速-中速带的效率并不理想，而电动机在低速-中速带性能优越。因此，在低速-中速行驶时，油电混合动力系统使用动力电池的电力驱动电动机，如图6-5所示。

注：动力电池的电量少时，利用发动机来带动发电机发电，为电动机提供动力。

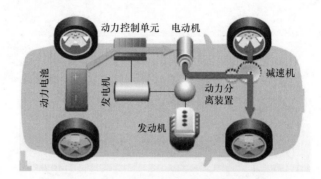

图6-5 低速-中速行驶时

3. 一般行驶时

低油耗的驾驶，使用发动机作为主要动力源。丰田油电混合动力系统采用发动机，使它在能产生最高效功率的速度带驱动。由发动机产生的动力直接驱动车轮，依照驾驶状况部分动力被分配给发电机。由发电机产生的动力用来驱动电动机和辅助发动机。利用发动机和电动机这一双重传动系统，发动机产生的动力以最小消耗被传向地面，如图6-6所示。

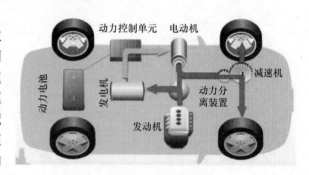

图6-6 一般行驶时

注：动力电池的电量少时，发动机输出功率会被提高以加大发电量，来给动力电池充电。

4. 一般行驶时/剩余能量充电

将剩余能量用于动力电池充电。因为丰田油电混合动力系统在高速运转时是采用发动机来驱动，而发动机有时会产生多余的能量。这时多余的能量由发电机转换成电力，用于储存在动力电池中，如图6-7所示。

5. 全速开进（行驶）时

利用双动力来获得更高一级的加速，在需要强劲加速力（如爬陡坡及超车）时，

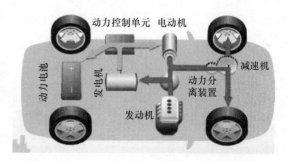

图6-7 一般行驶时/剩余能量充电（混联式）

动力电池也提供电力,来加大电动机的驱动力。通过发动机和电动机双动力的结合使用,丰田油电混合动力系统得以实现与高一级发动机同等水平的强劲而流畅的加速性能,如图6-8所示。

6. 减速/能量再生时

将减速时的能量回收到动力电池中用于再利用。在踩制动踏板和松加速踏板时,丰田油电混合动力系统使车轮的旋转力带动电动机运转,将其作为发电机使用。减速时摩擦散热失掉的能量,在此被转换成电能,回收到动力电池中进行再利用,如图6-9所示。

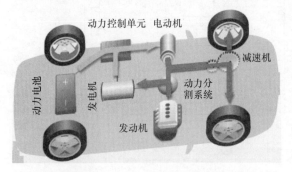

图6-8　全速开进(行驶)时　　　　图6-9　减速/能量再生时

7. 停车时

停车时动力系统全部停止。在停车时,发动机、电动机、发电机全部自动停止运转。不会因怠速而浪费能量,如图6-10所示。

注:当动力电池的充电量较低时,发动机将继续运转,以给动力电池充电。另外,有时因与空调开关连动,发动机仍会保持运转。

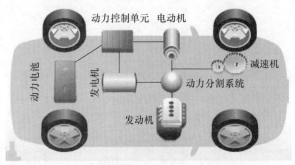

图6-10　停车时

178 丰田普锐斯混合动力汽车混合动力系统组成及组件安装位置

1. 丰田普锐斯混合动力系统组成

丰田普锐斯混合动力系统组成如图6-11所示。

2. 组件安装位置

混合动力系统主要部件安装位置如图6-12所示。混合动力系统驾驶室内的部件安装位

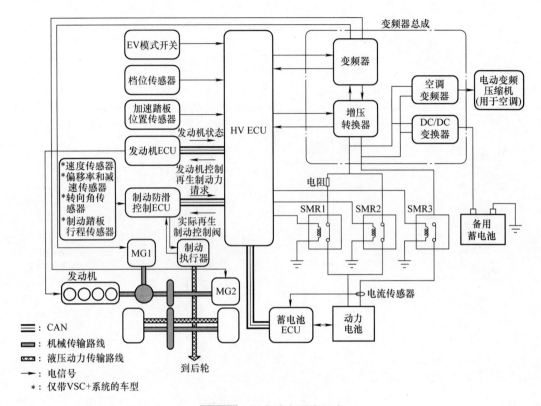

图 6-11　混合动力系统组成

置如图 6-13 所示。动力电池上的部件安装位置如图 6-14 所示。

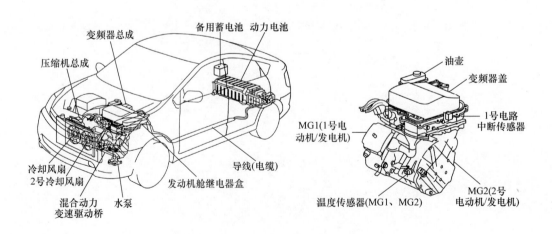

图 6-12　部件安装位置

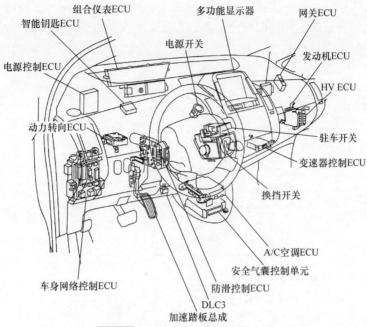

图 6-13 驾驶室内的部件安装位置

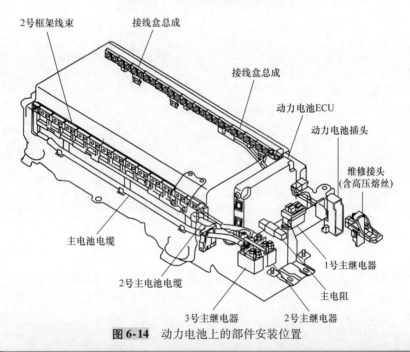

图 6-14 动力电池上的部件安装位置

179 丰田普锐斯混合动力汽车解析器的结构与工作原理

1. 解析器的结构

解析器是可靠性极高且结构紧凑的传感器,它可精确检测磁极位置。解析器的定子包括三种线圈：励磁线圈 A、检测线圈 S 和检测线圈 C，其结构如图 6-15 所示。解析器的转子为椭圆形，定子与转子间的距离随转子的旋转而变化。交流电流入励磁线圈 A，产生频率恒定的磁场。使用频率恒定的磁场，线圈 S 和线圈 C 将输出与转子位置对应的值。因此，驱动电机-发电机 ECU（MG ECU）根据线圈 S 和线圈 C 输出值之间的差异检测出绝对位置。此外，MG ECU 根据规定时间内位置的变化量计算转速。

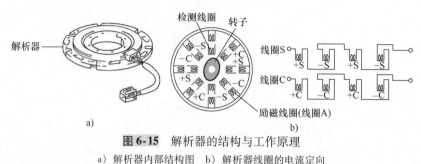

图 6-15　解析器的结构与工作原理
a）解析器内部结构图　b）解析器线圈的电流定向

2. 解析器的工作原理

检测线圈 S 的 +S 和 -S 错开 90°，+C 和 -C 也以同样的方式错开，线圈 C 和 S 之间相距 45°检测线圈的电流流向。

由于解析器的励磁线圈中为频率恒定的交流电，因此无论转子转速如何，频率恒定的磁场均会由转子输出至线圈 S 和线圈 C，输出波形的峰值随转子位置的变化而变化。驱动电机-发电机 ECU（MG ECU）持续监视这些峰值，并将其连接形成虚拟波形。驱动电机—发电机 ECU（MG ECU）根据线圈 S 和线圈 C 值之间的差异计算转子的绝对位置，其根据线圈 S 的虚拟波形和线圈 C 的虚拟波形的相位差判定转子的方向。此外，驱动电机-发电机 ECU（MG ECU）根据规定时间内转子位置的变化量计算转速。转子旋转 180°时线圈 A、线圈 S 和线圈 C 的输出波形如图 6-16 所示。

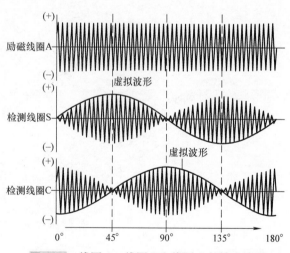

图 6-16　线圈 A、线圈 S 和线圈 C 的输出波形

180　丰田普锐斯混合动力汽车变频器安装位置、作用及故障码

变频器总成安装在发动机舱内，如图 6-17 所示，变频器将动力电池的高压直流电转换为三相交流电来驱动 MG1 和 MG2，功率晶体管的起动由 HV ECU 控制。此外变频器将用于电流控制（如输出电流或电压）的信息传输到 HV ECU。变频器和 MG1、MG2 一起，由与发动机冷却系统分离的专用散热器冷却。如果车辆发生碰撞，则安装在变频器内部的断路器

检测到碰撞信号后关停系统。变频器总成中采用了增压转换器，用于将动力电池 DC 244.8V 的额定电压提升到 DC 650V，如图 6-18 所示。电压提升后，变频器将直流电转换为交流电。MG1、MG2 桥电路（每个包含 6 个功率晶体管）和信号处理保护功能处理器已集成在 IPM（智能动力模块）中，以提高车辆性能。变频器总成中的空调变频器为空调系统中的电动变频压缩机供电。将变频器散热器和发动机散热器集成为一体，更加合理地利用了发动机室内的空间。变频器系统如图 6-19 所示。注意：大气压力传感器位于 MG ECU 板上，传感器检测大气压力，并传输至 MG ECU，以便校正与使用环境相适应，其故障码见表 6-1。

图 6-17　变频器总成安装位置

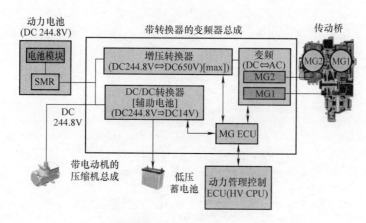

图 6-18　变频器总成工作图

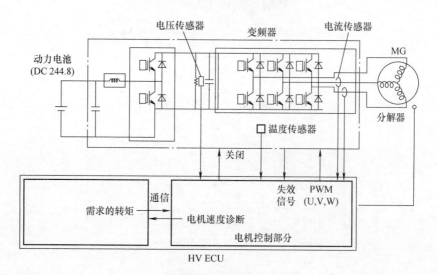

图 6-19　变频器系统

表 6-1 大气压力传感器故障码表

DTC 编号	检测项目	DTC 检测条件
P0069-273	歧管绝对压力-大气压力校正	变频器总成的大气压力传感器与歧管绝对压力传感器（用于EGR控制）测量值的差值超过规定范围，EV模式驾驶3h内发生同样情况
P2228-268	大气压力传感器"A"电压低	大气压力传感器对地短路
P2229-269	大气压力传感器"A"电压高	大气压力传感器对+B短路或开路

181 丰田普锐斯混合动力汽车变频器及总成维修要点

变频器总成内部为多层结构，结构紧凑，主要由电容、智能动力模块、电抗器、MG ECU、DC/DC变换器等组成，如图6-20所示。

1. 增压转换器

增压转换器将动力电池输出的额定电压DC 244.8V增压到DC 650V的最高电压。转换器包括增压IPM（集成功率模块），其中内置的IGBT进行转换控制，而反应器储存能量。通过使用这些组件，转换器将电压升高。MG1或MG2作为发电机工作时，变频器通过其将交流电224.8~650V转换为直流电，然后增压转换器将其降低到DC 244.8V为动力电池充电。增压转换器系统如图6-21所示。

图 6-20 新款变频器的结构

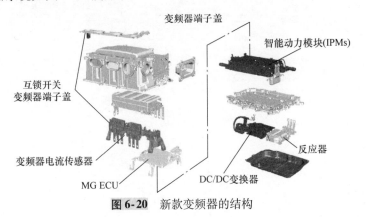

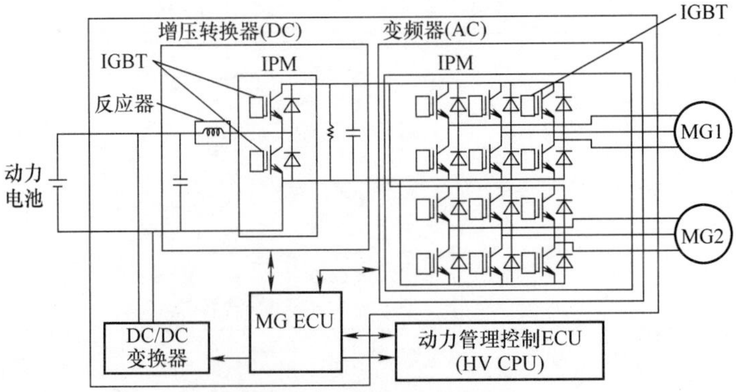

图 6-21 增压转换器系统

2. DC/DC 变换器

车辆的辅助设备，如车灯、音响系统、空调系统（除空调压缩机）和 ECU 等由 DC 12V 的供电系统供电。由于 HV 输出额定电压为 DC 244.8V，因此，需要变换器将这个电压降低到 DC 14V 来为蓄电池充电，如图 6-22 所示。这个变换器安装于变频器的下部。

3. 空调变频器

变频器总成中的空调变频器为空调系统中电动变频压缩机供电。此变频器将动力蓄电池的额定电压 DC 244.8V 转换为 AC 244.8V，来为空调系统中的压缩机供电，如图 6-23 所示。

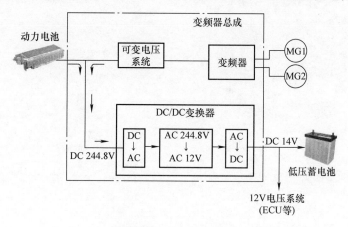

图 6-22 DC/DC 变换器

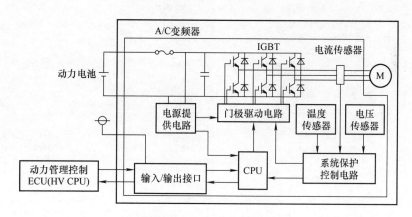

图 6-23 空调变频器系统

4. 冷却系统（用于变频器、MG1 和 MG2）

车辆采用了配备有水泵的 MG1 和 MG2 冷却系统，而且将其与发动机冷却系统分开，电源状态转换为 IG 时，此冷却系统工作。冷却系统的散热器集成在发动机的散热器中。这样散热器的结构得到简化，空间也得到有效利用，如图 6-24 所示。

5. 混合动力冷却液更换加入方法

混合动力冷却液更换加入方法如图 6-25 所示。

①加入冷却液至变频器储液罐上线；②用诊断仪来测试操作水泵；③操作水泵，同时加注冷却液，保持液位在储液罐的上线。每操作 10min，停 1min；④重复步骤③的操作直至空

气排空完成，放气阀位置如图6-26所示。

标准：当水泵工作声音降低或者储液罐中没有气泡出现时，即空气排空完成。当冷却液中有空气时，车辆行驶时可能出现如表6-2所示故障码。

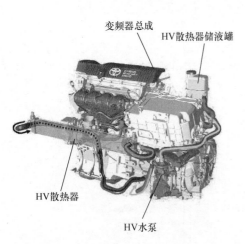

图6-24 配有水泵的MG1和MG2冷却系

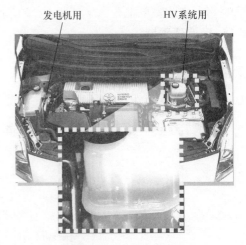

图6-25 冷却液加注

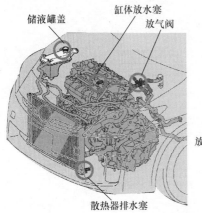

图6-26 放气阀位置

表6-2 冷却液中有空气时故障码

DTC	信息码	DTC项目
P0A01	725	冷却液温度传感器范围/性能
	726	
P0A78	284	电动机"A"变频器性能
P0A7A	322	发电机变频器性能
P0A93	346	变频器冷却系统性能
P0A94	553	直流变换器性能
P0AEE	276	电动机变频器温度传感器"A"线路范围/性能
	277	

（续）

DTC	信息码	DTC 项目
P3221	314	发电机变频器温度传感器线路范围/性能
	315	
P3226	562	直流升压器温度传感器
	563	

6. 变频器总成维修要点

1）在使用绝缘手套前，请确认裂纹、磨损以及其他损伤，如图6-27所示。

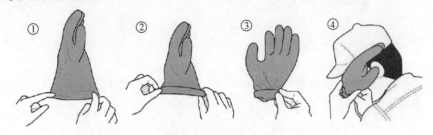

图 6-27　检查绝缘手套

①侧位放置手套；②卷起手套边缘，然后松开2~3次；③折叠一半开口去封住手套；④确认无空气泄漏。

2）拆除维修塞并保存在自己口袋中，如图6-28所示。

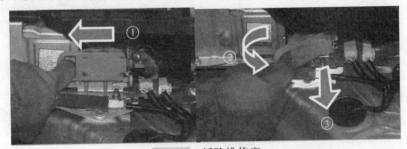

图 6-28　拆除维修塞

3）在拆除维修塞后，等待10min或更长时间以便让高压电容放电，如图6-29所示。

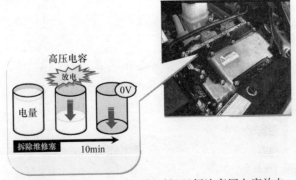

图 6-29　等待10min或更长时间以便让高压电容放电

4）确认高压电容端子电压为0V（量程：750 V 或更大），如图6-30所示。

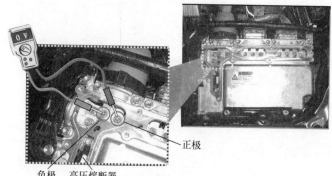

图 6-30 对高压电容端子进行测量

5）用绝缘乙烯胶带包裹被断开的高压线路插接器，如图6-31所示。

注意：①由于变频器盖有互锁装置，在拆卸过程中不要倾斜，如图6-32所示；②在拆卸插接器盖后，用无残留型胶带遮盖，以防止异物进入。

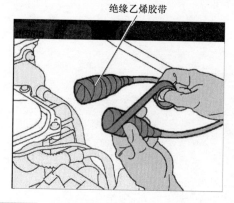 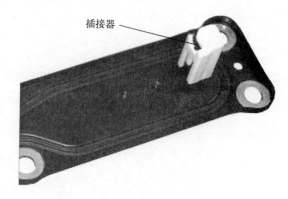

图 6-31 用绝缘乙烯胶带包裹高压线路插接器　　图 6-32 变频器盖

7. 主动测试

1）主动测试的目的是通过检查使车辆保持特定的运行状态。主动测试应用如表6-3所示。

2）混合动力系统主动测试判断如图6-33所示。

3）变频器驱动强制停止。

①对变频器或HV ECU检测是否漏电；②在如下情况FINV（P0A78，P0A7A），主动测试（变频器驱动强制停止）被用来检查U、V、W信号，如图6-34所示。注：FINV表示Fail变频器（因大电流或不正常的高温导致的失效保护）。

4）确认变频器或HV ECU漏电。

5）检查HV ECU U、V、W信号，每一个端子的电压应该是12~16V。

6）变频器电压检查如图6-35所示。

7）确认变频器或HV ECU漏电的检查程序如图6-36所示。

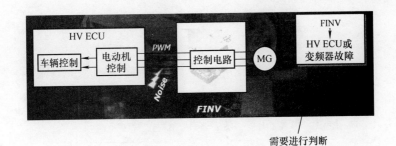

图 6-33 主动测试判断

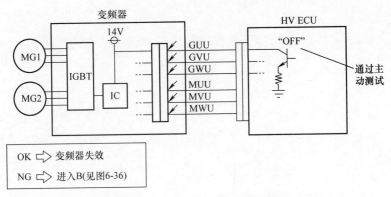

图 6-34 HV ECU U、V、W 信号检查

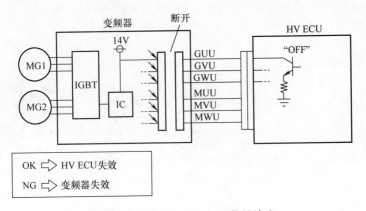

图 6-35 变频器 U、V、W 信号检查

表 6-3 主动测试应用表

项目	执行内容	用途
检查模式 1	• 在 P 位连续地运行发动机 • 取消牵引力控制	• 检查点火正时,CO/HC • 发动机的运转检查 • 转速表检查
检查模式 2	取消牵引力控制	
变频器驱动强制停止	持续切断 HV ECU 内部的功率晶体管	确认在变频器或 HV ECU 内部是否有泄漏
起动请求	连续地转动发动机曲轴	压缩检查

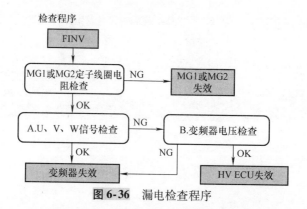

图 6-36　漏电检查程序

182　丰田普锐斯混合动力汽车动力电池结构

普锐斯采用密封镍氢 Ni – MH 电池作为动力电池。这种电池具有高能量、重量轻的特点。车辆正常工作时，由于通过充电/放电来保持动力电池 SOC（充电状态）为恒定数值，因此，车辆不依赖外部设备来充电。动力电池位于后座的行李舱中，这样可更有效地使用车内空间。在动力箱中还包含一个检修塞，用于在必要时切断电源。维修高压电路的任何部分时，切记将此塞拔下。充电/放电时，动力电池会散发热量，为保护电池的性能，电池 ECU 控制冷却风扇工作，帮助散热。动力电池有 204 个电池单体：模块（1.2V×6 电池单体）×34，额定电压为 DC 244.8V。通过这些内部改进，动力电池具有结构紧凑、重量轻的特点，这样动力电池的内部电阻得以减少。动力电池结构如图 6-37 所示。

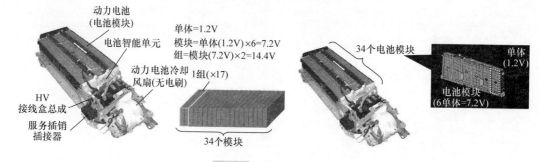

图 6-37　动力电池结构

注：电池电流传感器安装在动力电池正极的电缆上，HV ECU 通过累积的电流强度计算 SOC（充电状态），如图 6-38 所示。

动力电池温度传感器安装在电池上部 3 个部位，如图 6-39 所示。

动力电池进气温度传感器探测从进气管进入的空气温度，动力电池进气口位置如图 6-40 所示。

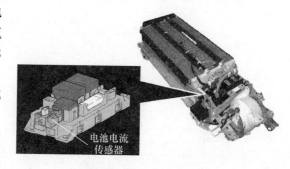

图 6-38　电池电流传感器

检修塞位置如图 6-41 所示。在检查或维修前拆下检修塞,切断动力电池中部的高压电路,可以保证维修期间人员的安全。检修塞总成包括互锁的导线开关,将卡框翻起,关闭导线开关,进而切断 SMR。但是,为安全考虑,在拔下检修塞前一定要关闭点火开关。高压电路的主熔丝位于检修塞总成的内部。

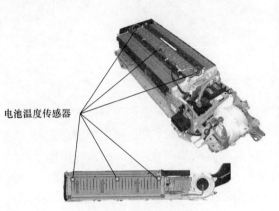

图 6-39 电池温度传感器

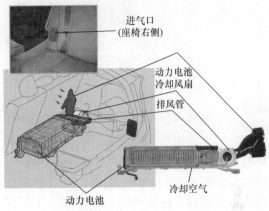

图 6-40 动力电池进气口位置

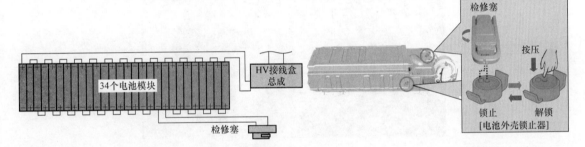

图 6-41 检修塞

183 丰田普锐斯混合动力汽车 HV 接线盒总成及备用电池

1. HV 接线盒总成

3 个系统主继电器（SMR）根据电源管理控制 ECU（HV CPU）的信号,接通或断开高压电路,安装位置及其电源管理控制电路如图 6-42 所示。

2. 低压蓄电池

普锐斯混合动力系统在行李舱中安装有一个低压蓄电池,低压蓄电池供电给前照灯、音响和其他附

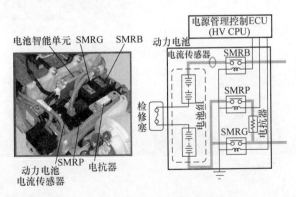

图 6-42 主继电器安装位置及 HV 接线盒电源管理控制电路

件及所有ECU。该电池使用免维护的直流12V屏蔽电池，其安装位置如图6-43所示。

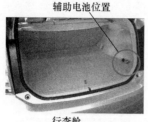

图6-43 低压蓄电池位置

蓄电池液被分离器过滤，以减少在充电时释放的氢气。因此只要使用规定的蓄电池，蓄电池液就无需更换。与其他车辆一样，如果由于某种原因蓄电池无电，则需要跨接起动。可以打开行李舱，将跨接线直接接到蓄电池上。跨接起动方法如图6-44所示，按照图中箭头所示，连接一个12V的充满电的电池，之后将钥匙插入起动位置，当发动机运行时，将跨接电池按照与连接相反的顺序断开。注：更换普锐斯专用电池（S46B24R）后，检查模式（不用检测仪）程序如图6-45所示。

图6-44 蓄电池跨接起动方法

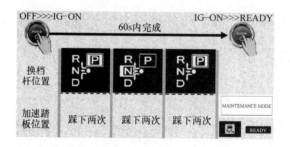

图6-45 更换完专用蓄电池检查模式

184 丰田普锐斯混合动力汽车动力电池拆装

1. 拆卸

1）打开行李舱门，取下行李舱遮蔽帘，如图6-46所示。

图 6-46　取下行李舱遮蔽帘

2) 拆下行李舱门下部密封胶条，如图 6-47 所示。可借助内饰板专用工具拆下门槛条，如图 6-48 所示。

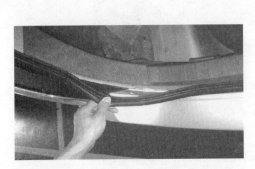

图 6-47　拆下行李舱门下部密封胶条

图 6-48　拆下门槛条

3) 拆卸动力电池外围部件，取出行李舱备胎上方的大储物盒，如图 6-49 所示。

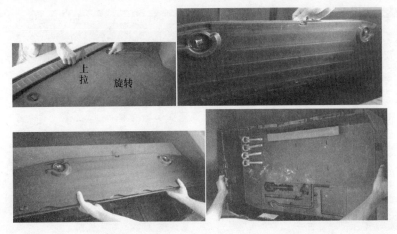

图 6-49　取出行李舱备胎上方的大储物盒

4) 打开左后侧小储物盒盖，如图 6-50 所示，用手拉起盒盖即可，用 10#T 型套筒或长接杆拧下唯一的一个塑料紧固螺母，取出左后侧小储物盒，如图 6-51 所示。

5) 拆下右后拐角的低压蓄电池上盖，注意图中两箭头所指位置的卡扣，如图 6-52 所

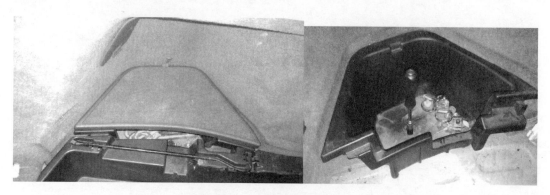

图 6-50　打开左后侧小储物盒盖

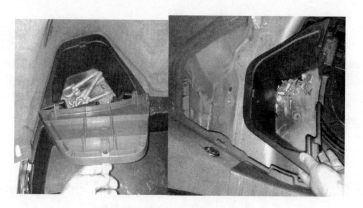

图 6-51　取出左后侧小储物盒

示,并用 10 梅花扳手拆下低压蓄电池搭铁线,如图 6-53 所示。

图 6-52　拆下右后拐角的低压蓄电池上盖

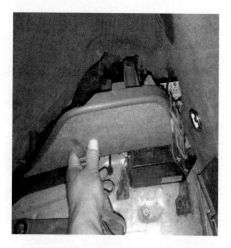

图 6-53　拆下低压蓄电池搭铁线

6)把后排座椅靠背依照图 6-54 所示的方法,先解锁扣再向前翻转。注:用力按下同时向前翻转。

7)拧下左右两个紧固螺栓,用 10#T 型套筒拆下电池上盖毛毡,如图 6-55 所示。

图 6-54 把后排座椅靠背解锁扣再向前翻转

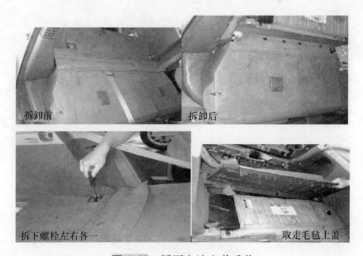

图 6-55 拆下电池上盖毛毡

8）拆下后排座椅靠背，使用 14# 的 T 型套筒分别拆下每个靠背上的两个紧固螺栓，如图 6-56 所示。

图 6-56 拆下后排座椅靠背

9）拆卸两侧装饰小靠垫，使用 12# 套筒或 T 型套筒拆卸如图 6-57 所示位置的一颗紧固螺栓（左右各一）。

10）使用 10# 的 T 套筒或气动扳手依照图 6-58 中箭头所示，拆下右侧内衬板三颗固定

图 6-57 拆卸两侧装饰紧固螺栓

螺栓,并拆下内衬板。

11)拆卸右侧的内衬护板,目的是为拆卸电池进风管以及电池右侧固定支架,如图 6-59 所示。

12)拆下右侧内衬板后,即看到动力电池的通风散热各部件,如图 6-60 所示。

13)按照图 6-61、图 6-62 所示拆卸动力电池进风管道上的两个开口,用图 6-63 的专用工具拆卸卡扣。

14)拆卸图 6-64 所示的鼓风机继电器及卡扣。按图 6-65、图 6-66 拆卸动力电池的右固定支架,使用 $12^{\#}T$ 型套筒拆卸。

图 6-58 拆下右侧内衬板三颗固定螺栓

图 6-59 拆卸右侧的内衬护板

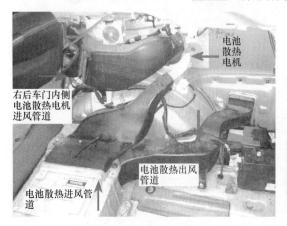

图 6-60 通风散热各部件

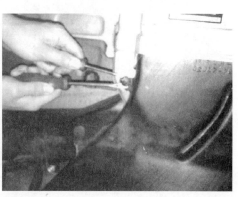

图 6-61 拆卸动力电池进风管道上开口 1

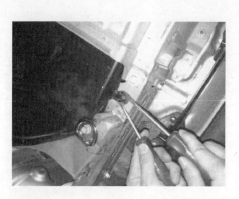

图 6-62 拆卸动力电池进风管道上开口 2

图 6-63 专用工具

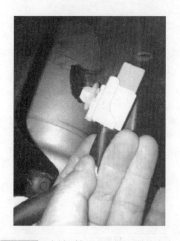

图 6-64 拆卸鼓风机继电器及卡扣

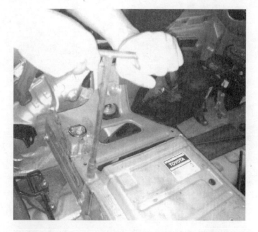

图 6-65 拆卸动力电池的右固定支架螺栓

15）拆卸后车身与动力电池散热出风管道，如图 6-67 所示。

图 6-66 拆卸动力电池的右固定支架

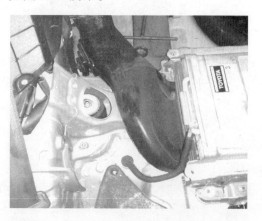

图 6-67 拆卸后车身与动力电池散热出风管道

16)拆卸左侧内饰板,如图 6-68 所示,拆卸内饰板上各处的卡扣,并注意行李舱照明灯连接线束的插拔。

图 6-68　拆卸左侧内饰板

17)拆卸动力电池左侧固定支架上支架,使用 10# 与 12# 套筒头拆卸紧固螺栓,如图 6-69 所示。

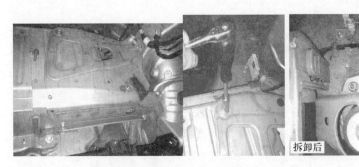

图 6-69　拆卸动力电池左侧固定支架上支架

18)拆卸动力电池检修塞,如图 6-70 所示,拆卸检修塞是安全拆卸动力电池的重要保证。

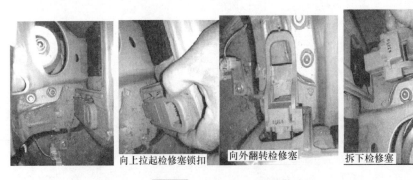

图 6-70　拆卸动力电池检修塞

19)如图 6-71 所示,拆下动力电池箱上盖的紧固螺栓,使用 12# 和 10# T 型套筒,并拆开动力电池上下箱接口处的密封条,如图 6-72 所示取出动力电池箱上盖。

20)拆卸动力电池左端的通气管和散热出风管,如图 6-73 所示。

21)如图 6-74 所示,拔下鼓风机控制器的线束插头。

22)动力电池电解液蒸发通气管如图 6-75 所示,至此,电池右端所有部件拆卸完毕。

图 6-71 拆下动力电池箱上盖的紧固螺栓

图 6-72 取出动力电池箱上盖

图 6-73 拆卸动力电池左端的通气管和散热出风管

图 6-74 拔下鼓风机控制器的线束插头

图 6-75 动力电池电解液蒸发通气管

23）拆卸动力电池 ECU、继电器及相关线束。

① 图 6-76 所示为电池传感器 ECU 线束插头。

② 图 6-77 所示为检修塞锁止开关线束插头。

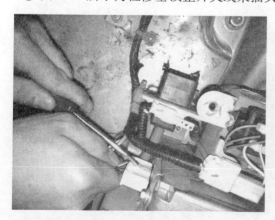
图 6-76 电池传感器 ECU 线束插头

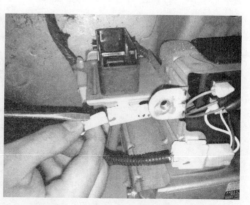
图 6-77 检修塞锁止开关线束插头

③ 图6-78所示为动力电池继电器控制线束插头。

④ 如图6-79所示，将拆下的各线束从部件上方移开。

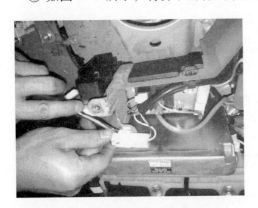

图6-78　动力电池继电器控制线束插头

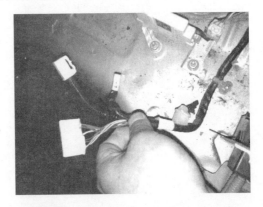

图6-79　将拆下的各线束从部件上方移开

24）拆下动力电池ECU温度传感器插头，如图6-80所示。

25）拆下动力电池电压传感器线束插头，如图6-81所示。

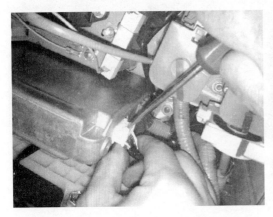

图6-80　拆下动力电池ECU温度传感器插头

图6-81　拆下动力电池电压传感器线束插头

26）拆下动力电池继电器连接线束螺母保护盖（2个）及拆卸下接线束螺母，如图6-82所示。

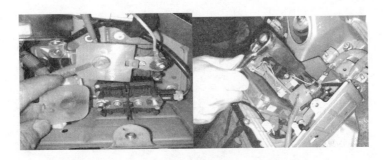

图6-82　拆下电池继电器连接线束螺母保护盖

27）拆卸动力电池 ECU 与继电器安装支架紧固螺栓（3个），如图 6-83 所示。

28）拆下动力电池正负极母线与 ECU 的固定卡扣，如图 6-84 所示。

29）拆下检修塞与动力电池连接的两个紧固螺母，如图 6-85 所示。至此，动力电池与车身所有连接部件全部拆卸完毕。

30）从车上取出动力电池，如图 6-86 所示。

2. 安装

安装与拆卸顺序相反。

图 6-83　拆卸动力电池 ECU 与继电器安装支架紧固螺栓

图 6-84　拆下动力电池正负极母线与 ECU 的固定卡扣

图 6-85　拆下检修塞与动力电池连接的两个紧固螺母

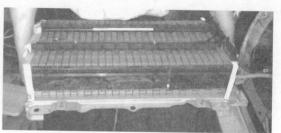

图 6-86　从车上取出动力电池

185　丰田普锐斯混合动力汽车指示灯和警告灯

新款普锐斯系统的指示灯和警告灯如图 6-87 所示。

1. READY 灯

车辆处于 P 位时，如果驾驶人踩下制动踏板并同时按下起动按钮，此灯闪烁。

2. 主警告灯

此警告灯在警告蜂鸣器发出鸣叫时点亮，它的主要功能是提示驾驶人已出现系统中的故障或动力电池 SOC 低于标准数值等信息。除以上状态外，此灯点亮并且蜂鸣器鸣叫，以通

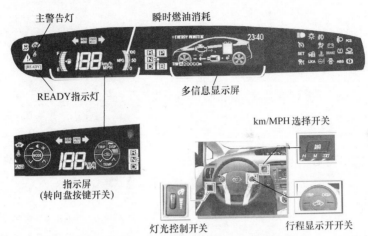

图 6-87　新款普锐斯系统指示灯和警告灯

知驾驶人出现冷却液温度异常、油压异常、ESP 系统故障或变速器控制 ECU 故障。

3. 检查发动机警告灯

发动机控制系统出现故障时打开。

4. 放电警告灯

DC 12V 充电系统（转换器总成）出现故障时打开。同时，主警告灯将点亮。

5. 动力电池警告灯

此警告灯打开以通知驾驶人 SOC 低于最小标准数值（%）。同时，主警告灯将点亮。

6. 混合动力系统警告灯

此警告灯打开以通知驾驶人 THS 系统出现故障。同时，主警告灯将点亮。

READY 灯点亮，档位为 N，动力电池已经放电；驾驶人门打开信息显示如图 6-88 所示。

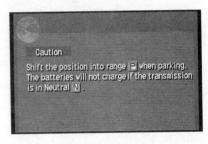

图 6-88　警告信息

186　丰田普锐斯混合动力汽车混合动力电机

丰田普锐斯混合动力汽车动力传动系统有两个电机：MG1 和 MG2，如图 6-89 所示。其中，电机 MG1 有 3 个作用：

1）作为动力分离装置的控制元件。MG1 与太阳轮相连，动力控制单元按照一定的控制策略改变其转速和转矩，从而实现无级变速的功能。

2）作为发动机的起动电动机。

3）作为发电机将发动机冗余能量转化为电能，给 MG2 供电或动力电池充电。

电机 MG2 的作用有 2 个：

1）提供辅助动力，以保证在任何工况下发动机始终保持在高效区域内工作。

2）当汽车制动、下坡或驾驶人放松加速踏板时，发动机关闭，MG2 作为发电机，在汽车的惯性下，车轮带动 MG2 发电，将制动能转换为电能储存在动力电池中。

新款电机将工作电压提高到650V,这使得最高输出功率增加了20%,最高转速提高了约1倍。通过线圈集中绕组方式实现了更加紧凑、重量减轻的效果,大大缩减了电机的体积和重量,整体重量减少约33%,并且最大输出功率从50kW增至60kW。另外,由于体积的减小而造成电机转矩下降,因此新款普锐斯混合动力汽车的动力系统采用了一个行星齿轮作为MG2的减速机构。新款电机MG2的输出功率特性如图6-90中虚线所示,输出转矩特性如图6-90中实线所示。

电机的功耗可以由下式表示。

$$P_{MG} = T_{MG} n_{MG} \eta_{MG}^k$$

式中,T_{MG}和n_{MG}分别表示电机的转矩和转速,两者符号相同时,电机消耗能量,作为电动机使用,此时P_{MG}为正值;两者符号相反时,电机产生能量,作为发电机使用,此时P_{MG}为负值。η_{MG}表示电机的效率,其数值可以通过ADVISOR软件的电机模型自动生成,也可以参考其他文献中的实测结果。上标k反映了功率流的方向,当电机消耗能量时其值为-1,当电机产生能量时其值为$+1$。

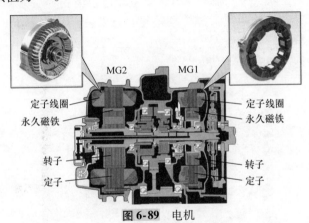

图6-89 电机

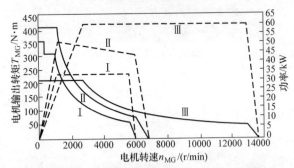

图6-90 电机MG2输出功率、转矩特性图

187 丰田普锐斯混合动力汽车混合动力变速驱动桥结构

驱动桥包括交流650V的电动机、发电机、行星齿轮、减速齿轮和主减速齿轮等,如图6-91所示。驱动桥使用连续变速传动装置,从而达到操作的平滑性和静声性。

变速驱动桥装置主要包括变速驱动桥阻尼器、MG1、MG2、行星齿轮组和减速装置(包

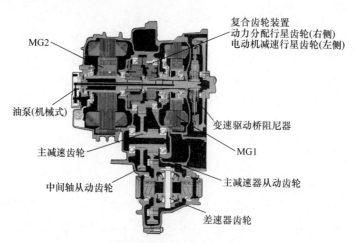

图 6-91 新款 P410 驱动桥

括无声链、中间轴主动齿轮、中间轴从动齿轮、主减速小齿轮和主减器环齿轮），其中行星齿轮、MG1、MG2 变速驱动桥阻尼器和主动链轮都安装在同一根轴上，动力通过无声链条从主链轮传输到减速装置，如图 6-92 所示。

变速器驱动桥的加注油螺栓如图 6-93 所示。

图 6-92 驱动桥结构
1—MG1　2—MG2

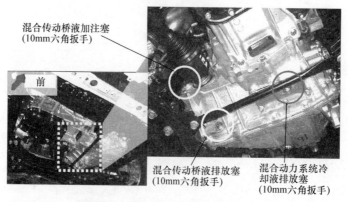

图 6-93 新款 P410 驱动桥加注油螺栓

通过行星齿轮组传输的发动机输出功率分为两个部分：一部分作为整车驱动力；另一部分驱动 MG1 发电。图 6-94 所示为行星齿轮机构。作为行星齿轮的一部分，太阳齿轮连接到 MG1 上，环齿轮连接到 MG2 上，行星齿轮动力通过传动链条传送到中间轴主动齿轮，其工作原理如图 6-95 所示。

图 6-94 行星齿轮机构

（1）MG1 和 MG2　MG1 和 MG2 分别安装在行星齿轮组同一根轴的两端。MG1 连接在行星齿轮组的太阳齿轮上，MG2 连接在环齿轮上。维修提示：不要拆解 MG1 和 MG2，因为它们都是精密组件。如果这些组件出现故障，应整体更换混合动力变速驱动桥总成。

（2）变速驱动桥的减振器　普锐斯变速驱动桥的减振器采用具有低扭转特性的螺旋弹簧，螺旋弹簧的刚度较小，弹性较大，提高了弹簧的减振性能。飞轮的形状得到优化，减轻重量，变速驱动桥减振器

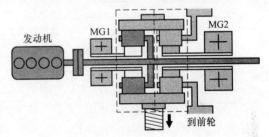

图 6-95 变速驱动桥工作原理

传递发动机的驱动力，它包括用干式、单片摩擦材料制成的转矩波动吸收机构，如图 6-96 所示。

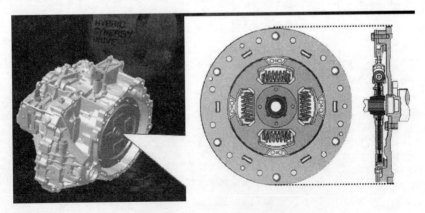

图 6-96 变速驱动桥的减振器

188 丰田普锐斯混合动力汽车制动系统结构及部件功能

1. 工作原理

普锐斯混合动力汽车包括制动输入、电源和液压控制部分，取消了传统的制动助力器，正常制动时，总泵产生的液压换为液压信号，不是直接作用在轮缸上，而是通过调整作用于轮缸的制动执行器上液压源的液压，获得实际控制压力。普锐斯混合动力汽车的制动系统是从打开电源开关等动作开始工作的。制动防滑控制 ECU 通过 CAN（控制器局域网）和 EPS ECU 和 HV ECU 保持通信。普锐斯混合动力汽车制动系统工作原理如图 6-97 所示。

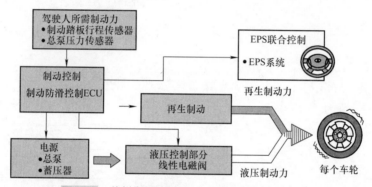

图 6-97 普锐斯混合动力汽车制动系统工作原理

2. 制动系统框图、功能

1) 制动系统框图如图 6-98 所示。

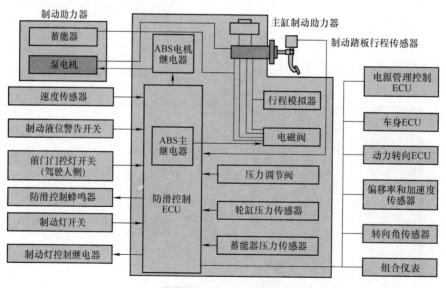

图 6-98 制动系统框图

2) 制动系统的部件功能见表 6-4。

表 6-4 部件功能

主组件		功　能
制动执行器	液压源部分	由泵、泵电动机、蓄能器、减压阀和蓄能器组成，减压源部分产生并存储压力于制动防滑控制 ECU，用于控制制动的液压； 蓄能器压力传感器安装在制动执行器中
	液压控制部分	包括 2 个总泵切断电磁阀、4 个供压磁阀和 4 个减压电磁阀； 2 个双位型总泵切断电磁阀由制动防滑控制 ECU 控制，作用是打开或关闭总泵和轮缸间的通道； 4 个线性供压电磁阀和 4 个线性减压电磁阀，由制动防滑控制 ECU 控制，增减轮缸中的液压； 总泵压力传感器和轮缸压力传感器安装在制动执行器中
制动防滑控制 ECU		处理各种传感器信号和再生制动信号，以便控制再生制动联合控制系统，包括 EBD、ABS、VSC、制动助力和正常控制； 根据各传感器的信号来判断车辆行驶状况，并控制制动执行器
制动总泵		当电源部分出现故障时，制动总泵直接向轮缸提供液压（由制动踏板产生）
行驶模拟器		制动时根据驾驶人的踏板力度产生踏板行程
制动踏板行程传感器		直接检测驾驶人踩下制动踏板的程度
组合仪表	ABS 警告灯	当制动防滑控制 ECU 检测到 ABS、EBD 或制动助力系统中的故障时，ABS 警告灯会点亮，以警告驾驶人
	VSC 警告灯	当制动防滑控制 ECU 检测到 BSC 系统中的故障时，VSC 警告灯会点亮，以警告驾驶人
	防滑提示灯	当 ABS 系统、VSC 系统或电动机牵引控制工作时，防滑指示灯会闪烁，以提示驾驶人
	制动控制系统警告灯	当制动系统产生不直接影响制动力的轻微故障（如再生制动故障）时，该警告灯会点亮，以警告驾驶人
	制动系统信号灯	制动防滑控制 ECU 检测到制动分配系统的故障时，该警告灯点亮，以警告驾驶人，驻车制动打开或制动液液面较低时，该警告灯会点亮，以提示驾驶人
制动防滑控制警告蜂鸣器		液压或电源部分有故障时，该蜂鸣器连续鸣叫，以提示驾驶人； 对于装有 VSC 的车型，该蜂鸣器间断发出声响，以提示驾驶人 VSC 启动
HV ECU		当接收到制动防滑控制 ECU 的信号后激活再生制动； 发送实际再生制动控制值到制动防滑控制 ECU； VSC 系统工作时，根据制动防滑控制 ECU 的输出控制请求信号来控制动力； 需要制动助力控制时，HV ECU 发送后轮制动启动信号到制动防滑控制 ECU
储液罐		存储制动液
	制动液液面警告开关	检测控制液液面是否过低
制动灯开关		检测制动踏板踩下信号
偏移率和减速度传感器*		检测车辆偏移率 前进、倒车或转向时检测车辆加速度
转向角传感器*		检测转向盘的转向方向和角度
泵电动机继电器 1、2		具有不同泵起动速度的 2 种型号泵电动机继电器，如果其中一个出故障，另一个工作来起动泵

(续)

主组件	功能
主继电器	主继电器由制动防滑控制 ECU 控制,它负责打开或切断制动执行器和制动防滑控制 ECU 中的电磁阀电源
备用电源装置	备用电源向制动系统稳定供电; 车辆电源(12V)的电压低时,通过备用电源的放电给制动系统提供辅助电力

*:仅带 VSC 系统的车型有。

3. 制动系主缸执行器、液压回路

1)制动执行器包括执行器部分和防滑控制 ECU,在进行制动控制时。执行器用于改变制动液回路。制动系统电磁阀的功能见表 6-5。

2)制动系统液压回路如图 6-99 所示。

表 6-5 电磁阀的功能

电磁阀	功能
线性电磁阀	当制动踏板被正常地踩下的时候,通过控制轮缸压力产生一个所需的制动力
开关电磁阀	当制动系统工作时开关液压通道
控制电磁阀	当制动系统工作时调节轮缸压力
调压阀传感器	这个传感器把液压助力制动器产生的液压信号转变为电信号,并发送到防滑控制 ECU
轮缸压力传感器	该传感器检测作用在各个轮缸上的压力,并将这些信号发送到防滑制动控制 ECU
蓄能器压力传感器	蓄能器压力传感器持续检测蓄能器中的制动液压力,并发送信号到制动防滑控制 ECU

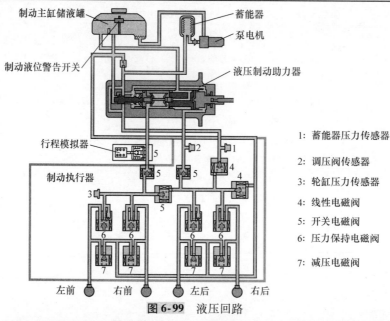

图 6-99 液压回路

189 丰田普锐斯混合动力汽车制动系统维修要点

1. 更换部件

当制动系统相关的部件被替换时,停止泵电机工作并且释放蓄能器和制动执行器中的压力（停止制动控制功能）。

①在关闭电源后至少等待2min；②断开液位开关插接器；③连接 IT-2 或 Techstream，并且使车辆处于 IG-ON 状态；④打开 IT-2 或 Techstream，进入以下菜单：Chassis / ABS/ VSC/TRC / Active Test；⑤选择"ECB Invalid"；⑥踩下制动踏板至少 40 次，直到制动踏板不能再被踩下；⑦结束"ECB Invalid"。

2. 制动排气

如要进行以下操作，需要使用检测仪。制动系统排气操作步骤：

①电源关闭之后至少等待 2min；②打开制动主缸添加盖；③把制动液添加至 MAX 和 MIN 之间；④连接检测仪与 DLC3；⑤打开电源开关至 IG-ON；⑥执行"Chassis / ABS/ VSC/TRAC / Air bleeding"；⑦制动管路：选择"Usual air bleeding"，然后根据检测仪的提示更换制动液；替换制动液后，紧固每一个排气塞-前排气塞/后排气塞；清除 DTC。⑧制动主缸排气：选择"ABS actuator has been replaced"，然后根据检测仪的提示更换制动液；替换制动液后，紧固每一个排气塞-前排气塞/后排气塞；清除 DTC。

3. 初始化和校准

1）线性电磁阀初始化和校准，见表 6-6。

2）偏移率和加速度传感器零点校正初始化和校准见表 6-7。

表 6-6 线性电磁阀初始化和校准

	过　　程
车辆条件	• 电源模式 OFF • 档位处于 P 位 • 转向盘摆正
清除储存的线性电磁阀校准数据	1. 连接 IT 和 DLCS 2. 打开电源开关至 IG-ON 3. 执行"Chassis/ARS/VSC/TRAC/Utility/ Reset Memory" 4. 执行偏移率和速度传感器零点校准
初始化和校准线性电磁阀	1. 电源开关 OFF 2. 释放驻车制动 3. 打开电源开关至 IG-ON 4. 选择"Chassis/ABS/YSC/TRAC/Utility/ ECB Utility/Lineer Valve Offset" 5. 不踩制动踏板情况下保持车辆静止 1~2min 6. 检查制动警告灯和黄灯闪烁间隔 7. 检查 DTC C1345 没有输出

表 6-7 偏移率和加速度传感器零点校正

	过　　程
车辆条件	• 电源模式 OFF • 档位处于 P 位 • 转方向盘摆正
清除零点校正数据	1. 连接 IT 至 DLC3 2. 打开电源开关至 IG-ON 3. 执行"Chassis/ARS/VSC/TRAC/Utility/ Reset Memory" 4. 关闭电源开关至 OFF
偏移率和加速度传感器零点校正数据	1. 打开电源开关至 IG-ON 2. 执行"Chassis/ABS/VSC/TRAC/Utility/ Test Mode" 3. 保持车辆静止 2s 以上 4. 检查 ABS 警告灯，制动警告灯以及侧滑警告灯点亮后，然后开始闪烁

4. ECB（电控制动）取消模式

1）这种模式可以不用检测仪更换制动液，如图 6-100 所示。

2）当下列任一情况出现时，ECB 自动恢复。

①档位从 P 位移至其他位置；②电源开关至 READY；③关掉电源开关至 OFF；④松开驻车制动；⑤车辆速度非 0km/h（0mph）。

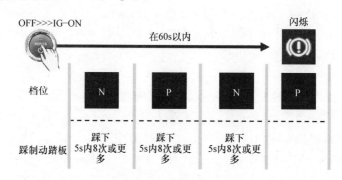

图 6-100　ECB 取消模式

5. ECB（电控制动）故障码

ECB（电控制动）故障码见表 6-8。电子控制制动故障表见表 6-9。

表 6-8　ECB（电控制动）故障码表

DTC	检测项目
C1202	储液罐液面故障
C1203	ECM 通信线路故障
C1211	SLA 线性电磁阀
C1212	SLR 线性电磁阀
C1214	液压控制系统故障
C1225	SA1 电磁阀电路
C1226	SA2 电磁阀电路
C1227	SA3 电磁阀电路
C1228	STR 电磁阀电路
C1242	IG1/IG2 电源电路开路
C1246	主缸压力传感器故障
C1247	行程传感器故障
C1249	驻车灯电路开路
C1252	制动助力器泵电机运行时间过长
C1253	泵电机继电器故障
C1256	蓄能器压力较低
C1257	电源供应驱动电路
C1259	HV 系统再生控制故障

表 6-9　电子控制制动故障表

DTC	检测项目
C1300	防滑制动 ECU 故障
C1311	1 号主继电器电路开路
C1312	1 号主继电器电路短路
C1345	线性电磁阀关闭学习
C1352	右前增压电磁阀故障
C1353	左前增压电磁阀故障
C1356	右前减压电磁阀故障
C1357	左前减压电磁阀故障
C1364	轮缸压力传感器故障
C1365	蓄能器压力传感器故障
C1368	线性电磁阀补偿失败
C1391	蓄能器渗漏
C1392	行程传感器故障零点校正未完成
C1451	电机驱动许可故障
U0073	控制模块通信总线失败
U0293	HV ECU 通信故障

190　丰田普锐斯混合动力汽车点火钥匙结构及诊断

钥匙孔由收发器钥匙线圈、收发器钥匙放大器、用于钥匙孔照明的 LED 灯、半程开关、全程开关和钥匙互锁电磁阀等组成，如图 6-101 所示。

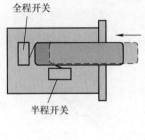

图 6-101　钥匙孔的结构

通过连接收发器钥匙 ECU 和车身 ECU 的半程开关来检测钥匙的插入状态，收发器钥匙 ECU 和车身 ECU 利用半程开关的信号，检查钥匙 ID，并控制车身电气系统。

与半程开关一样，全程开关也用于检测钥匙的插入状态，此开关用配线连接到电源控制 ECU。电源控制 ECU 根据全程开关的信号控制按钮起动系统。

(1) 起动系统控制模式

1) 电源开关控制（带钥匙）。当钥匙插入钥匙孔内时，收发器钥匙 ECU 会自动检查 ID 代码，电源控制 ECU 确认检查结果，并准许开关操作。

2) 电源开关控制（带智能钥匙）

① 当驾驶人持有钥匙并操作电源开关时，电源控制 ECU 会起动车内振荡器，振荡器将发送请求信号给钥匙。

② 接收到信号后，钥匙发送 ID 代码信号到智能 ECU。

③ 收发器钥匙 ECU 确认通过 DBAN 接收到来自智能 ECU 的检查结果，并将它们发送到电源控制 ECU，根据这些结果，电源控制 ECU 准许电源开关的操作。

3) 自动 P 位控制。当车辆处于非 P 位时关闭电源开关，变速器就会控制 ECU 根据 HV ECU 的指令起动换档控制执行器换到 P 位。

4) 诊断。电源控制 ECU 检测到故障时，电源控制 ECU 诊断并存储故障部分的信息，电源控制 ECU DTC 见表 6-10。注：当检测到故障码 B2271、B2272 或者 B2273 时，起动开关指示灯闪烁。

表 6-10　电源控制 ECU DTC

DTC	检查项目
B2271	IG 保持监视器故障
B2272	IG1 外监视器故障
B2273	IG2 外监视器故障
B2274	ACC 监视器故障
B2275	STSW 监视器故障
B2227	检测车辆没水情况
B2278	主开关故障（起动开关 1 的信号和起动开关 2 的信号不相同）

(2) 诊断　如果 IG 电路出现故障，电源控制 ECU 将影响控制功能并记录 DTC。

1) 按下电源开关，同时踩下制动踏板，电源模式切换到 READY，当车辆行驶时电源开关无法操作，如图 6-102 所示。

2）当 IG1 或者 IG2 继电器回路出现故障时，系统检测到 IG 继电器有故障，电源模式切换到 OFF 后，混合动力系统不能再切换到 READY，如图 6-103 所示。

图 6-102 起动/停机开关控制（一般操作）

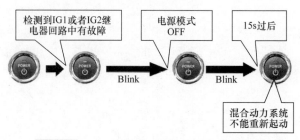

图 6-103 IG1 或者 IG2 继电器回路出现故障时

3）长按电源开关 3s 以上可以强制关闭混合动力系统（在紧急事故等情况），在驾驶时制动系统可以工作，但 EPS 系统不起作用，如图 6-104 所示。

4）电源控制 ECU 保持电路的作用是：当 IG1、IG2 出现故障时，防止供电被切断，如图 6-105 所示。

图 6-104 在紧急事故等情况下操作

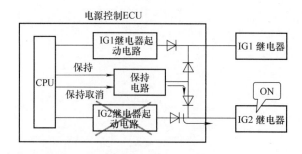

图 6-105 IG1、IG2 出现故障时，防止供电被切断

(3) IG 电路故障

1) IG 电路故障①电源控制 ECU 中的保持电路继续为 IG1、IG2 继电器供电。这时，电源控制 ECU 控制电源开关，使其黄色指示灯闪烁；②混合动力系统停止工作时（IG - OFF），电源开关关闭后，电源控制 ECU 将控制电源开；③关上的指示灯持续闪烁 15s，然后关闭此指示灯；④混合动力系统不能重新起动。

2) IG - IN 模式期间出现故障。①按下电源开关（电源模式变为 OFF），将电源模式更换为 IG - ON 时，系统检测到故障；②电源控制 ECU 使控制电源开关上的黄色指示灯闪烁（电源开关关闭后此灯持续闪烁 15s 后关闭）。③混合动力系统不能重新起动。

3) ACC 或 OFF 模式期间出现故障。①按下电源开关（电源模式变为 OFF），将电源模式更换为 IG - ON 时，系统检测到故障；②电源控制 ECU 使控制电源开关上的黄色指示灯闪烁（电源开关关闭后此灯持续闪烁 15s 后关闭）；③混合动力系统不能重新起动。注意：当电源控制 ECU 供电被切断时，存储器不会被清除，如图 6-106 所示。在断开低压蓄电池电极端子前，把电源模式切换到 OFF 以及把钥匙从插槽里拔出。在没有确认低压蓄电池电极端子断开之前要特别注意电源模式。

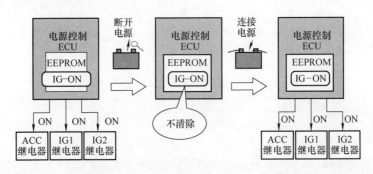

图 6-106　ECU 供电被切断时存储器不会被清除

191　丰田普锐斯混合动力汽车智能进入和起动系统

除具有传统机械钥匙功能和无线门锁遥控功能外，此系统中的智能钥匙还具有双向通信功能。因此，在使用者持有智能钥匙的情况下，通过起动智能 ECU 以识别智能钥匙是否位于检测区域内，系统在不使用智能钥匙的情况下开锁或锁止车门起动混合动力系统。智能进入和起动系统为欧洲左侧驾驶型和澳大利亚车型的选装配置。此系统主要包含智能 ECU、电源控制 ECU、收发器钥匙 ECU、车身 ECU、智能钥匙、5 个振荡器、5 根天线、2 个触摸传感器、3 个锁止开关和 1 个无线门锁接收器。此系统由智能 ECU 控制。智能进入和起动系统与按钮起动系统、HV 停机系统和无线门锁遥控系统配合工作，部件位置如图 6-107 所示，输入输出信号如图 6-108 所示。

(1) 电子控制功能

1) 智能开锁。假设车门锁止，智能 ECU 检查智能钥匙的结果显示 ID 代码合法，如果用户触摸车门外侧把手，智能 ECU 通过车身 ECU 开锁，如图 6-109 所示。

2) 智能后门开锁。假设车门锁止，智能 ECU 检查智能钥匙的结果显示 ID 代码合法，

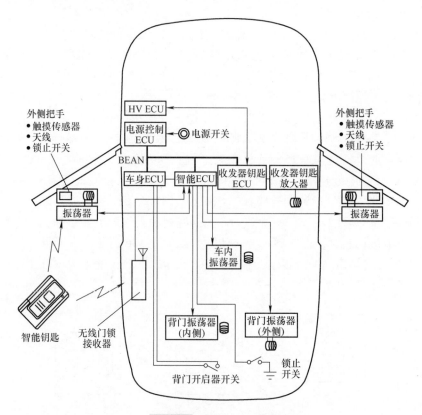

图 6-107 部件安装位置

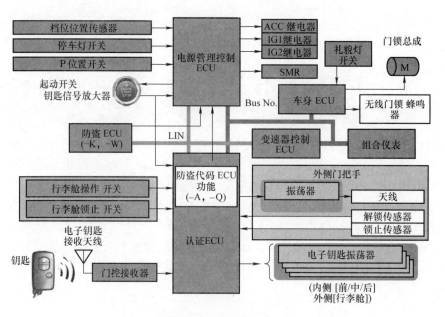

图 6-108 输入输出信号

如果用户按下背门开启器开关，智能 ECU 通过车身 ECU 打开背门锁，如图 6-110 所示。

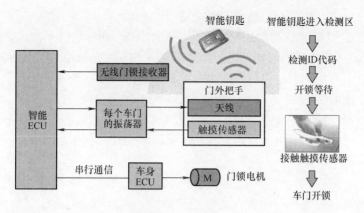

图 6-109　智能开锁

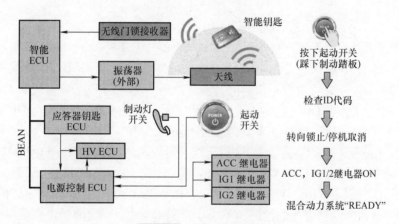

图 6-110　智能后门开锁

3）智能锁止。假设关闭所有车门，智能钥匙位于车外，如果用户按下车门外侧把手上的锁止开关，智能 ECU 在车内和车外范围内搜索智能钥匙，如果车外检查结果显示 ID 代码合法，智能 ECU 通过车身 ECU 锁止车门，如图 6-111 所示。

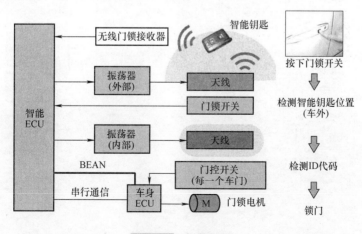

图 6-111　智能锁门

4)智能点火。假设用户持有智能钥匙并操作电源开关,代码合法,智能 ECU 许可电源开关的操作,智能 ECU 检查智能钥匙,如果检查结果显示 ID 代码不合法,更改电源模式。

5)警告功能。发生下列任何状况时,智能进入和起动系统通过控制智能 ECU 点亮智能进入系统警告灯,并控制组合仪表中的蜂鸣器和无线门锁蜂鸣器鸣叫来警告驾驶人。

①电源处于非 OFF 模式(ACC、IG – ON 或 READY)时,智能钥匙位于车外;②电源开关处于非 OFF 模式时,智能锁止工作;③智能钥匙在车内时,车门锁止;④智能钥匙的电池电量较低;⑤智能钥匙位于室内振荡器检测区域处时,操作电源开关;⑥任一车门打开时,智能锁止工作。

6)省电功能。为保护低压蓄电池和智能钥匙电池,在以下状态下,智能 ECU 关闭智能进入和起动系统或延长驾驶人和前乘员门振荡器的工作时间间隔:①智能 ECU 未接收来自智能钥匙的 ID 代码信号有 14 天或更长时间;②智能进入和起动系统与智能钥匙保持通信长于 10min。

(2)不带智能进入及起动系统(OFF→READY ON)工作过程

不带智能进入及起动系统(OFF→READY ON)的工作过程如图 6-112 所示。

①CUWS – 半程开关 ON 或者 OFF;②钥匙线圈由收发器 ECU 及 ID 代码进行激活;③钥匙全部插入全程开关线圈后,钥匙信号输送给电话员控制 ECU;④判断 CSW 钥匙插入与否(全程开关 ON 或者 OFF);⑤IDR、ID 代码检查结果的 IIDR 请求,IDR 是主 ID 结果信号(借助于 LIN),IIDR 是代理者(间接借助于 BEAN);⑥TMOD – ID 代码检查结果;⑦电源继电器打开(IG1、IG2、CT),P 位请求信号发送到 T/M ECU,PCON MTR 继电器被激发以控制换档电机;⑧判断 PPOS 驻车锁止机构是锁止还是开锁,滚动代码从 HV ECU 发送到应答器 ECU;⑨临时 READY ON 时,检查 HV ECU 以及应答器 ECU 之间的通信。如果 READY 灯闪烁,说明这两者之间的通信不成功;⑩READY ON,滚动代码回应应答器 ECU,READY ON 信号输送给电源控制 ECU。

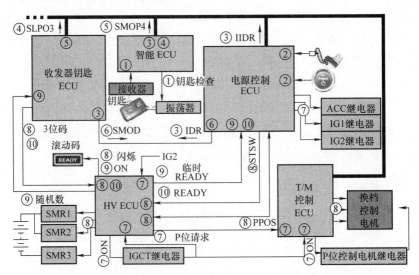

图 6-112 不带智能进入及起动系统

(3)带智能进入及起动系统(OFF→READY ON)工作过程

1) 带智能进入及起动系统 (OFF →READY ON) 的工作过程如图 6-113 所示。

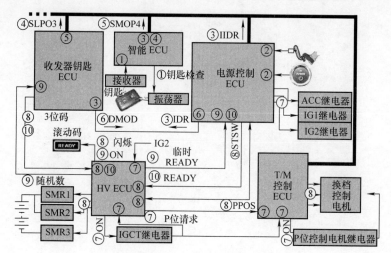

图 6-113 带智能进入及起动系统

① 室内振荡器发送钥匙检测信号，智能钥匙接受检测信号后，发送 ID 代码信号给接收器，接收器再将 ID 代码信号输送至智能 ECU。

② 按下电源开关，此开关请求信号（确定制动踏板开关信号、IG ON 还是 READY ON）送至智能 ECU。

2) IDR、ID 代码请求结果从电源控制 ECU 到智能 ECU 及收发器 ECU。

① SLPO3——从收发器钥匙 ECU 传送到智能钥匙 ECU 的 ID 代码请求。

② SMOP4——从智能 ECU 到收发器 ECU 的 ID 代码检查结果。

③ SMOD——从收发器到电源控制 ECU 的 ID 代码检查结果。

④ IG 继电器被电源控制 ECU 激活，IG2 供电给 HV ECU 以激活 IGCT 断电器，驻车请示 PCON 输送到变速器 ECU，换档电机被 PCON 电机继电器激活。

⑤ PPOS——驻车被 T/M ECU 锁止或是开锁信号输送到 HV ECU，READY 灯开始闪烁同时 HV ECU 请求通往收发器 ECU 的安全性 ID 代码。

⑥ 安全性 ID 代码从 HV ECU 输送到收发器 ECU，READY ON，临时 READY 信号输送到电源 ECU。

⑦ 安全性 ID 滚动代码被收发器 ECU 回传给 HV ECU。

(4) 带智能进入及起动系统 (READY ON→OFF) 的工作过程

带智能进入及起动系统 (READY ON →OFF) 的工作过程如图 6-114 所示

1) 按下电源按钮关闭汽车。

2) 驻车操作——从电源控制 ECU 发送到 T/M ECU 以请求 P 位，以及发送到 HV ECU 以停止操作。

3) 当不处于 P 位时，HV ECU 向 T/M ECU 发送请求以进入 P 位。

4) 当处于 P 位时，电源控制 ECU 使系统主继电器关闭。

5) 自动 P 位 OK、OFF OK 或者 NG。

注：智能钥匙码每 300ms 发送一次，并被接收器接受。振荡器检测钥匙靠近并确认它的

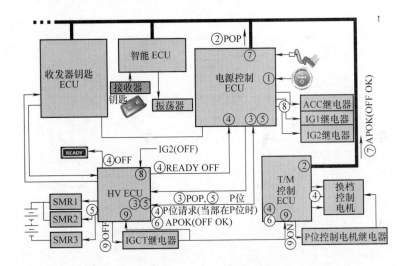

图 6-114 带智能进入及起动系统关闭系统图

位置。智能 ECU 能够储存记忆已经被注册过的智能钥匙代码,它把收到的代码和储存器中的其中一个代码进行比较。借助于 BEAN,智能 ECU 给收发器钥匙 ECU 相关指令,正确的智能钥匙被汽车识别,然后收发器钥匙检查和 HV ECU 的通信(使 HV ECU 切换到 READY 模式的滚动代码可以打开)。

192 丰田普锐斯混合动力汽车电动空调系统的结构

1. 机舱部分

机舱部分主要零部件及其功能:电动逆变器压缩机,功能为执行制冷剂气体的吸入、压缩和排放,为制冷剂循环提供动力;带储液器的冷凝器的总成,功能为提供高效率的热交换;环境温度传感器,功能为检测环境温度,并输出至空调放大器总成;空调压力传感器,功能为检测制冷剂压力,并发送数据至空调放大器总成;ECU,功能为接收来自发动机冷却液温度传感器的信号,并将其传输至空调放大器总成,如图 6-115 所示。

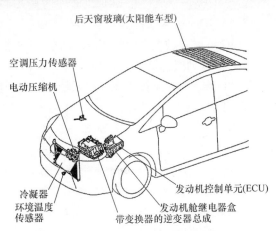

图 6-115 空调系统组成(机舱部分)

2. 控制部分

控制部分主要零部件及其功能:空调控制总成,功能为将操作指令输入系统;空调放大器总成,功能为将数据传输至开关和传感器,并接收来自开关和传感器的数据;阳光传感器,功能为检测太阳光的变化量,并将其输出至空调放大器总成;转向盘装饰盖开关总成,功能为发送转向盘装饰盖开关操作信号至空调控制总成;ECO 模式开关,功能为发送 ECO

模式开关操作信号至空调控制总成,如图 6-116 所示。

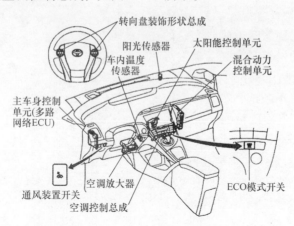

图 6-116 空调系统组成(控制部分)

3. 制冷、制热及送风部分

如图 6-117 所示,制冷、制热及送风部分主要零部件为:鼓风机分总成、暖风散热器分总成、膨胀阀、蒸发器分总成、蒸发器温度传感器、车内温度传感器、PTC 加热器(快速加热器总成)、空气混合风门伺服机构分总成、再循环风门伺服机构分总成、模式风门伺服机构分总成、空气净化滤清器。

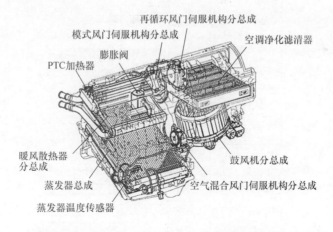

图 6-117 空调系统组成(制冷、制热及送风部分)

193 丰田普锐斯混合动力汽车电动空调系统的控制原理

丰田普锐斯全电动空调制冷系统主要由电动变频压缩机、冷凝器、储液干燥器、膨胀管、蒸发器及连接管路组成,如图 6-118 所示。当制冷系统工作时,空调变频器提供交流电驱动电动变频压缩机工作,电动变频压缩机从低压管路吸入低温低压的气态制冷剂,压缩成高温高压气态制冷剂(压缩过程),再通过高压管道进入冷凝器,经冷凝器冷却后,变为高温高压的液态制冷剂(冷凝过程),被送往储液干燥器,经过干燥过滤后,通过高压管道流入膨胀管，经膨胀管小孔节流，变成低温、低压雾状的液/气态混合物（降温降压），送入蒸发器中，制冷剂在其内膨胀蒸发吸收大量的热量，气化成低温低压的气态制冷剂（蒸发吸热过程），重新被电动变频压缩机吸入进行再循环，在此过程中鼓风机不断地将蒸发器表面的冷空气吹入车内，达到制冷的目的。

丰田普锐斯全电动空调控制系统是由空调ECU控制的全自动空调系统，主要由传感器、空调ECU和执行器三部分组成，采用模糊控制，如图6-119所示。空调ECU根据传感器检测驾驶室内外的空气温度、湿度、阳光总量、发动机状况、压缩机工作条件、温度设定信

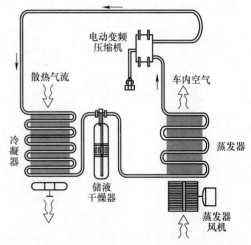

图6-118 丰田普锐斯全电动空调制冷系统原理

号、功能选择信号和风门的反馈信号等，进行分析、计算、比较，并发出指令，自动开启和关闭电动变频压缩机、冷凝器风扇、电动冷却液泵和PTC加热器，调整混合空气挡板位置，保持进风口和出风口处的最佳送风空气温度和空气流量。如检测到信号异常，则以故障码的形式储存在空调ECU存储器中。

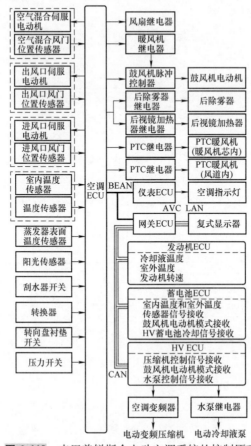

图6-119 丰田普锐斯全电动空调系统的控制原理

194 丰田普锐斯混合动力汽车混合动力控制系统电路图及动力系统检查

1. 混合动力控制系统电路

混合动力控制系统电路如图6-120所示。

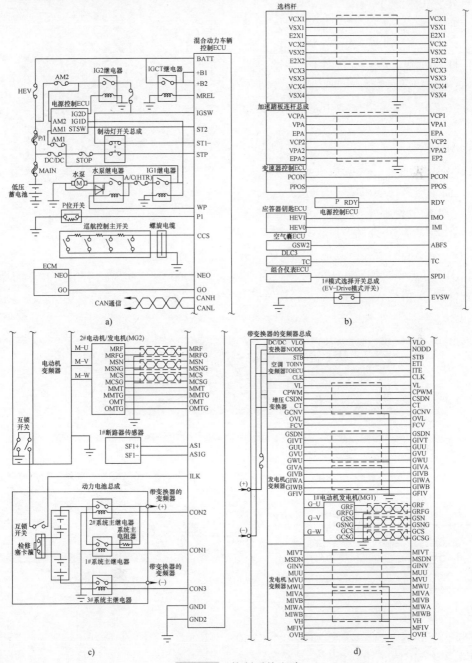

图6-120 控制系统电路

2. 混合动力系统的检查

（1）检查变频器　检修前应戴好绝缘手套。检查变换器和变频器前先检查 DTC，并进行相应的故障排除。

1）关闭电源开关。

2）拆下检修塞。

3）拆下变频器盖。

4）如图 6-121 所示，将连接端子 A 和 B 断开。

5）打开电源开关（IG 位置）。注意：拆下检修塞和变频器盖后，如果再打开电源开关（IG 位置），系统会生成互锁开关系统的 DTC。

6）用万用表测量电压，然后用万用表欧姆档测量电阻。注意：这项检查不要在端子侧进行，而是应该在线束侧进行测量。

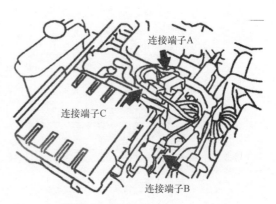

图 6-121　变频器连接端子

（2）检查变换器　如果主警告灯如图 6-122 所示，HV 系统的警告灯、充电警告灯如图 6-123 所示同时点亮，则应检查 DTC，并进行相应的故障排除。

READY 灯点亮时如图 6-124 所示。用电压表测量低压蓄电池端子的电压。低压蓄电池端子的电压标准值见表 6-11。提示：READY 灯亮时，变换器输出电压；熄灭时，低压蓄电池输出电压。

图 6-122　主警告灯　　图 6-123　HV 系统和充电警告灯

表 6-11　低压蓄电池端子的电压标准值

READY 灯状态	电压/V
ON	DC 14
OFF	DC 12

图 6-124　READY 灯

（3）测量输出电流

①断开变频器上的 MG1 和 MG2 电缆，如图 6-125 所示；②安装万用表和交/直流 400A 的探针；③将 MG1 和 MG2 电线连接到变频器；④在 READY 灯亮的条件下，依次操作 12V 的电气设备，然后测量输出电流。

标准：大约≤80A，如果输出电流为0A或大于80A，则检查输入/输出信号。

（4）检查输入/输出信号

①如图6-126所示断开插接器；②用万用表测量车身接地与车辆侧线束插接器的端子间的电压，此电压应与低压蓄电池端子电压相同；③打开电源开关（在IG位置），用万用表的电压档和欧姆档测量车辆线束侧插接器端子（图6-127所示）间的电压和电阻。插接器端子间的电压和电阻标准值见表6-12。如果不符合标准值，则更换带变换器的变频器总成。

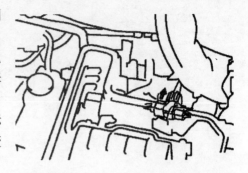

图6-125 断开MG1和MG2的电缆连接

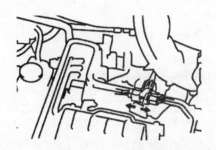

图6-126 断开插接器

图6-127 插接器端子

表6-12 插接器端子间的电压和电阻标准值

测试端子	标准数值
端子5—车身接地（LGCT—车身接地）	8~16V
端子3—车身接地（S—车身接地）	同低压蓄电池端子电压
端子1—车身接地（S—车身接地）	120~140Ω

（5）检查速度传感器 速度传感器如图6-128所示。用万用表测量图6-129所示插接器端子间的电阻。速度传感器标准值见表6-13。如果不符合标准值，则更换混合动力车辆变速驱动桥总成。

表6-13 速度传感器标准值

测试端子	标准数值/Ω	测试端子	标准数值/Ω
A1—A4（GCS—GCSG）	12.6~16.8	B2—B5（MSN—MSNG）	12.6~16.8
A2—A5（GSN—GSNG）	12.6~16.8	B3—B6（MCS—MSCG）	12.6~16.8
A3—A6（GRF—GRFG）	7.65~10.2	上述所有端子—变速驱动桥壳	≥10000
B1—A4（MRF—MRFG）	7.65~10.2	—	—

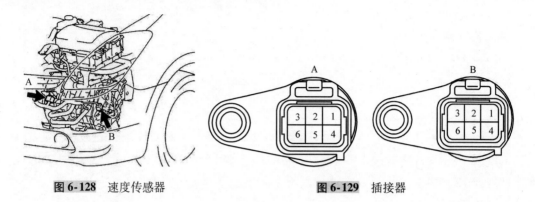

图 6-128　速度传感器　　　　　　　　图 6-129　插接器

（6）检查加速踏板位置　检修时，不用从加速踏板上拆下插接器，只需在插接器的混合动力车辆控制 ECU 侧进行测量。

1）打开电源开关（在 IG 位置）。

2）用万用表电压档测量。加速踏板位置端子间电压传感器标准值见表 6-14。如果不符合标准值，则更换加速踏板连杆总成。

表 6-14　加速踏板位置端子间电压传感器标准值

测量端子	测试条件	标准数值/V	测量端子	测试条件	标准数值/V
B25—B27（VCP1—EP1）	正常	4.5～5.5	B33—B35（VCP2—EP2）	正常	4.5～5.5
B26—B27（VPA1—EP1）	没有踩下加速踏板	0.5～1.1	B34—B35（VPA2—EP2）	没有踩下加速踏板	1.2～2.0
B26—B27（VPA1—EP1）	逐渐踩下加速踏板	电压缓慢升高	B34—B35（VPA2—EP2）	逐渐踩下加速踏板	电压缓慢升高
B26—B27（VPA1—EP1）	完全踩下加速踏板	2.5～4.5	B34—B35（VPA2—EP2）	完全踩下加速踏板	3.4～5.3

（7）HV ECU 各端子含义　HV ECU 端子排列如图 6-130 所示，HV ECU 各端子的含义、检测条件见表 6-15。

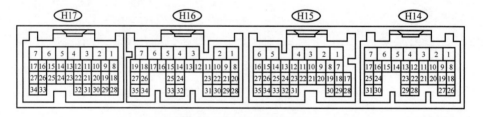

图 6-130　HV ECU 端子排列

表 6-15　HV ECU 各端子的含义、检测条件

端子标识（端子号）	导线颜色标识	端子定义	测试条件	电压/V
ST2（H14-5）—GND（H14-1）	Y-W-B	起动信号	点火开关 ON（READY）	9～14
IGSW（H14-7）—GND1（H14-1）	O-W-B	IG 信号	点火开关 ON（IG）	9～14

(续)

端子标识（端子号）	导线颜色标识	端子定义	测试条件	电压/V
BATT（H15-6）— GND（H14-1）	Y-W-B	低压蓄电池	—	9~14
+B1（H16-7）— GND1（H14-1）	L-W-B	HV控制ECU的电源	点火开关ON（IG）	9~14
+B2（H16-6）— GND1（H14-1）	L-W-B	HV控制ECU的电源	点火开关ON（IG）	9~14
MREL（H16-4）— GND1（H14-1）	O-W-B	主继电器	点火开关ON（IG）	9~14
CANH（H14-8）— GND（H14-1）	B-W-B	高位CAN线	点火开关ON（IG）	脉冲信号
CANL（H14-9）— GND（H14-1）	W-W-B	低位CAN线	点火开关ON（IG）	脉冲信号
NEO（H16-12）— GND（H14-1）	LG-W-B	发动机转速信号	发动机运行状态	脉冲信号
GO（H16-13）— GND1（H14-1）	Y-W-B	G信号	发动机运行状态	脉冲信号
SPDI（H14-19）— GND（H14-1）	V-W-B	车速信号	行驶速度>20km/h	脉冲信号
VPA1（H16-26）— EP（H16-27）	L-B	加速踏板位置传感器（用于HV系统）	点火开关ON（IG）加速踏板释放	0.5~1.1
VPA1（H16-26-）— EP1（H16-27）	L-B	加速踏板位置传感器（用于HV系统）	点火开关ON（IG）档位在P位，加速踏板全踩下	2.6~4.5
VPA2（H16-34）— EP2（H16-35）	W-R	加速踏板位置传感器（用于传感器故障监测）	点火开关ON（IG）档位在P位，加速踏板全踩下	3.4~5.3
VCP1（H16-25）— EP2（H16-27）	Y-B	加速踏板位置传感器电源（用于VPA1）	点火开关ON（IG）	4.5~5.5
VCP2（H16-33）— EP2（H16-35）	G-R	加速踏板位置传感器电源（用于VPA2）	点火开关ON（IG）	4.5~5.5
VSX1（H14-25）— E2X1（H14-15）	B-R	换档位置传感器（主）	点火开关ON（IG）档位在P位	2.0~3.0
VSX1（H14-25）— E2X1（H14-15）	B-R	换档位置传感器（主）	点火开关ON（IG）档位在R位	4.0~4.8
VSX1（H14-25）— E2X1（H14-14）	B-R	换档位置传感器（主）	点火开关ON（IG）档位在B或D位	0.2~1.0
VSX2（H14-24）— E2X2（H114-14）	L-Y	换档位置传感器（副）	点火开关ON（IG）档位在P位	2.0~3.0
VSX2（H14-24）— E2X2（H14-14）	L-Y	换档位置传感器（副）	点火开关ON（IG）档位在R位	4.0~4.8

349

（续）

端子标识（端子号）	导线颜色标识	端子定义	测试条件	电压/V
VSX2（H14-24）—E2X2（H14-14）	L-Y	换档位置传感器（副）	点火开关ON（IG）档位在B或D位	0.2~1.0
VCX1（H14-17）—E2X1（H4-150）	W-R	换档位置传感器电源（用于VSX1）	点火开关ON（IG）	4.5~5.5
VCX2（H14-16）—E2X2（H14-14）	G-Y	换档位置传感器电源（用于VSX2）	点火开关ON（IG）	4.5~5.5
VSX3（H14-23）—GND1（H14-1）	BR-W-B	档位传感器（主）	点火开关ON（IG）档位在P位	0.5~2.0
VSX3（H14-23）—GND1（H14-1）	BR-W-B	档位传感器（主）	点火开关ON（IG）档位在R或N或D位	3.0~4.85
VSX4（H14-30）—GND（H14-1）	SB-W-B	档位传感器（副）	点火开关ON（IG）档位在P位	0.5~2.0
VSX4（H14-30）—GND（H14-1）	SB-W-B	档位传感器（副）	点火开关ON（IG）档位在R或N或D位	3.0~4.85
VCX3（H14-21）—GND1（H14-1）	W-W-B	换档位置传感器电源（用于VSX3）	点火开关ON（IG）	9~14
VCX4（H14-31）—GND1（H14-1）	P-W-B	换档位置传感器电源（用于VSX4）	点火开关ON（IG）	9~14
NODD（H16-24）—GND1（H14-1）	V-W-B	制动请求信号	变换器正常工作	5~7
NODD（H16-24）—GND1（H14-1）	V-W-B	制动请求信号	变换器不正常工作	2~4
NODD（H16-24）—GND1（H14-1）	V-W-B	制动请求信号	变换器需要被制动	0.1~0.5
VLO（H16-31）—GND1（H14-1）	L-W-B	二级选择信号	变换器选择14V输出电压	13~14
VLO（H16-31）—GND1（H14-1）	L-W-B	二级选择信号	变换器13.5V输出电压	<0.5
TC（H14-6）—GND1（H14-1）	L-W-B	DLC2的TC端子	点火开关ON（IG）	9~14
STP（H15-3）—GND1（H14-1）	L-W-B	制动灯开关	踩下制动踏板	9~14
STP（H15-3）—GND（H14-1）	L-W-B	制动灯开关	踩下制动踏板	2~3
ABFS（H14-20）—GND1（H14-1）	L-W-B	气囊展开信号	点火开关ON（READY）	脉冲信号
SA1（H16-15）—GND（H16-16）	Y-W	1号电路切断传感器	信号系统正常	2.5~2.9
BLK（H15-1）—GND1（H14-1）	V-W-B	互锁开关	点火开关ON（IG）变频器和维修接头安装正常	<1

（续）

端子标识（端子号）	导线颜色标识	端子定义	测试条件	电压/V
ILK（H15-1）—GND1（H14-1）	V-W-B	互锁开关	点火开关 ON（IG）变频器或检修器断开	9~14
GON1（H16-1）—GND1（H14-1）	R-W-B	1号系统主继电器	点火开关 OFF 到 ON（READY）	脉冲信号
CON2（H16-2）—GND1（H14-1）	G-W-B	2号系统主继电器	点火开关 OFF 到 ON（READY）	脉冲信号
CON3（H16-3）—GND1（H14-1）	Y-W-B	变频器电压监控	点火开关 ON（READY）	1.6~3.8
GUU（H15-15）—GINV（H15-23）	B-Y	发动机开关 U 信号	点火开关 ON（IG）	脉冲信号
GV0（H15-14）—GINV（H15-23）	G-Y	发动机开关 V 信号	点火开关 ON（IG）	脉冲信号
GWU（H15-13）—GINV（H15-23）	Y-Y	发动机开关 W 信号	点火开关 ON（IG）	脉冲信号
GIVA（H15-34）—GINV（H15-23）	W-Y	发动机 V 阶段电流	点火开关 ON（IG）	≈0
GIVB（H15-33）—GINV（H15-23）	B-Y	发电机 V 阶段电流	点火开关 ON（IG）	≈0
GIWA（H15-32）—GINV（H15-23）	R-Y	发动机 W 阶段电流	点火开关 ON（IG）	≈0
GIWA（H15-31）—GINV（H15-23）	G-Y	发动机 W 阶段电流	点火开关 ON（IG）	≈0
GIVT（H15-27）—GINV（H15-23）	W-Y	变频器温度传感器	点火开关 ON（IG）	2~4.5
GSDN（H15-16）—GINV（H15-23）	R-W-B	发动机切断信号	点火开关 ON（READY）档位在 N 位	0.2~0.7
GSDN（H15-16）—GINV（H15-23）	R-W-B	发动机切断信号	点火开关 ON（READY）档位在 P 位	5.1~13.6
GFIV（H15-35）—GIN（H15-23）	GR-W-B	变频器失效信号	点火开关 ON（IG）变频器工作异常	5.4~7.4
GFIV（H15-35）—GIN（H15-23）	GR-W-B	变频器失效信号	点火开关 ON（IG）变频器工作异常	2~3
GRF（H17-27）—GRFG（H17-26）	B-W	发动机的转速和位置信号	发动机转速和位置传感器旋转或停止	脉冲信号
GSN（H17-22）—GSNG（H17-21）	R-G	发电机的转速和位置信号	发电机转速和位置传感器旋转或停止	脉冲信号
GCS（H17-23）—GCSG（H17-24）	Y-BR	发电机的转速和位置信号	发电机转速和位置传感器旋转或停止	脉冲信号
OWT（H17-30）—OWTG（H17-29）	B-G	2号电动机温度传感器	—	—

（续）

端子标识（端子号）	导线颜色标识	端子定义	测试条件	电压/V
MUU（H15-9）—GINV（H15-23）	B-Y	电动机开关U信号	点火开关ON（IG）	脉冲信号
MVU（H15-10）—GINV（H15-23）	W-Y	电动机开关V信号	点火开关ON（IG）	脉冲信号
MWU（H15-11）—GINV（H15-23）	R-Y	电动机开关W信号	点火开关ON（IG）	脉冲信号
MIVA（H15-30）—GINV（H15-23）	G-Y	电动机V阶段电流	点火开关ON（IG）	≈0
MIVB（H15-21）—GINV（H15-23）	W-Y	电动机V阶段电流	点火开关ON（IG）	≈0
MIWA（H15-29）—GINV（H15-23）	R-Y	电动机W阶段电流	点火开关ON（IG）	≈0

195 丰田普锐斯混合动力汽车驱动电机的检修

驱动电机变频器电压过低故障的DTC为P0A78，其含义见表6-16。

表6-16 驱动电机变频器电压过低故障DTC的含义

DTC	INF代码	DTC检测条件	故障可能发生部位
P0A78	266	变频器电压（VH）传感器电路开路或GND短路	• 线束或插接器 • 带变换器的变频器总成 • IIV控制ECU
P0A78	267	变频器电压（VH）传感器电路+B短路	• 线束或插接器 • 带变换器的变频器总成 • HV控制ECU

1. 电路简介

变频器内包含一个三相桥电路，如图6-131所示，它由功率晶体管组成，用来转换直流电和三相交流电。晶体管的导通是由HV ECU控制的。

在变频器中内置有电压传感器，HV ECU使用电压传感器来检测升压后的高压并进行升压控制。

根据高压的不同，变频器电压传感器会输出一个0~5V间的电压值。高压越高，输出电压越高；高压越低，输出电压越低，如图6-132所示。HV ECU监控变频器电压并检测故障。

2. 检查步骤

（1）读取输出的DTC（混合动力控制）

1）将智能测试仪连接至DLC3。

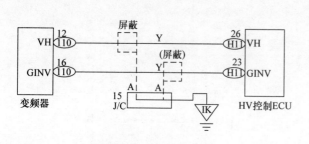
图6-131 变频器电路

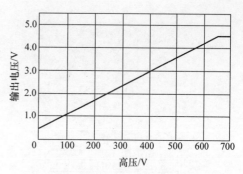
图6-132 变频器电压传感器输出电压

2) 打开电源开关（在 IG 位置）。

3) 打开智能测试仪。

4) 进入智能测试仪的下列菜单：Powetrain/Hybrid Control/DTC。

5) 读取 DTC。结果：输出 DTC P0A1D。若输出 DTC，转到相关的 DTC 表；若无 DTC 输出，则转到步骤（2）。

(2) 读取智能测试仪的数据（升压后 VH 电压）

1) 将智能测试仪连接至 DLC3。

2) 打开电源开关（IG 位置）。

3) 打开智能测试仪。

4) 进入智能测试仪的下列菜单：Powertrain/Hybrid Control/Data List。

5) 智能测试仪显示出升压数据后读取 VH 电压，见表6-17。

如果智能测试仪显示 765V，则表明 +B 电路存在短路现象。

如果智能测试仪显示 0V，则表明存在电路开路或 GND 短路现象。

表6-17 智能测试仪显示结果

电压显示	转到
765V	下一步
0V	步骤（5）
1～764V	检查间歇性故障

(3) 读取智能测试仪的数据（检查线束是否 +B 短路）

提示：进行下列操作前戴上绝缘手套。

1) 关闭电源开关。

2) 拆下检修塞。拆下检修塞后，打开电源开关（READY 灯亮）可能导致故障。因此此时一定不要打开电源开关 READY。

3) 拆下变频器盖。

4) 断开 I10 变频器插接器，如图6-133 所示。

5) 打开电源开关（IG 位置）。注意：拆下检修塞和变频器盖后，如果打开电源开关（IG 位置），则将输出互锁开关系统的 DTC。

6) 进入智能测试仪的下列菜单：Powertrain/Hybrid Control/Data List。

7) 智能测试仪显示出数据后读取 VH 电压，如图6-134 所示。

标准：0V。

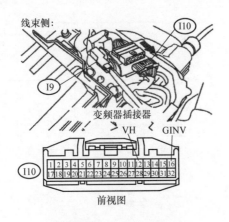

图 6-133 变频器插接器

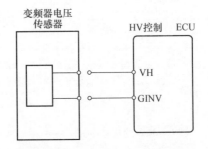

图 6-134 变频器电压传感器电路

8）关闭电源开关。

9）重新连接变频器插接器。

10）重新安装变频器盖。

11）重新安装检修塞。

若异常，进行步骤（4）。

若正常，修理或更换带变换器的变频器总成。

（4）读取智能测试仪的数据（测量混合动力车辆控制 ECU 是否 +B 短路）

1）断开 HV 控制 ECU 插接器的 H11 端子，如图 6-135 所示。

2）打开电源开关（IG 位置）。注意：拆下检修塞和变频器盖后，如果打开电源开关，系统会输出互锁开关系统的 DTC。

3）进入智能测试仪的下列菜单：Powertrain/Hybrid Control/Date List。

4）智能测试仪显示出数据后读取 VH 电压。

标准：0V。

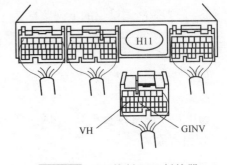

图 6-135 HV 控制 ECU 插接器

5）重新连接 HV 控制 ECU 插接器，若异常，更换混合动力车辆控制 ECU；若正常，修理或更换线束或插接器。

（5）检查线束和插接器（HV 控制 ECU 变频器）

提示：进行下列操作前戴上绝缘手套。

1）关闭电源开关。

2）拆下检修塞。拆下检修塞后，打开电源开关（READY 灯亮）可能会造成故障，因此一定不要打开电源开关（READY 灯亮）。

3）拆下变频器盖。

4）断开 HV 控制 ECU 插接器。

5）断开变频器插接器 I10。

6）检查线束侧插接器间的电阻，插接器间的电阻标准值见表 6-18、表 6-19。

7）连接变频器插接器。

8）连接 HV 控制 ECU 插接器。

9）安装变频器盖。

10）安装检修塞。

若异常，则修理或更换线束或插接器。

表6-18　插接器间的电阻标准值（开路检查）

测试端子	标准数值/Ω
VH（H11－26）—VH（I10－12）	<1
GINV（H11－23）—GINV（I10－16）	<1

表6-19　插接器间的电阻标准值（短路检查）

测试端子	标准数值/kΩ
VH（H11－26）或 VH（I10－12）—车身接地	≥10
GINV（H11－23）或 GINV（I10－16）—车身接地	≥10

（6）检查混合动力车辆 ECU（VH 电压）

1）打开电源开关（READY 灯亮）。拆下检修塞和变频器盖后，如果打开电源开关（IG 位置），则将输出互锁开关系统的 DTC。

2）测量 HV 控制 ECU 插接器 H11 端子间的电压，见表 6-20。若异常，则更换带变换器的变频器总成。

若正常，则更换混合动力车辆控制 ECU。

表6-20　HV 控制 ECU 插接器 H11 端子间电压

测试端子	标准数值/V
VH（H11－26）—GINV（H11－23）	1.6～3.8

3. 驱动电机无法运转故障的诊断

驱动电机无法运转故障的 DTC 为 P0A90，见表 6-21。

表6-21　驱动电机无法运转故障 DTC 码含义

DTC	INF 代码	DTC 检测条件	故障可能发生部位
P0A90	239	HV 变速驱动桥输入故障（损坏）	• 发动机总成 • HV 变速驱动桥总成（轴或齿轮） • 变速器输入减振器 • 线束或插接器 • HV 控制 ECU
P0A90	24	HV 变速驱动桥输入故障（转矩限制器滑动）	• 发动机总成 • HV 变速驱动桥总成（轴或齿轮） • 变速器输入减振器 • 线束或插接器 • HV 控制 ECU
P0A90	602	HV 变速驱动桥输出故障	• 发动机总成 • HV 变速驱动桥总成（轴或齿轮） • 变速器输入减振器 • 线束或插接器 • HV 控制 ECU

（1）电机简介　变速驱动桥总成由行星齿轮装置、MG1 和 MG2 组成，如图 6-136 所示。车辆给动力电池充电时，齿轮装置会根据驱动请求使用行星齿轮来切断发动机输出。车辆驱动时，MG2 给发动机输出提供帮助。另外，MG2 通过把能量（正常制动时）消耗的热

转换为电能,并将之充到动力电池来影响再生制动。通过再生制动和减速车辆,MG2 产生高压电,用于给动力电池充电。

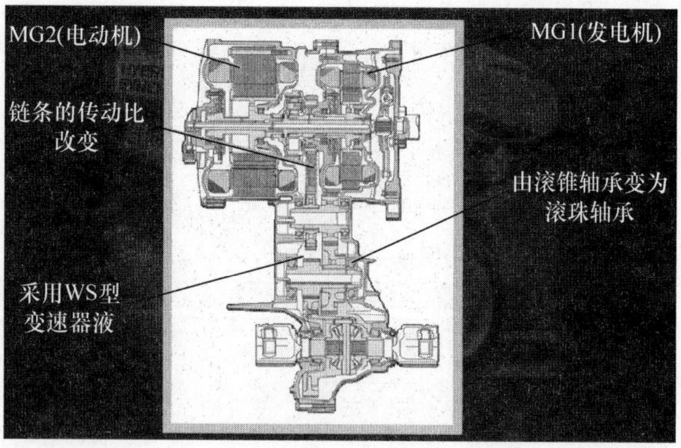

MG1 发的电用来给动力电池充电或者驱动 MG2。它还有无级变速功能,可通过调节发电量来控制驱动桥,这会很大程度上影响 MG1 的速度。另外,MG1 作为起动机来起动发动机,输入减振器吸收伴随着发动机驱动力传输的振动。

图 6-136 变速器驱动桥

(2) 诊断步骤

1) 读取输出的 DTC(发动机)。

① 将智能测试仪连接到 DTC。

② 打开电源开关(在 IG 位置)。

③ 打开智能测试仪。

④ 进入智能测试仪的下列菜单:Powertrain/Engine and ECT/DTC。

⑤ 读取 DTC。若输出 DTC,转到相关的 DTC 表;若无 DTC 输出,转入步骤 2)。

2) 检查曲轴带轮旋转。

① 关闭电源开关。

② 顶起车辆。

③ 用手转动曲轴带轮,检查曲轴是否旋转。

正常:曲轴转动。异常:进行步骤(10)。

3) 检查线束和插接器(ECM 曲轴位置传感器)。

① 断开 ECM 插接器 E3。

② 断开曲轴位置传感器插接器 C7。

③ 检查线束侧插接器间的电阻,插接器间的电阻标准值见表 6-22。

④ 重新连接曲轴位置传感器插接器。

⑤ 重新连接 ECM 插接器。若异常,修理或更换线束或插接器;若正常,转入步骤 4)。

4) 检查线束和插接器(混合动力车辆控制 ECU – ECM)。

① 断开 HV 控制 ECU 插接器 H12。

② 断开 ECM 插接器 E5。

③ 测量线束侧插接器间的电阻,插接器间的电阻标准值见表 6-23。

④ 重新连接 ECM 插接器。

⑤ 重新连接 HV 控制 ECU 插接器。异常,修理或更换线束或插接器;若正常,转入步骤 5)。

表 6-22 插接器间的电阻标准值（开路检查）

测量端子	标准数值/Ω
NED（HI2-12）—NEP（E5-1）	<1

表 6-23 插接器间的电阻标准值（短路检查）

测量端子	标准数值/kΩ
NEO（HI2-12）或 NEP（E5-1）—车身接地	≥10

5）检查和清除 DTC（混合动力控制）。

① 将智能测试仪连接至 DLC3。

② 打开电源开关（在 IG 位置）。

③ 打开智能测试仪。

④ 进入智能测试仪的下列菜单：Powertrain/Engine and ECT/DTC。

⑤ 检查和记录 DTC、历史数据和信息。

⑥ 清除混合动力控制 DTC。

6）检查 READY 灯是否打开。

① 将智能测试仪 II 连接至 DLC3。

② 打开电源开关（在 IG 位置）。

③ 打开智能测试仪 II。

④ 进入智能测试仪 II 的下列菜单：Power train/Engine and ECT/Data List。

⑤ 读取发电机（MG1）转速和发动机转速。

⑥ 打开电源开关。正常：READY 灯亮。

如果 READY 灯不亮，智能测试仪就会显示 DTC P0A90（INF239，HV 变速驱动桥故障，为轴损坏）。MG1 接通，但如果此时发动机不转动，则更换混合动力车辆变速驱动桥总成。

若正常，转入步骤 7）。

7）检查发动机转速上升情况。

① 将智能测试仪连接至 DLC3。

② 打开电源开关（在 IG 位置）。

③ 打开智能测试仪。

④ 进入智能测试仪的下列菜单：Powertrain/Engine and ECT/Date List。

⑤ 读取发电机（MG1）转速和发动机转速。

⑥ READY 灯打开，档位位于 P 位时，踏下加速踏板 10s。

正常：发动机转速上升。

如果发动机转速不上升，智能测试仪就会显示 DTC P0A90（INF239，HV 变速驱动桥故障，为轴损坏）。MG1 接通，但发动机不转动，则更换混合动力车辆变速驱动桥总成。

若正常，转入步骤 8）。

8）检查滑移。

① 将智能测试仪连接至 DLC3。

② 打开电源开关（READY 灯亮）。

③ 顶起车辆。

④ 踩下制动踏板，将换档杆移到 D 位，松开制动踏板。

正常：车轮转动（滑移）。

如果车轮不转，读取智能测试仪显示的 DTC P0A90（INF241，HV 变速驱动桥输出故障），则更换动力车辆变速驱动桥总成。

若正常，转入步骤 9）。

9）检查发动机加速度。

① 将智能测试仪连接至 DLC3。

② 当行驶车速高于 10km/h 时，完全踩下加速踏板来提高发动机转速。

正常：发动机转速平稳增加。

如果发动机转速过高或智能测试仪显示 DTC P0A90（INF241，HV 变速器输入故障，为转矩限制器滑动），则更换变速器的减振器。

若正常，进行模拟测试，如果现象不再出现，则更换 HV 变速驱动桥和 HV 控制 ECU。

10）检查前轮转速。

① 打开电源开关（在 IG 位置）。

② 踩下制动踏板，移动换档杆到 N 位。

③ 顶起车辆。

④ 用手转动曲轴带轮，检查前轮是否转动。

正常：前轮转动。

若异常，修理更换发动机总成。

若正常，修理或更换混合动力车辆变速驱动桥总成。

196 丰田普锐斯混合动力汽车混合动力电池系统的维修

1. 电池系统概述

混合动力电池系统的主要作用是由动力电池 ECU 监控动力电池总成的状态，并将此信息输出给 HV 控制 ECU，并控制动力电池鼓风机电动机控制器，以此保持动力电池的适当温度。

（1）动力电池总成管理和安全保护功能

1）在驾驶过程中，动力电池总成加速时反复放电，而通过减速恢复制动被充电，动力电池 ECU 根据电压、电流和温度计算出动力电池的 SOC（荷电状态），然后将结果输出给控制 ECU。HV 控制 ECU 根据 SOC 执行充电/放电控制。

2）如果故障发生，动力电池 ECU 会自动执行安全保护功能，依照故障程度保护动力电池总成。

（2）动力电池鼓风机电动机控制

车辆行驶时，为了控制动力电池总成温度的上升，动力电池 ECU 根据动力电池总成温度判断并控制动力电池鼓风机总成的操作模式。

2. 动力电池系统的检修

（1）检查动力电池加液口塞的导通性

1）用万用表测量端子间的电阻，如图6-137所示。

标准：≥10kΩ，如果不符合标准值，则更换动力电池加液口塞。

2）将检修塞安装到固定座上。

3）用万用表测量端子间的电阻，如图6-138所示。

标准：＜1Ω。如果不符合标准值，则更换动力电池加液口塞。

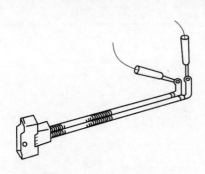
图6-137 测量端子间的电阻1

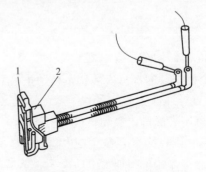
图6-138 测量端子间的电阻2
1—检修塞卡箍 2—固定座

（2）检查1#系统主继电器

插接器B和C形状相同，通过端子1侧的线束长度和线束颜色来区分每一个插接器。图6-139所示为主继电器插接器，其线条长度和颜色见表6-24。

1）检查导通性

① 用万用测量插接器间的电阻，电阻标准值见表6-25。如果不符合标准值，则更换1#系统主继电器。

② 在正极和负极端子间提供电压，然后用万用表测量端子6和A1（CONT1）间的电阻。标准：＜1Ω。如果不符合标准值，则更换1#系统主继电器。

2）检查电阻。用万用表测量端子6和A1（CONT1）间的电阻。标准为70～160Ω。如果不符合标准值，则更换1#系统主继电器。

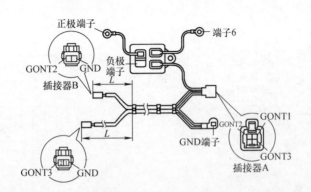
图6-139 主继电器的插接器

表6-24 1#系统主继电器

插接器	线束长度	线束颜色
B	短	黄色
C	长	黑色

表6-25 插接器间的电阻标准值

测量端子	标准数值
正极端子—负极端子	≥10kΩ
A2（CONT2）—B1（CONT2）	<1Ω
A3（CONT3）—C1（CONT3）	<1Ω
端子B1（GND）—GND	<1Ω
端子C2（GND）—GND	<1Ω

（3）检查2#系统主继电器

将2个已安装的螺母安装到负极和正极端子。转矩：5.6N·m。

1）检查导通性

① 用万用表测量正极和负极端子间的电阻，如图6-140所示。标准：≥10kΩ，如果不符合标准值，则更换2#系统主继电器。

② 在插接器端子间加蓄电池电压，然后用万用表测量正极和负极端子间的电阻。标准：<1Ω。如果不符合标准，则更换2#系统主继电器。

2）检查电阻。用万用表测量插接器端子间的电阻。标准：20~50Ω。如果不符合标准值，则更换2#系统主继电器。

（4）检查3#系统主继电器 将螺母安装到负极和正极端子上。转矩：5.6N·m。

1）检查导通性

① 用万用表测量正极和负极端子间的电阻。标准：≥10kΩ，如果不符合标准值，则更换3#系统主继电器。

② 在插接器端子间加蓄电池电压，然后用万用表测量正极和负极端子间的电阻。标准：<1Ω。如果不符合标准，则更换3#系统主继电器。

2）检查电阻。用万用表测量插接器端子间的电阻。标准：20~50Ω。如果不符合标准值，则更换3#系统主继电器。

（5）检查动力电池电流传感器的电阻

1）用万用表测量端子1（VIB）和端子2（GIB）间的电阻，如图6-141所示，电阻标准值见表6-26。如果不符合标准值，则更换动力电池电流传感器。

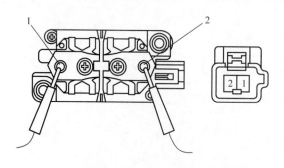

图6-140 2#系统主继电器
1—负极端子 2—正极端子

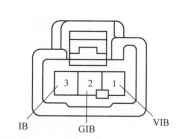

图6-141 动力电池电流传感器

2）用万用表测量端子1（VIB）和端子3（IB）间的电阻，电阻标准值见表6-27。如果不符合标准值,则更换动力电池电流传感器。

3) 用万用表测量端子 2 (GIB) 和端子 3 (IB) 间的电阻。

标准: ≤200Ω。

① 调换表笔位置,电阻也应保持不变。

② 如果不符合标准值,则更换动力电池电流传感器。

表 6-26 端子 1 (VIB) 和端子 2 (GIB) 间的电阻标准值

测量端子	标准数值/kΩ	测量端子	标准数值/kΩ
正极探针到端子 1 (VIB)	3.5~4.5	正极探针到端子 2 (GIB)	5~7
负极探针到端子 2 (GIB)		负极探针到端子 1 (VIB)	

表 6-27 端子 1 (VIB) 和端子 3 (IB) 间的电阻标准值

测量端子	标准数值/kΩ	测量端子	标准数值/kΩ
正极探针到端子 1 (VIB)	3.5~4.5	正极探针到端子 2 (IB)	5~7
负极探针到端子 3 (IB)		负极探针到端子 1 (VIB)	

(6) 检查系统主电阻器 用万用表测量端子间的电阻,如图 6-142 所示。标准: 18~22Ω。若不符合标准值,则更换系统主电阻器。

(7) 检查 1 号蓄电池鼓风机继电器 用万用表测量端子间的电阻,如图 6-143 所示,电阻标准值见表 6-28。若不符合标准值,则更换 1 号动力电池鼓风机继电器。

表 6-28 1 号蓄电池鼓风机继电器端子间的电阻标准值

测量端子	标准数值/kΩ
3—5	≥10
3—5	<1Ω (将蓄电池电压加到端子 1 和 2 上)

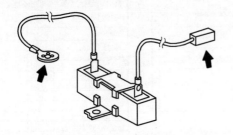

图 6-142 系统主电阻器端子

图 6-143 1 号蓄电池鼓风机继电器端子

3. 动力电池自检系统

动力电池 ECU 带有自诊断系统,如果计算机、动力电池系统或组件工作异常,则 ECU 会诊断出故障部位以便于故障排查,并在点亮复式显示器上的 HV 系统警告的同时点亮组合仪表上的主警告灯。

当动力电池系统存在故障时,主警告灯亮,在检修模式下,主警告灯闪烁,可以将智能测试仪连接到车辆上,并读取输出的各种数据。当计算机检测到计算机本身或驱动系统故障时,车载计算机点亮仪表板上的检查警告灯(CHK ENG 灯)。另外,相对应的 DTC 被记录在动力电池 ECU 存储器。

如果没有再出现故障，当断开电源开关时，则 CHK ENG 灯将会熄灭，但 DTC 仍然存储在动力电池 ECU 存储器中。

为了检查 DTC，将智能测试仪连接到数据链路插接器 3（DLC3）上，也可用智能测试仪Ⅱ清除 DTC，以及动力电池的历史数据。

（1）检查低压蓄电池　测量低压蓄电池电压。电压标准值：11～14V。检查低压蓄电池、熔丝、熔断器、线束、插接器和接地情况。

（2）检查 CHK ENG 灯

1）当打开电源开关或断开 READY 灯时，CHK ENG 灯点亮，如果 CHK ENG 灯没有亮，应该对 CHK ENG 电路进行故障排除。

2）当接通 READY 灯时，CHK ENG 灯应该熄灭。如果 CHK ENG 灯仍然点亮，说明诊断系统已检测到系统异常。

（3）DTC 检查/清除

1）检查 DTC（动力电池系统）

① 将智能测试仪连接至 DLC3。

② 打开电源开关（在 IG 位置）。

③ 打开智能测试仪。

④ 在系统选择屏幕上，进入以下菜单：Powertrain/HV Battery/DTC。

读取动力电池系统的 DTC，如图 6-144 所示。

2）检查历史数据

① 如果出现 DTC，则选择该 DTC 以显示它的历史数据，如图 6-145 所示。

② 在进行 DTC 检测时，读取记录的历史数据，如图 6-146 所示。

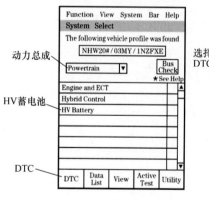
图 6-144　系统选择屏幕

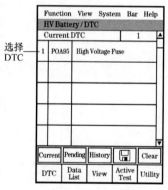
图 6-145　显示定格数据

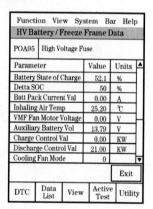
图 6-146　读取记录的定格数据

3）检查 DTC（总线检查）

① 在系统选择屏幕上，选择 Bus Check，如图 6-147 所示。

② 在 Bus Check 屏幕上，选择 Communication Malfunction DTC，以便读取通信故障 DTC，如图 6-148 所示。如果 CAN 通信系统 DTC 和其他 DTC 同时出现，应首先进行 CAN 通信故障的排除。

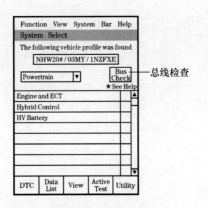
图6-147 总线检查

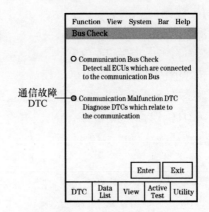
图6-148 读取通信故障DTC

4）检查DTC（除动力电池外的系统）。动力电池ECU保持与包括ECM、HV控制ECU和其他设备在内的计算机之间的通信。因此，如果动力电池ECU输出警告，则有必要检查并记录所有系统的DTC。

① 在系统选择屏幕上，进入以下菜单：Utility/All Codes，如图6-149所示。

② 如果出现DTC，则检查相关的系统。

5）清除DTC

① 将智能测试仪连接至DLC3。

② 打开电源开关（在IG位置）。

③ 打开智能测试仪。

④ 检查变速杆是否在P位。

6）显示HV Battery/DTC界面并按下屏幕右下的清除键，如图6-150所示。清除DTC也会清除历史数据。

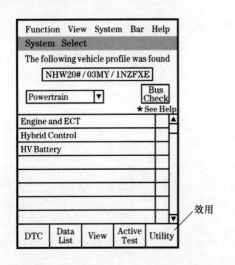
图6-149 进入Utility/All Codes菜单

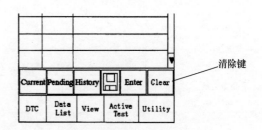
图6-150 读取通信故障DTC

(4)历史数据

1)将智能测试仪连接至 DLC3。

2)打开电源开关(在 IG 位置)。

3)打开智能测试仪。

4)在系统选择界面上,进入以下菜单:Powertrain/HV Battery/DTC。

5)选择 DTC,以便显示它的历史数据。

6)检查已经检测到的 DTC 的历史数据,见表6-29。

表6-29 历史数据

智测试仪Ⅱ屏幕显示 (英文缩写)	测试项目/范围	故障出现时车辆可疑状态
动力电池荷电状态 (Battery SOC)	动力电池荷电状态 最小:0%,最大100%	动力电池荷电状态
SOC 变化量 (Delta SOC)	在每一动力电池盒内最大和最小值间的差异最小:0%,最大100%	SOC 改变
动力电池组电流 (IB Battery)	动力电池组的电流值 最小:-327.68A,最大:327.68A	动力电池的充电和放电条件: (1)电流值为正值时放电 (2)电流值为负值时充电
吸入空气温度 (Batt Inside Air)	吸入动力电池组的室外空气温度 最低:-327.68℃,最高327.68℃	吸入动力电池组的室外空气温度
VMF 风扇电动机电压 (VMF Fan Voltage)	动力电池鼓风机电动机电压 最低:0V,最高:25.4V	动力电池鼓风机电动机的转动条件
低压蓄电池电压 (Aux Batt V)	低压蓄电池电压 最低:0V,最高:25.4V	低压蓄电池状态
充电控制数值 (WIN)	从动力电池 ECU 输送到 HV 控制 ECU 的充电控制功率 最低:-64kW,最高:0kW	动力电池充电功率
放电控制数值 (WOUT)	从动力电池 ECU 输送到 HV 控制 ECU 的放电控制功率	动力电池放电功率
冷却风扇模式 (Cooling Fan Spd)	动力电池鼓风机电动机驱动模式 最小:0,最大6	停止:0 从低速向高速转动:1~6
ECU 控制模式 (ECU Ctrl Mode)	ECU 控制模式 最小:0,最大4	动力电池的工作状态
备用鼓风机请求 (SBLW Rqst)	动力电池鼓风机电动机停止:控制请求(备用鼓风机)	动力电池鼓风机电动机出现停止控制
动力电池温度 TB1-TB3 (Tan Temp1~3)	动力电池温度 最低:-327.68℃,最高:327.68℃	动力电池温度
动力电池盒电压 V01~V14 (V1~V14 batt Block)	动力电池盒电压 最低:-327.68V,最高327.68V	动力电池盒之间的电压变化

(5) DATA LIST/ACTIVE TEST(数据表/动态测试)

DATA LIST 数据见表6-30。测量数据的环境和车辆的使用年限既会导致所测数值有微小差异,也会导致 DATA(数据表)发生很大改变。因此,即使测量数值在参考范围之内,也可能存在故障。

表6-30 DATA LIST/ACTIVE TEST 数据表

智测试仪Ⅱ屏幕显示 （英文缩写）	测量项目/范围（显示）	参 考 范 围
动力电池组电流 （IB Bettery）	动力电池组的电流值 最小：-327.68A，最大：327.68A	发动机停机后立即满载加速：最大140A（车内温度）P位发动机自动起动，然后换到N位1s后，发动机停止，前照灯点亮，空调风扇高速运转，READY灯点亮，最大30A
低压蓄电池电压 （Aux, Batt V）	低压蓄电池电压 最低：0V，最高：25.4V	与低压蓄电池电压相等
充电控制数值 （WIN）	从动力电池 ECU 输送到 HV 控制ECU 的充电控制的功率 最小：-64kW，最大：0kW	≥25kW
放电控制数据 （WOUT）	从动力电池 ECU 输送到 HV 控制ECU 的放电控制功率 最小：0kW，最大：63.5kW	≥21kW
冷却风扇模式 （Cooling Fan Spd）	动力电池鼓风机电动机转模式 最小：0，最大6	停止：0 从低速向高速转动：1~6
ECU 控制模式 （ECU Ctrl Mode）	ECU：控制模式 最小：0，最大：4	—
备用鼓风机请求 （SBLW Rqst）	动力电池鼓风机电动机停止控制请求（备用鼓风机）	ON/OFF
电池温度 TB1-TB3 （Batt Temp 1~3）	动力电池温度 最小：327.68℃ 最大：327.68℃	与室外空气温度相同
动力电池最小电压 （Batt Block Min V）	动力电池最小电压 最低：-327.68V 最高：327.68V	SOC55%~60%，≥12V
存储 DTC（DTC）	储存 DCT 最小：0，最大：255	—

在复杂故障时，应在相同的条件下收集同一车型的另一车辆的样本数据，以此通过与DATA LIST（数据表）的全部项目相比较，得出一个全面的判断结果。

使用智能测试仪显示的 DATA LIST（数据表）不用拆下零件，也可以读取开关、传感器等值，读取 DATA LIST（数据表）作为故障排除的第一步是减少诊断时间的一种方式。

1）将智能测试仪连接至 DLC3。
2）打开电源开关（在 IG 位置）。
3）打开智能测试仪。
4）在系统选择界面上，进入以下菜单：Powertrain/HV Battery/Data List。
5）根据智能测试仪的显示，读取 DATA LIST（数据表）。
6）ACTIVE TEST（动态测试）中，如果智能测试仪Ⅱ的插接器断开或发生通信故障，系统将不工作（READY 灯不亮）。

使用智能测试仪进行 ACTIVE TEST（动态测试）时，不用拆下零件便可以操作继电器、执行器等设备,动态测试的步骤如下。

① 将智能测试仪连接至 DLC3。

② 打开电源开关(在 IG 位置)。

③ 打开智能测试仪。

④ 在系统选择界面上,进入以下菜单:Powertrain/HV Battery/Actie Test。

⑤ 根据测试仪的显示,进行 ACTIVE TEST(动态测试),见表6-31。

表6-31 ACTIVE TEST(动态测试)

智测试仪Ⅱ屏幕显示 (英文缩写)	目的	测试内容	测试条件
动力电池冷却风扇 (Cooling Fan Spd)	为了检查工作情况和动力电 池鼓风机电动机的转速	在模式0,动力电池鼓风机 电动机停止,或在模式1~6, 电动机工作	检测到DTC时,发生故障

4. 系统电压故障的 DTC 为 P0560

系统电压故障的 DTC 为 P0560,其含义见表6-32。

表6-32 DTC 含义

DTC	DTC 检测条件	故障可能发生部位
P0560	当向端子 IGCT 供电时,低压蓄电池电源系统开路	(1) 线束或插接器 (2) HEV 熔断器 (3) 动力电池 ECU

(1) 电路简介 动力电池电源恒定地向动力电池 ECU 的 AM 端子供电,这样可以保持存储器内的 DTC 和历史数据,即电源开关断开的时候,该电压可以作为一个辅助电压,其电路如图6-151 所示。

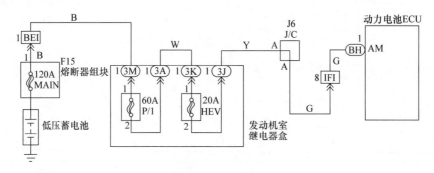

图6-151 系统电路

(2) 诊断步骤

1) 检查熔断器(HEV20A)

① 从发动机室继电器盒上拆下 HEV 熔断器;② 检查 HEV 熔断器电阻。标准 < 1Ω;③ 重新安装 HEV 熔断器。若异常,进行步骤3)。

2) 检查线束和插接器(动力电池 ECU - 低压蓄电池)

① 断开负极低压蓄电池端子;② 断开正极低压蓄电池端子;③ 从发动机室继电器盒上拆

下 HEV 熔断器；④断开 B11 动力电池 ECU 插接器；⑤测量线束侧插接器间的电阻，电阻标准值见表 6-33；⑥测量线束侧插接器间的电阻，电阻标准值见表 6-34；⑦重新连接动力电池 ECU 插接器；⑧重新安装 HEV 熔断器；⑨重新连接正极低压蓄电池正极端子，如图 6-152 所示；⑩重新连接负极低压蓄电池端子。若异常，检查并修理插接器连接部分，若正常，转入下一步。

表 6-33 插接器间的电阻 1

测试点	标准值/Ω
AM（B11-1）—HEV 熔断器（2）	<1

表 6-34 插接器间的电阻 2

测试点	标准值/Ω
HEV 熔断器（1）—正极低压蓄电池端子	<1

3）检查线束和插接器（动力电池 ECU – HEV 熔断器）

①断开 B11 动力电池 ECU 插接器，如图 6-153 所示；②从发动机室继电器盒上拆下 HEV 熔断器，如图 6-154 所示；③检查线束侧插接器和车身接地间的电阻，电阻标准值见表6-35。使用测量仪测量时，不要对万用表表笔施加过大的力，避免损坏保持架；④重新连接动力电池 ECU 插接器；⑤重新安装 HEV 熔断器，若异常，修理或更换线束或插接器后，再更换熔断器（HEV20A）。若正常，更换熔断器（HEV 20A）。

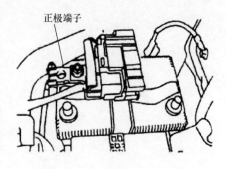

图 6-152 低压蓄电池正极端子

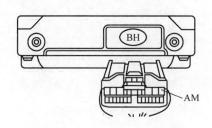

图 6-153 动力电池 ECU 插接器

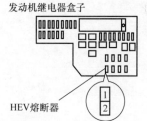

图 6-154 HEV 熔断器

表 6-35 插接器和车身接地间的电阻标准值（短路检查）

测试点	标准值/Ω
AM（B11-1）或 HEV 熔断器（2）—车身接地	≥100